Sozialwissenschaftliches
Forum 18

Psychotherapeutische Behandlung von Lernbehinderten und Heimkindern

von
Helga Awiszus-Schneider
und
Dorothea Meuser

mit einem Vorwort von
Prof. Dr. F. Baumgärtel

Böhlau Verlag Köln Wien 1982

CIP-Kurztitelaufnahme der Deutschen Bibliothek

Awiszus-Schneider, Helga:

Psychotherapeutische Behandlung von Lernbehinderten
und Heimkindern / von Helga Awiszus-Schneider u.
Dorothea Meuser. Mit e. Vorw. von F. Baumgärtl. —
Köln ; Wien : Böhlau, 1982.

   (Sozialwissenschaftliches Forum ; 18)
   ISBN 3-412-01382-X

NE: Meuser, Dorothea:; GT

Druck und buchbinderische Verarbeitung:

Knaack-Druck GmbH,
6108 Weiterstadt 2

Printed in Germany
ISBN 3-412-01382-X

Inhalt

Vorwort

1981 wurde zum Jahr der Behinderten deklariert. - Die pro-
grammatischen Vornahmen eines solchen Jahres jedoch lassen
sich nicht immer sofort umsetzen, da es kurzfristig kaum
geeignete und wissenschaftlich geprüfte neue Methoden für
ihre Realisierung gibt.

Im Bereich der psychosozialen Versorgung steht dem großen
Berg guten Willens ein sehr geringes Angebot wissenschaftlich überprüfter Handlungs- und Behandlungsverfahren gegenüber. - Im Bereich der institutionalisierten Versorgung kommt
das Moment des Beharrens und der Widerstand gegen vorgeblich
"modernistische" oder "reformistische" Bestrebungen aus sehr
persönlichen Ängsten der dort längerfristig tätigen und in
ihren Tätigkeitsmerkmalen relativ festgelegten Mitarbeitern
sowie auch aus den ökonomisch begründbaren Ängsten der Insti-
tutionsrepräsentanten hinzu. Dies hat zur Folge, daß nicht
nur veraltete oder unzureichende Behandlung und Unterbringung
erfolgt, sondern daß die betroffenen Patienten und Klienten
in den ihnen zur Verfügung stehenden persönlichen Lebens-
und Entwicklungsmöglichkeiten drastisch behindert werden. -
Eine angesichts der ethischen Normwerte der abendländischen
Religionen, des Grundgesetzes oder der Grundgedanken der WHO
makabere Konsequenz.

Nun ist es sicher so, daß Strebungen gesellschaftlicher Unter-
gruppen, mit einem "Rund - Um - Schlag" alles Überalterte oder
scheinbar Überholte abzuwerfen, die Tendenz zum Beharren in
den etablierten Institutionen eher noch verstärkt und die
Chance einer schrittweisen Veränderung in der psychosozialen
Versorgung vermindert haben. - Die Autorinnen der vorliegenden
Arbeit gehen daher einen völlig anderen Weg. Sie kommen nach
einer gründlichen Evaluation des angestrebten Zielbereichs zu
einer Analyse und Auswahl von wissenschaftlich entworfenen und
erprobten Verfahren aus anderen Bereichen. Diese wiederum werden vor dem Hintergrund der Zielanalyse in kontrollierter Weise
verändert. Dadurch wird es möglich, mit vorhersehbaren Effekten
die Erweiterung des Anwendungsfeldes der Methodik auf andere

Zielgruppen, im vorliegenden Falle von Lernbehinderten auf die Heimkinder, vorzunehmen.

Das Verfahren der Integrierten Kinderpsychotherapie ist entworfen worden zur Behandlung von Kindern mit diversen neurotischen Störungen. - Ziel der Therapie ist die Reorganisation und Stärkung der Persönlichkeit des Probanden. Das Kind soll in der Therapiesituation (im wesentlichen ist dabei an die Einzeltherapie gedacht, aber auch die Behandlung in kleinen Gruppen bis zu maximal drei Kindern kommt in Frage) die Möglichkeit haben, Eigenständigkeit und Selbstvertrauen zu erlangen sowie sein Verhalten bewußt zu erleben und selbst zu regulieren. Die Integrierte Kindertherapie erreicht dies in zweifacher Weise: einmal durch das besondere situative Arrangement der leistungsreduzierten Situation in Verbindung mit einem motivierenden Angebot, andererseits durch das spezifische Verhalten des Therapeuten: weitgehend nicht-direktives Verhalten, Verhaltenskonsistenz, einfühlende (räumliche, emotionale und verbale) Distanz. Von zentraler Bedeutung ist bei dieser Form der Therapie neben dem Spiel gerade die verbale Auseinandersetzung. Dabei ist es klar, daß diese Ziele je nach Alter und Entwicklungsstand des Kindes nur abgestuft erreicht werden können. Auf das besondere Primat des Verbalen soll jedoch auch in der Kinderpsychotherapie nicht verzichtet werden, da das Kind auf seine normale Lebensumgebung und die dort vorherrschenden sprachlichen Beziehungsformen vorbereitet werden soll. Diesem Hauptziel ist jedoch in der Integrierten Kinderpsychotherapie das Spiel vorgeordnet, um dem Kind die Möglichkeit des Ausdrucks und der Regulation seiner Befindlichkeit zu geben.

Bei der langjährigen Anwendung und Kontrolle der IKT stellten sich bestimmte Begrenzungen und Schwächen des Verfahrens heraus, wenn es bei anderen Patientengruppen angewendet wurde als den ursprünglich damit behandelten. - Durch ihre theoretische Arbeit auf der Basis eigener und berichteter praktischer Erfahrung konnten die Autorinnen im Konzept der IKT zielgruppenbezogene Veränderungen vornehmen, ohne die Grundwerte und -regeln aufgeben zu müssen. - Ein solches Verfahren kann als vorbildlich angesehen werden, da es sich auch in einer zweiten Weise von der alltäglichen Praxis unterscheidet: es vermeidet ein aus der Un-

ufriedenheit und der Unzulänglichkeit der im psychosozialen
eld Tätigen heraus geborenes eklektisches Vorgehen, dessen
rgebnisse nur allzu häufig auf Kosten der Patienten erzielt
erden.

as nunmehr vorliegende Konzept der psychotherapeutischen Be-
andlung von Lernbehinderten und Heimkindern geht von der Über-
egung aus, daß bei beiden Gruppen ähnlich gelagerte Probleme
estehen, die durch eine Psychotherapie vermindert werden sol-
en. - Sowohl bei Lernbehinderten als auch bei Heimkindern fal-
en ein vermindertes Selbstwertgefühl und Probleme im sozialen
ie emotionalen Bereich auf. Hinzu kommen bei lernbehinderten
indern und solchen, die langdauernd im Heim untergebracht
ind, verminderte sprachliche Ausdrucksmöglichkeiten und Defi-
ite im kognitiven Bereich. Aus der Literatur ableitbar und
on den Autorinnen auch überprüft schien die Möglichkeit, die-
en Kindern psychotherapeutische Hilfen im "üblichen" Sinne zu
ieten und gleichzeitig damit zum Abbau der ihre psychischen
robleme mitverursachenden intellektuellen Defizite beizutragen.

m Vordergrund der gesundheitspolitischen Diskussion der letzten
ahre steht nun aber immer wieder der Kostengesichtspunkt und,
enn es nicht um Fragen ärztlichen Handelns sondern um die Tätig-
eit von Psychologen und Laienhelfern geht, die hinreichende
ualifikation wie auch die ethische Verantwortlichkeit. -
ur Frage der Kosten sind erst in jüngster Zeit in Deutschland
ergleiche zwischen ärztlicher Behandlung, stationärer Unter-
ringung und alternativer psychotherapeutischer Behandlung mit
emeindepsychologischen Betreuungsformen vorgenommen worden.
iese haben, wie auch schon Untersuchungen aus den skandinavi-
chen und angelsächsischen Ländern, ergeben, daß im gegenwärtig
ominierenden und traditionell überlieferten System der ärztli-
hen Behandlung und fürsorgerischen Betreuung das Geld geradezu
um Fenster hinausgeworfen wird. - Es soll nicht verkannt werden,
aß eine radikale Veränderung nicht möglich ist, da hier nicht
ur im professionellen Bereich die bereits angesprochenen Ängste,
ondern in der Bevölkerung massiv ablehnende Einstellungen be-
eitigt werden müßten. Wir plädieren deshalb eher für eine Er-
robung der neuen Methoden "von innen heraus" unter Ausnutzung

des breiten Wissens- und Fähigkeitspotentials der traditionellen psychosozialen Versorgungseinrichtungen.

Betrachten wir abschließend das "ethische Argument": einerseits ist es unschwer zu entlarven als Abwehr gegen neue Ideen. Und dies geschieht nicht nur von außen, sondern auch aus den Reihen der traditionellen ärztlichen und psychosozialen Versorgung heraus. Andererseits erhält es seine Berechtigung aus der leidvollen Erfahrung mit "revolutionären Veränderern" nicht nur im psychosozialen Bereich. Auch die allgemeine menschliche Schwäche, aus der persönlichen Begeisterung für seine eigenen Ideen und Handlungen heraus,die Fehler und Mißerfolge gering zu schätzen und an Erfolge zu glauben, stellt eine nicht zu unterschätzende Gefahr dar. Diese zu mindern und ihrem Motto ("the patient's needs come first!") getreu zu bleiben, hat die IKT zwei Wege eingeschlagen, die die Autorinnen der vorliegenden Arbeit beispielhaft befolgen: zum einem werden die anzuwendenden Verfahren v o r ihrer Anwendung einer wissenschaftlichen Ziel- und Effektanalyse unterworfen, zum anderen ermöglicht die weitgehende Operationalisierung des therapeutischen Vorgehens dem Anwender eine stete Kontrolle seines Verhaltens und die laufende Überprüfung der Wirkung der Therapie auf den Klienten. - Deshalb wurden bei der Entwicklung der IKT wie auch bei der Abwandlung für die Behandlung der Lernbehinderten und Heimkinder auf die leichte Lern- und Trainierbarkeit der "kritischen" Verhaltensweisen besonderes Gewicht gelegt. Für die praktische Anwendung des Konzeptes bedeutet dies auch, daß es in der Verantwortung des Therapeuten liegt, das lediglich in der Abfolge des Einsatzes einzelner Techniken dargestellte Vorgehen optimal auf die Möglichkeiten des jeweiligen Klienten abzustimmen. Auch die Intensität des Einsatzes der einzelnen verbalen Interventionsformen wird im individuellen Fall von ihm bestimmt sein müssen. Der Therapeut muß von daher sowohl über fundierte Therapiekenntnisse als auch über ein möglichst umfangreiches Wissen über die in Frage stehende Klientel verfügen.

Die Weiterentwicklung des Konzeptes und seine breite Anwendung steht nunmehr im Vordergrund des Bemühens. Wir danken deshalb den Rotenburger Anstalten der Inneren Mission, insbesondere deren Vorsteher sowie den dort beschäftigten Ärzten, Psychologen und Erziehern für ihre große Bereitschaft, unsere Arbeit zu ermöglichen und zu unterstützen. Die Resultate haben sicher beide Seiten ermutigt, auf diesem Wege weiterzugehen und andere Kollegen und Institutionen zu gleichem Tun anzuregen.

Hamburg, im Januar 1982   Prof. Dr. Frank Baumgärtel

Teil 1:

Ein Modell der Psychotherapie für
Lernbehinderte und Heimkinder

1. Die gesellschaftliche Bedeutung von Leistung und Lernen

Jede menschliche Gesellschaftsform, jeder Staat, ist auf die
Leistung der einzelnen Mitglieder der Gemeinschaft angewiesen,
wenn seine Funktionsfähigkeit erhalten bleiben soll. - In so
allgemeiner Form trifft diese These auch auf unsere Gesellschaft zu, in der nach Ansicht von Sozialwissenschaftlern
Leistung und Leistungsvermögen des Einzelnen den wichtigsten
Maßstab für seine Einordnung im Sozialgefüge abgeben.

So beschreibt JAEGGI (1973, S. 213) "eine gängige sozialwis-
senschaftliche Theorie", nach der jeder für die Leistungen,
die er erbringt, entschädigt wird. Dadurch erworbene materielle Güter werden zum Indikator von "Tüchtigkeit", die soziale Anerkennung findet. Vermittelt durch die Normen der Lei-
stungsgesellschaft wird also bestimmt, wem in welchem Umfang
gesellschaftliche Anerkennung zuteil wird.

Es ist allgemein akzeptiert, daß neben Leistungsmöglichkeiten
gerade positive soziale Kontakte und emotionale Bindungen für
das subjektive Wohlbefinden des Individuums von entscheiden-
der Bedeutung sind. Von daher ist es einsichtig, daß in unserer stark leistungsorientierten Gesellschaft mangelhafte Leistungen psychische Beeinträchtigungen des Betroffenen nach
sich ziehen: ein zu geringes Maß an Anerkennung und eingeschränkte Sozialkontakte als Folge der Minderleistung führen
zu Selbstunsicherheit und Minderwertigkeitsgefühlen gegenüber
anderen Menschen.

Mißerfolge im Leistungsbereich treten nun oft nicht erst mit
der Berufstätigkeit des Jugendlichen oder Erwachsenen auf. -
Vielmehr werden Leistungsfähigkeit und damit die spätere gesellschaftliche Stellung des einzelnen schon von frühster
Kindheit an mitbestimmt. Durch das Zusammenwirken der wesentlichen Entwicklungsfaktoren, Anlagebedingungen, reifungsbio-
logische Einflüsse und Umweltbedingungen (vergl. OERTER, 1976),
werden die späteren Möglichkeiten des Menschen bereits im Laufe der ersten beiden Lebensjahrzehnte in hohem Maße vorbestimmt.

Aus diesen Überlegungen ergibt sich, daß diejenigen Menschen, die von früher Kindheit an körperliche oder geistige Behinderungen aufweisen oder durch andere Faktoren in ihren Entwicklungsmöglichkeiten beeinträchtigt sind, bereits frühzeitig Hilfen benötigen, um ihre vorhandenen Fähigkeiten optimal entwickeln und nutzen zu können. Die Umsetzung dieser Forderung in konkrete Maßnahmen findet ihren Ausdruck in der Fülle von Forschungsarbeiten aus Pädagogik und Entwicklungspsychologie, die ein besseres Verständnis der spezifischen Behinderungen und die Herleitung adäquater Fördermaßnahmen zum Ziel haben.

WEGENER faßte im Jahre 1968 den damaligen Stand eines Teils jener Arbeiten in einem Sondergutachten für den Deutschen Bildungsrat unter dem Titel "Die Minderbegabten und ihre sonderpädagogische Förderung" zusammen. Dieser Titel zeigt, daß das Schwergewicht der Arbeit auf der Bestimmung und Förderung im weitesten Sinne "geistig Behinderter" liegt. - Die in der Arbeit enthaltenen Ausführungen über den Begriff der "Minderbegabung", ihre Klassifizierungsmöglichkeiten und Auftretenshäufigkeiten sollen an dieser Stelle kurz wiedergegeben werden, da sie einen Gesamteindruck jenes Problemkreises vermitteln, aus dem im weiteren ein spezielles Problem näher zu betrachten sein wird.

Die verminderte Leistungsfähigkeit von Kindern wird von WEGENER mit dem Begriff der "Minderbegabung" beschrieben. - Er bezeichnet mit ihm "alle Grade und Formen intellektueller Subnormalität..., die bereits im Kleinkindalter vorhanden sind und bis ins Erwachsenenalter hinein als dauernder Rückstand der Test- (und Schul-)leistung sowie als Störung des Anpassungsverhaltens objektiviert werden können" (WEGENER, 1971, S. 505). Er legt damit empirische Kriterien zugrunde, anhand derer das Vorliegen verminderter Leistungsfähigkeit festzustellen ist.

Die Vielfalt der konkreten Erscheinungsbilder: "Minderbegabung" macht es im Sinne gezielter Förderungsmaßnahmen jedoch notwendig, genauere Einteilungen vorzunehmen. - Dazu stehen

grundsätzlich drei Möglichkeiten zur Verfügung: die Einteilung
nach ätiologischen Kriterien (horizontale Einteilung), die
nach Testleistung und dem Grad der sozialen Anpassung sowie
die nach Art und Ausmaß der verbliebenen Erziehungs- und Bildungsmöglichkeiten (vertikale Einteilungen).

1.1 Einteilungsversuche
- Ätiologische Klassifikation

Die ätiologischen Einteilungsversuche sind grob zu unterscheiden in ein alle feststellbaren Ursachen berücksichtigendes
Schema (kausal-dynamische Kategorien von LURIA, 1958) und ein
zweigeteiltes, das nach vorwiegend endogen (auch "erblich" genannt) bedingter "Minderbegabung" bzw. durch äußere Schädigungen hervorgerufener trennt.

Innerhalb der kausal-dynamischen Kategorien werden Kinder,
die trotz normaler intellektueller Fähigkeiten aus emotionalen Gründen oder negativer Einstellung zur Schule versagen,
von jenen getrennt, bei denen eine Hirnschädigung vorliegt sowie von jenen, die an einer Sinnesschädigung leiden und von
Kindern, die als psychasthenisch zu bezeichnen sind (leichte
Ermüdbarkeit, erhöhte Reizbarkeit oder Gehemmtheit). Zentral
ist die Annahme "konsekutiver Störungen des Entwicklungspro-
zesses durch den psycho-physischen Basisdefekt" (WEGENER,
1971, S. 508).

Das dichotome Einteilungsschema umfaßt in der Gruppe der
"endogen Minderbegabten" jene Kinder, deren Intelligenzman-
gel als im engeren Sinne vererbt angesehen wird und weiter
diejenigen, bei denen eine Organ- und dabei insbesondere eine
Hirnschädigung vorliegt. Hierbei fällt auf, daß nur mehr ca.
29% der Fälle auf Erbschäden zurückgeführt werden, während
es früher ca. 80% waren. WEGENER sieht dies als Verschiebung
zugunsten sozialer und pathologischer Verursachungsfaktoren
an.

Untersuchungen innerhalb der Gruppe endogen bedingter "Min-
derbegabungen" führten zur Feststellung unterschiedlicher
Defekte hirngeschädigter bzw. nicht-hirngeschädigter Kinder.

Im Hinblick auf das Leistungsverhalten zeigte die neurolo-
gisch auffällige Gruppe gegenüber der Kontrollgruppe deutliche Schwächen der Wahrnehmung und Konzeptbildung, während jene in sprachlichen Aufgaben signifikant geringere
Leistungen erzielte. - Diese Ergebnisse sind jedoch zu relativieren wegen der ungenauen Gruppenzuteilung besonders
der jüngeren Kinder, die auf Schwierigkeiten einer exakten
medizinischen Diagnose leichter Hirnschädigungen beruht. Von
daher scheint es naheliegend, andere Kriterien als allein
medizinische zur Diagnose und Einteilung von "Minderbegabun-
gen" zu wählen, die eher die Bildung homogener Gruppen ermöglichen.

Zur Gruppe der auf exogenen Schädigungen basierenden "Minderbegabung" gehört die aufgrund sozio-kultureller Deprivation
("Milieuschädigung"). Allerdings besteht auch in diesem Falle
die Vermutung, daß nicht allein das Milieu als Verursachungs-
faktor zu sehen sei, sondern auch wiederum schwer diagnosti-
zierbare Hirnschäden, so daß auch die Gruppe der sozio-kulturell Geschädigten nicht homogen ist.

Man kann jedoch davon ausgehen, daß in jedem dieser Fälle
kulturelle und soziale Faktoren wie ungünstige wirtschaft-
liche, räumliche und erzieherische Bedingungen für die Entstehung verminderter intellektueller Leistungsfähigkeit verantwortlich sein können, ohne daß andere Ursachen hinzukom-
men müssen. - Dies gilt besonders für leichtere Grade der
Minderbegabung. - Andererseits liegt auf der Hand, daß jene
Bedingungen, die vor allem die soziale Anpassung des Kindes
erschweren und damit die Entwicklung intellektueller Fähigkeiten hemmen, gerade in Familien mit "minderbegabten" Eltern vorliegen werden (Problem der Vererbung?). Durch ihre
eigene verminderte Leistungsfähigkeit können sie in der Regel nur schlecht bezahlte Berufe ausüben und von daher nur
unzureichende Wohn- und Lebensverhältnisse finanzieren; darüber hinaus wird es ihnen insgesamt schwerer fallen als nor-
mal-intelligenten Eltern, ihre Kinder zu erziehen. Wesentlich
erscheint in diesem Zusammenhang jedoch, daß durch gezielte
Förderungsmaßnahmen, das heißt durch vermehrte Anregung durch

die Umwelt, die beschriebenen Milieuschäden zu mindern sind,
während das Verbleiben von Kindern unter einschränkenden Bedingungen zu einer sogenannten progressiven Retardierung
führt, das heißt zu zunehmenden, die Gesamtpersönlichkeit
betreffenden Entwicklungsstörungen.

Als weitere außer-intellektuelle Ursachen der "Minderbegabung" beschreibt WEGENER Sinnesschädigungen, die die Aufnahme von Informationen beeinträchtigen, Lernprozesse erschweren und damit die normale intellektuelle Entwicklung stören.

Ähnliche Folgen haben nach seiner Ansicht jedoch auch zen-
tralnervöse oder endokrine Funktionsstörungen sowie "psycho-
pathische Charakterzüge" oder neurotische Symptome. Sie betreffen vor allem die dynamische Seite der Intelligenz, das
heißt Motivation, Antrieb und Zuwendung, da sie sich in er-
höhter Reizbarkeit, Unruhe, Ermüdbarkeit oder verringerter
Ansprechbarkeit und Verlangsamung der psychophysischen Abläufe ausdrücken.

In dieser Hinsicht beeinträchtigte Kinder als "minderbegabt"
zu bezeichnen bedeutet, ebenso wie bei sozio-kultureller Deprivation, die verminderte Leistungsfähigkeit nicht als "um-
weltstabil", sondern als dynamisch, das heißt veränderbar zu
betrachten.

    - Psychometrische Klassifikation

Die Einteilung "Minderbegabter" nach Testintelligenz und dem
Ausmaß der sozialen Anpassung legt wie die eben dargestellte
eine dynamische Auffassung des Begriffs der Minderbegabung
nahe.

WEGENER bezeichnet die psychometrische Klassifikation "Minderbegabter" aufgrund ihrer Leistungen in Intelligenztests
als akzeptable Methode, um zu einer g r o b e n Eingruppie-
rung zu gelangen. - Es ist jedoch zu bedenken, daß die hauptsächlich benutzten Verfahren (BINET-SIMON und WISC) ohnehin
nur für leichte und mittlere Behinderungsgrade sinnvoll sind,
und dabei nichtsprachliche Tests eher etwas über die Anpas-

sungsleistungen eines Kindes, verbale dagegen über Schullei-
stungen auszusagen vermögen. - Für eine differenzierte Diagnostik werden jedoch Tests benötigt, die im Hinblick auf die
Verständlichkeit der Aufgaben, die Art der Darbietung sowie
von ihrer Konstruktion her auf die besonderen Probanden ausgerichtet sind.

Will man trotz der beschriebenen Schwierigkeiten mit einem
testpsychologischen Instrumentarium zur Klassifizierung der
"Minderbegabung" gelangen, so werden neben akzeptablen Verfahren auch allgemein anerkannte Kriterien zur Zuordnung benötigt. - In diesem Punkt findet sich jedoch keine generelle
Übereinstimmung. Eine Möglichkeit der Klassifizierung gibt
der Katalog der Weltgesundheitsorganisation (WHO) an. Hier
werden fünf Grade der "Minderbegabung" unterschieden, deren
Grenzen sich an der Einteilung der American Association on
Mental Deficiency (AAMD) orientieren. Man unterscheidet hier-
nach "profound" (IQ < 25), "severe" (IQ 26-39), "moderate"
(IQ 4o-55), "mild" (IQ 56-69) und "borderline" (IQ 7o-85).

Neben den testpsychologischen Informationen sind zusätzlich
auch Daten über die soziale Anpassung des einzelnen Kindes
erforderlich, um zu einer exakteren Zuordnung zu einer Gruppe zu gelangen. Voraussetzung hierfür ist wieder die Verfüg-
barkeit von Instrumenten, die objektive Aussagen über das entsprechende Verhalten zulassen. Eine besondere Schwierigkeit
stellt die Eliminierung von Beobachtungsfehlern dar, eine andere die mögliche Interferenz von intellektuellen Störfaktoren und Verhaltensauffälligkeiten. Von daher ist es folglich
auch nicht sinnvoll, allein aufgrund des Maßes der sozialen
Anpassung über den Grad der "Minderbegabung" eines Kindes zu
entscheiden.

- Pädagogische Klassifikation

Die von den Zielen der Pädagogik her sinnvollste Einteilungs-
möglichkeit besteht darin, vermindert leistungsfähige Kinder
auf die ihnen verbliebenen Fähigkeiten zu untersuchen. Wegen
des beschriebenen Zusammenhanges von Testintelligenz und

schulischer Leistungsfähigkeit entsprechen die pädagogischen Kategorien weitgehend bestimmten IQ-Bereichen. - In der BRD richtet sich die Klassifizierung vor allem auch an den Möglichkeiten des Bildungssystems aus. Es wird danach unterschieden zwischen Sonderschul-Bedürftigen (auch als Lernbehinderte bezeichnet) mit einem IQ über 6o und praktisch Bildbaren (geistig Behinderten) mit einem IQ unter 6o. Die schwerstbehinderten, pflegebedürftigen Personen werden nicht gesondert eingeordnet.

- Auftretenshäufigkeit

Zahlen über die Auftretenshäufigkeit der "Minderbegabung" hängen wesentlich ab vom verwendeten Klassifikationsschema. Die Einbeziehung Milieugeschädigter und außerintellektuell Gestörter lassen die Zahlen gegenüber den aufgrund medizinischer Diagnosen ermittelten stark anwachsen. - Hinzu kommt, daß die Leistungsanforderungen in den letzten Jahren beträchtlich gestiegen sind und von daher zu erwarten ist, daß ein größerer Personenkreis als früher ihnen nicht mehr voll genügen kann. - Diese lassen vor allem die Gruppe der "Lernbehinderten" stark anwachsen.

WEGENER berichtet über eine Untersuchung von VON BRACKEN (1966), die insgesamt 8% der Kinder im Schulalter als körperlich oder psychisch behindert einschätzt. - Etwa drei Viertel dieser Kinder sind als lernbehindert zu bezeichnen, das heißt, sie sind nicht extrem in ihrer Leistungsfähigkeit beeinträchtigt und können die Sonderschule für Lernbehinderte besuchen.

Geht man von diesen Zahlen aus, so ist unmittelbar einsichtig, daß eine so große Gruppe notwendig angemessener Hilfen in Erziehung und Bildung bedarf. - Da eine Voraussetzung hierfür jedoch genauere Kenntnisse über ihre Defizite beziehungsweise ihre verbliebenen Fähigkeiten sind, sollten die Ausführungen WEGNERs auf dahingehende Informationen überprüft werden.

2. Zum Problemfeld der Lernbehinderung

Lernbehinderte Kinder und Jugendliche scheinen aufgrund von
Beobachtungen aus der Psychodiagnostik und der Sonderpädago-
gik, in denen sie hinsichtlich ihrer Verhaltens- und Erleb-
nisweisen beurteilt wurden, eher Normalentwickelten angenähert als schwerer Behinderten (vergl. WEGENER, 1971, S. 521).
Daher sind alle folgenden Aussagen über die Intelligenzstruktur "Minderbegabter", den Ablauf von Lernvorgängen sowie ihre
sprachlichen Fähigkeiten in diesem Sinne zu relativieren.

2.1 Intelligenzstruktur, Lernverhalten und sprachliche
Fähigkeiten Lernbehinderter

Faktorenanalytische Untersuchungen über die Intelligenzstruktur "Minderbegabter", die zwangsläufig die Dynamik von Denk-
abläufen nicht berücksichtigen können, führten zu Ergebnissen,
die die Annahme einer andersartigen Intelligenzstruktur dieser Personengruppe nahelegen. WEGENER berichtet über eine
faktorenanalytische Studie von TAYLOR, die das Verhalten von
74 leichter behinderten Jugendlichen in 51 Verfahren untersuchte. Zwar hatten die gefundenen Faktoren deutliche Ähnlich-
keit mit den bei normalentwickelten gefundenen, doch waren sie
signifikant globaler als jene. Weitere Forschungsarbeiten
(z. B. BONDY et al., 1964) stellten eine geringere Ausdifferenzierung der intellektuellen Struktur von "Minderbegabten"
fest, die zur Aufstellung der Divergenz-Hypothese führte
(LIENERT und FABER, 1963; WEWETZER, 1958; nach WEGENER, 1971).
Sie nimmt eine Ausdifferenzierung der Intelligenzstruktur bei
steigendem IQ beziehungsweise eine geringere Differenzierung
bei "Minderbegabten" an, was unter anderem durch eine geringe
Anzahl statistisch signifikanter Faktoren und den überdurch-
schnittlich hohen Varianzanteil des 1. Faktors an der extra-
hierten Varianz gestützt wird.

Die unmittelbare Analyse der Denkoperationen Lernbehinderter
ergab, daß auch unter dem dynamischen Aspekt der Intelligenz
Abweichungen dieser Gruppe von der Normalpopulation bestehen.

So stellte WOHLWILL (1968) fest, daß die Denkoperationen Lernbehinderter auf dem Niveau der konkreten Operationen verharren.
Die Lernvorgänge lernbehinderter Kinder und Jugendlicher folgen, so WEGENER (1971, S. 523), mit Sicherheit den gleichen Gesetzen wie bei "Normalen". Störungen des schulischen Lernens
sind vor allem in einer Verlangsamung von Lernvorgängen, hohen Fehlerzahlen und einer geringen Transfer-Leistung deutlich. Es ist jedoch zu vermuten, daß Lernbehinderte vor allem
Schwierigkeiten haben, Wesentliches von Unwesentlichem zu unterscheiden und Sinnbezüge zu erkennen. Hinzu kommen Störungen der Aufnahme und Verarbeitung durch Aufmerksamkeitsmangel
bei wenig "ich-bezogenen" Inhalten. - Dies bedeutet, daß geringere Behaltensleistungen eher auf Störungen der Aufnahme
und Verarbeitung von Inhalten hinweisen als auf mangelndes
Gedächtnis.

Die Sprachentwicklung eines Kindes wird von WEGENER als durch
intellektuelle Fähigkeiten, außer-intellektuelle Persönlich-
keitsvariablen und vor allem sozio-kulturelle Bedingungen beeinflußt dargestellt. - Aufgrund seiner Aussage, daß gerade
sozio-kulturelle Deprivation ursächlich für das Entstehen
einer Lernbehinderung sein könne, ist zu vermuten, daß umgekehrt lernbehinderte Kinder und Jugendliche starke Mängel
der Sprachentwicklung aufweisen, wenn diese wesentlich durch
sozio-kulturelle Bedingungen determiniert ist. - WEGENER
(1971, S. 525) führt hierzu aus, daß "die oft angetroffene
Kausalbeziehung von Milieu und Minderbegabung" im konkreten
Fall vielfach die Entscheidung darüber verhindere,

"ob die Minderbegabung oder die Milieu-Deprivation für
sprachliche Mängel normalsinniger Lernbehinderter... ursächlich gewesen sei. Möglicherweise werden sowohl intellektuelle
wie sprachliche Retardierung durch die gleichen Faktoren her-
vorgerufen. Andererseits erschwert die Verkümmerung der Sprache wiederum auch Intelligenzleistungen und damit sowohl den
schulischen Erfolg als auch die Entstehung eines Weltbildes
im Kinde."

Als Charakteristika der Sprache Lernbehinderter sind Wort-
schatzarmut, syntaktische Mängel, mangelhafte Anwendung von
Konjunktionen sowie ganz allgemeine Verständnis- und Aus-
drucksmängel zu nennen. - Frühzeitige Sprachtrainings könnten

jedoch nicht nur das Auftreten dieser Mängel verhindern, sondern wahrscheinlich zu einer allgemeinen Verbesserung der In-
telligenz- und Anpassungsleistungen führen.

Nachdem durch die Beschäftigung mit den zusammenfassenden
Ausführungen WEGENERs eine erste Übersicht über die Problematik Lernbehinderter geschaffen ist, soll im folgenden versucht werden, die gewonnenen Eindrücke zu vertiefen. - Zunächst sollen die Bedingungen des Auffälligwerdens lernbehinderter Kinder untersucht werden. Im Anschluß daran werden
Aussagen von Pädagogen vorgestellt, die sich mit deren konkreter schulischer Förderung beschäftigen. Dies scheint notwendig, da das Gutachten WEGENERs keine Überprüfung der pädagogischen Praxis beinhaltet. - Aus der Gesamtheit dieser Betrachtungen sind im weiteren Verlauf der Arbeit Schlüsse zu
ziehen auf die besonderen Bedürfnisse Lernbehinderter im
Leistungs- sowie im sozialen und emotionalen Bereich, um
schließlich zu adäquaten Behandlungsmöglichkeiten außerhalb
der schulischen Situation zu gelangen, die aus der praktischen
Arbeit heraus notwendig erscheinen.

2.2 Bedingungen des Auffälligwerdens

Die Mehrheit der Kinder, die auch im weiteren als Lernbehinderte bezeichnet werden, fällt in unserer Gesellschaft erst
nach der Einschulung auf, wenn es ihr nicht gelingt, den am
normalen Leistungsvermögen ausgerichteten Forderungen der
Grundschule zu entsprechen. Definiert man Leistungsschwäche
als eine Behinderung, so ist deutlich, daß sie im Vergleich
zu anderen Behinderungen erst relativ spät festgestellt wird.
Die Ursachen dafür sind sicherlich in einem fehlenden medizinischen und psychologischen Instrumentarium zur Früherkennung
verminderter Leistungsfähigkeit zu sehen, was für andere Ge-
biete, zum Beispiel Sinnesbehinderungen oder schwere geistige
Behinderungen, vorhanden ist. - In der Regel werden nur die
direkten Bezugspersonen, also Eltern und Erzieher, es bemerken, wenn sich ein Kind in irgendeiner Form abweichend entwickelt. - Auffälligkeiten in der motorischen Entwicklung wer-

den dabei noch eher wahrgenommen werden als solche im kognitiven oder emotionalen Bereich. Voraussetzung ist in jedem Fall, daß hinreichende Informationen über die normale
Entwicklung vorhanden sind. So genaue Kenntnisse, daß auch
geringfügige Abweichungen noch erkannt werden, sind nur bei
Personen mit pädagogischer, entwicklungspsychologischer
oder medizinischer Vorbildung zu erwarten. Selbst für Exper-
ten ist es allerdings oft schwierig, aufgrund des festgestellten Entwicklungsstandes eines Kindes eine Prognose darüber zu stellen, ob es innerhalb der normalen Entwicklungs-
spannen bestimmte Fertigkeiten erreicht haben wird. - Eine
klare Aussage kann also immer erst gemacht werden, wenn sich
eine Entwicklungsverzögerung manifestiert hat.

Allgemein wird ein erster Maßstab an das Leistungs- und Sozialverhalten des Kindes angelegt, wenn es auf seine Schul-
reife untersucht wird. Bei Nichterreichen der Norm wird zunächst ein aufholbarer Entwicklungsrückstand angenommen, und
dem Kind ein weiteres Jahr bis zur Einschulung gelassen, das
es im günstigsten Fall im Schulkindergarten verbringen kann. -
Nach diesem Jahr wird das Kind in der Regel in die erste
Klasse der Grundschule eingeschult. - Einige wenige Ausnahmen
werden vom Schulkindergarten direkt an Sonderschulen für Lernbehinderte (SfL) gemeldet. Bei den übrigen müssen sich erst
krasse Unterschiede zum Leistungsniveau der übrigen Klasse
ergeben, bevor testpsychologische Untersuchungen eingeleitet
werden. WEGENER (1963, S. 173) beschreibt diesen Sachverhalt
folgendermaßen:

'Die Schwierigkeit beim Erwerb der ersten Kulturtechniken, das
Versagen bei alltäglichen Aufträgen, die Unselbständigkeit
und das insgesamt nicht altersgemäße Leistungs- und Verhaltensbild läßt die Debilen in den Augen der an der Norm orien-
tierten Umwelt jetzt auffällig werden." -

Erst die schulischen Anforderungen also dienen als Kriterium,
um Kinder als "subnormal" zu klassifizieren. Sind die Kinder
nach der Einschulung auffällig geworden, so ist die Institution Schule gezwungen, sie adäquat zu fördern und damit ihrem
Bildungsauftrag gerecht zu werden. Hier wird deutlich, daß
vor allem die Auffälligkeiten im Leistungsbereich Anlaß geben,

sich mit diesen Kindern auseinanderzusetzen. Trotz anders-
lautender Ziele bleiben die Bemühungen der Schule, wie im
folgenden zu zeigen sein wird, meist jedoch auch auf den
Leistungsbereich beschränkt.

Es sollen nun einige Pädagogen, die sich mit der Sonderbeschulung lernbehinderter Kinder auseinandergesetzt haben,
vorgestellt werden. Dabei wird besonders zu berücksichtigen
sein, wie sie die Lernbehinderungen definieren, ihre Entstehung beurteilen, welche Erziehungs- und Bildungsziele sie anstreben und mit welchen Mitteln (Methodik, Didaktik) sie dabei vorgehen.

2.3 Pädagogische Konzepte zur Beschulung Lernbehinderter
- Die Auffassung von BACH

BACH (1973) geht davon aus, daß man einen klar begrenzten
Kreis von Kindern mit nicht korrigierbaren Lernbehinderungen
feststellen kann. Für sie lassen sich einige Merkmale des
Lernverhaltens feststellen, die "dauernder unterrichtlicher
Berücksichtigung bedürfen" (BACH, 1973, S. 11). Dies sind
- eine dauernde sachliche und quantitative Eingeengtheit
  des Lernfeldes, das heißt stärkere Ausdrucksfähigkeit
  für Konkretes und Bedürfnisbezogenes;
- eine reduzierte Abstraktivität, die ihr Gegenstück hat in
  einer vorwiegend motorischen und sensorischen Ansprechbarkeit;
- eine eingeschränkte Gliederungsmöglichkeit für Lernaufga-
  ben, die eine spezielle Führungsbedürftigkeit im Lernprozeß bedingt;
- eine Verlangsamung, Verflachung und zeitliche Begrenztheit
  von Lernprozessen, das heißt eine permanente Anregungsbedürftigkeit;
- eine geringe, vorwiegend diffuse Spontaneität, die ebenfalls permanente Anregungsbedürftigkeit zur Folge hat.
Als weiteres Kriterium zur Klassifizierung von Lernbehinderten dient der Intelligenzquotient, der nach BACH für diese
Gruppe den Bereich von 60 bis 85 umfaßt.

Wie aus den beschriebenen Merkmalen des Lernverhaltens Lernbehinderter hervorgeht, stehen für den Bildungsprozeß nur
eingeschränkte Möglichkeiten zur Verfügung. Diese sollen
nach BACH dazu genutzt werden, "Lebenstüchtigkeit" und "optimale Lebenserfülltheit" zu ermöglichen.

BACH (1973) entwickelt sieben Grundkategorien des Unterrichts,
die sich an den besonderen Lerneigentümlichkeiten lernbehinderter Kinder orientieren und zur Erreichung der zuvor beschriebenen Ziele führen sollen. Diese Kategorien beziehen
sich auf Aufgaben, Technik, Formen, Rhythmus, Motivation, Haltung des Lehrers sowie Organisation des Unterrichts: Als
wichtigste Gestaltungsmerkmale der Aufgaben sieht BACH Kon-
kretheit, Bedürfnisbezogenheit, Akzentuiertheit und Ganzheit-
lichkeit. Die Unterrichtstechnik sollte auf Anschaulichkeit
des Materials und Selbständigkeit des Schülers abgestellt sein,
weil so seine Lernmöglichkeiten im sensorischen und motorischen Bereich optimal genutzt werden könnten. Die Unterrichts-
form soll die reduzierte Gliederungsfähigkeit des Lernbehinderten berücksichtigen, indem der Lehrer in kleinen Schritten
vorangeht, den Arbeitsweg in Teilziele zerlegt und Schwierigkeiten isoliert. - Der Rhythmus des Unterrichts sollte auf
Strukturiertheit, Einprägsamkeit und ein gemessenes Tempo der
Stoffdarbietung ausgerichtet sein, das motivierende Moment
sollte der Anregungsbedürftigkeit der Schüler Rechnung tragen.
Als Kriterien sieht BACH (1973) hier Lustbetontheit, Eindring-
lichkeit und Durchgängigkeit. Die Haltung des Lehrer im Unterricht sollte gekennzeichnet sein durch Informiertheit und
Engagement in Bezug auf die anstehende Aufgabe. Schließlich
sagt BACH, daß die Organisation des Unterrichts den spezifischen Formen der Lernbehinderung soweit wie möglich Rechnung
tragen sollte. Der Lehrer sollte deshalb die Aspekte der Dif-
ferenziertheit, Abgeschirmtheit und Stetigkeit bei der Planung des Unterrichts besonders berücksichtigen.

- Die Auffassung von KLAUER

Zur Beschreibung der Lernbehinderung sagt KLAUER (1975), daß

es im Gegensatz zu einer allgemeinen Intelligenz keine allgemeine Lernfähigkeit gebe, sondern diese gebunden sei an
Aufgabenklassen und Lernbedingungen (Lehrmethoden). - Schulische Lernfähigkeit ist nach KLAUER (1975, S. 6) "weniger
durch die institutionellen Bedingungen der Schule als durch
die schultypischen Aufgabenklassen" bestimmt. Weiter sagt
er, daß eine Lernbehinderung "vor allem durch eine herabge-
setzte schulische Lernleistung gekennzeichnet" ist. Diese
sei durch eine Intelligenzschwäche ausgelöst und damit
"schwerwiegend, umfänglich und langdauernd" (1975, S. 6).

KLAUER (1975) nimmt an, daß der Lernprozeß beim lernbehinderten Kind nicht verlangsamt sei, sondern lediglich verspätet
einsetze, daß aber kein qualitativer Unterschied zu normalintelligenten Kindern in der Art des Lernens vorliege.

Seine pädagogischen Ziele sind bemessen daran, daß die die
Lernbehinderung mitbedingende Intelligenzschwäche ein un-
abänderliches Faktum ist. - Pädagogische Maßnahmen haben an-
zusetzen an den vorhandenen Möglichkeiten des Lernbehinderten
und sollen erreichen, daß er die Befähigung erlangt, sein Leben zu meistern. KLAUER (1975) legitimiert seine Aussage, daß
eine Beschränkung des Bildungsgutes unumgänglich sei, damit,
daß dem Kind nur ein begrenzter, überschaubarer Lebenshorizont
gegeben sei, fügt jedoch hinzu, daß das zu vermittelnde Bil-
dungsgut speziell auf die Bedürfnisse des Lernbehinderten
ausgerichtet sein müsse.

In der Aussage dieses Autors, daß der Lernprozeß Lernbehinderter kein qualitativ anderer sei als der normal-intelligenter
Schüler kann gefolgert werden, daß er sich der gleichen Methoden bedient, derer sich im Idealfall jede Schule bedienen sollte. Der Lernstoff sollte also beispielsweise klar gegliedert
sein, ein neuer Lernschritt erst begonnen werden, wenn der
vorhergehende bewältigt wurde und der Lernstoff motivierend
dargeboten werden.

- Die Auffassung von BLEIDICK

BLEIDICK (1963 a, 1963 b, 197o) glaubt, daß man an Sonder-

schulen für Lernbehinderte eine "klar umgrenzte Schüler-
schaft" findet, die durch ein "absolutes Auslesekriterium"
zu bestimmen sei. Er nennt als ein solches Kriterium einen
Intelligenzquotienten von unter 8o.

Er wendet sich gegen Ansätze, die eine Bildung des Lernbehinderten für einen eng begrenzten Lebenskreis anstreben,
da er die Auffassung vertritt, ein eng begrenzter Rahmen
an Bildungsmöglichkeiten verhindere, daß der einzelne sich
so weit entwickle, wie es ihm persönlich möglich sei. -
Nach seiner Ansicht bemißt sich der Lebenskreis gerade des
Lernbehinderten daran, wieviel er gelernt habe. - Prinzipiell
sei jedes Wissensgebiet im Unterricht zu behandeln, wenn es
methodisch richtig aufbereitet worden sei. - Allerdings betont auch BLEIDICK, es sollten vorrangig solche Inhalte ausgewählt werden, die für die "Lebenszurüstung" unentbehrlich
seien.

Eine zentrale Frage bei BLEIDICK (197o) ist die nach der Ver-
mittlung des Bildungsgutes in der Sonderschule für Lernbehinderte, das heißt seine methodische Aufbereitung für ein
bestimmtes Verständnisniveau. Für die Auswahl der zu vermit-
telnden Inhalte übernimmt BLEIDICK die bereits von KLAFKI
(1964) aufgezeigten Prinzipien des Elementaren, des Fundamen-
talen, des Exemplarischen, des Typischen und des Repräsenta-
tiven. Insgesamt gehen in das methodische Konzept BLEIDICKs
(197o, S. 52 ff) alle bisher in der Sonderschulpädagogik für
Lernbehinderte entwickelten Methoden ein. Dies sind folgende:
- fünf "allgemeine heilpädagogische Prinzipien" des Helfens,
  der Erziehung, der Therapie, der Wertigkeit und der Individualität;
- drei inhaltliche Prinzipien der Stoffbeschränkung, der
  Heimatbezogenheit und der Lebensnähe;
- neun "methodische Prinzipien" der Anschauung, der Ganz-
  heit, der Bewegung, der Handbetätigung, der Wiederholung,
  der kleinsten Schritte, der Differenzierung, der Selbsttätigkeit und der Motivation;
- vier "ergänzende Prinzipien" des Musischen, des Gemein-
  schaftsprinzips, des logopädischen Prinzips und der formalen Übungen.

17

- Die Auffassung von BEGEMANN

BEGEMANN (1970, 1973, 1975) bezieht sich mit seinen Aussagen über die Lernbehinderung auf eine Reihe von Untersuchungen (HOFMANN, 1959; GELRECKE & GRÖNING, 1959; KLAUER, 1964, zit. nach BEGEMANN, 1975), die zeigen, daß Intelligenzleistungen nicht bedeutsamer sind für den Schulerfolg als sozio-ökonomische Bedingungen, unter denen Kinder aufwachsen. Der Schulerfolg wird nach seiner Aussage wesentlich von den sprachlichen Fähigkeiten des Schülers bestimmt. Die schulischen Sprachnormen sind nach BEGEMANNs Auffassung stark mittelschichtorientiert, wodurch Kinder aus den unteren Sozialschichten in ihren schulischen Lernprozessen benachteiligt würden. - Sie besitzen nach seiner Ansicht nicht die notwendige differenzierte Sprachform für eigene Lernprozesse, verstehen die Sprache der Schule nicht in ausreichendem Maße, fallen durch ihre Sprache als minderbefähigte Unterschichtskinder auf und sind ohne Verständnis für die Wertorientierungen und Kommunikationsformen der anderen sozialen Gruppen. Schließlich besitzen sie nicht wie andere Kinder in der Sprache ein Mittel, um sich distanziert affektiv zu entlasten (vergl. BEGEMANN, 1973, S. 122). BEGEMANN sagt also, daß "der Begriff Lernbehinderung das Eigentliche des Hilfsschülers nicht umschreiben" kann (BEGEMANN, 1975, S. 1), da die Sonderschulbedürftigkeit nicht primär mit Intelligenzleistungen zusammenhänge, sondern mit einer ganzen Reihe sozio-ökonomischer Faktoren.

Ausgehend von den Forschungsergebnissen über die soziale Herkunft von Lernbehinderten vorwiegend aus den unteren sozialen Schichten, sieht BEGEMANN den Bezug zum eigenen Erleben des Schülers als entscheidendes Kriterium für die Auswahl von Bildungsinhalten an. Das Gefühl des "Betroffen-Seins" von einer Sache in einem konkreten Zusammenhang sei entscheidend für die Auslösung von Lernvorgängen.

In Übereinstimmung mit Vertretern der Gestalt-Psychologie sagt BEGEMANN, daß bezüglich der Didaktik der Sonderschule für Lernbehinderte die Zerlegung eines Problems in kleinste

Teile nicht das Verständnis fördere. Um Einsicht in eine Fragestellung zu gewinnen sei es vielmehr notwendig, einen Gesamteindruck zu haben, um dann über den persönlichen Bezug zu dem Problem Lösungsmöglichkeiten entwickeln zu können. Besonders deutlich wird dies in den folgenden Ausführungen:

"Die Kinder sind durch Gewohnheiten festgelegt und blind gemacht, sie wurden angehalten, sklavisch zu wiederholen, sie wurden in vielen Übungen zu mechanisiertem Vorgehen gedrillt, und sie wurden in einem vom Lehrer geführten Unterricht zu korrektem Vorgehen und Mitdenken im Gleichschritt gezwungen, ohne daß sie das Problem überhaupt erkannten, ohne daß sie die Lösung finden durften. Der Lehrer glaubte, durch logische Beweise schon die einsichtige Lösung vorgelegt zu haben. Den Kindern wurde so häufig nur stückhafte Einstellung, stückhafte Aufmerksamkeit und stückhaftes Vorgehen erlaubt. Die Lösung eines Problems aber wird gefördert oder überhaupt erst ermöglicht, wenn man das Problem sieht, die Lage frei und aufgeschlossen überblicken kann, wenn man das Ganze betrachtet und wenn man den Zusammenhang von Problemen und Lage herauszufinden versucht. Viele sind oft blind für eine Lösung, auch wenn sie die wortwörtliche Formulierung der Lösung in einem Text lesen, sie nachsprechen oder nachschreiben. Deshalb bleibt der erklärende Unterricht des Lehrers oft so steril, weil er die Kinder nicht in ihrer Eigenwelt erreicht, weil er das Sachproblem nicht in ihren Fragenhorizont gerückt hat" (BEGEMANN, 1975, S. 81).

2.4 Konsequenzen aus der Betrachtung der sonderpädagogischen Konzepte

Betrachtet man die theoretischen Ansätze der Pädagogen im Vergleich, so wird deutlich, daß über Wesen und Entstehung der Lernbehinderung keineswegs Übereinstimmung besteht. Zwar vertreten alle dargestellten Autoren die Auffassung, daß es sich auch um eine Intelligenzschwäche handle, die den Lernbehinderten gegenüber dem "Normalschüler" benachteilige, jedoch gehen die Meinungen darüber, inwieweit das Gesamtbild des lernbehinderten Kindes durch diese bedingt sei, weit auseinander. Vor allem BACH sieht neben der Intelligenzschwäche weitere, hauptsächlich intraindividuell begründete Beeinträchtigungen, die sich in der Entwicklung der gesamten Persönlichkeit äußern. - BEGEMANN hingegen vertritt eine Position, die neben einer feststellbaren Intel-

19

ligenzschwäche vor allem Beeinträchtigungen aufgrund sozio-
ökonomischer Bedingungen als Ursache der Lernbehinderung
ansieht und diese damit auch für prinzipiell beeinflußbar
hält.

KLAUER und BLEIDICK scheinen sich eher der zuerst dargestellten Auffassung anzuschließen, da sie der Meinung sind,
daß das Auftreten einer Lernbehinderung zwar auch an sozi-
alpsychologische, soziologische und kulturelle Faktoren
geknüpft sei, eine Intelligenzminderung jedoch immer vorliege (IQ < 80).

Eben diese Gewichtung des Einflusses von Anlage- und Umweltfaktoren auf die Entwicklung des Kindes ist von wesent-
licher Bedeutung dafür, inwieweit man von der Auswahl spezifischer Unterrichtsbedingungen Verbesserungen des Gesamt-
bildes des Lernbehinderten erwartet und anstrebt. - Je höher der Einfluß von Umweltfaktoren für die Entwicklung ihrer vorhandenen Fähigkeiten gewichtet wird, umso eher müßten positive Veränderungen durch die Auswahl optimaler
Lern- und Umweltbedingungen erreichbar sein.

In den letzten Jahren erschienene Forschungsarbeiten können die Auffassung stützen, das Auftreten einer Lernbehinderung hänge durchaus mit sozio-kulturellen Faktoren zusammen und sei infolgedessen auch beeinflußbar. OERTER
(1976, S. 432 f) faßt drei Bedingungen für das Zustandekommen kognitiver Leistungen zusammen: Anlagekapazität, bi-
ologische Wachstumsbedingungen und Sozialisationsbedingungen. Er sagt weiter, daß die Anlagen eines Kindes lediglich
Rahmenbedingungen und Lernvoraussetzungen seien, biologi-
sche Wachstumsbedingungen für die Ausdifferenzierung des
Nervensystems bedeutsam seien, die Sozialisationsbedingungen jedoch verantwortlich seien für die inhaltliche Bestimmung konkreter kognitiver Leistungen.

Nach diesen Ausführungen sind die weiteren Annahmen der
o. a. Autoren zu Inhalten und Methoden der schulischen Betreuung Lernbehinderter sowie den dadurch zu erzielenden
Ergebnissen im allgemeinen zu akzeptieren. - Als einziges

Kriterium zur Bestimmung einer Lernbehinderung jedoch den
Intelligenzquotienten zu wählen erscheint zweifelhaft, da
er allein noch nichts über mögliche spezifische Schwächen
und Stärken des einzelnen Schülers auszusagen vermag, die
der Berücksichtigung im Unterricht bedürften. Selbst der
Intelligenzquotient kann außerdem noch auf unterschiedlichste Weise zustandekommen: es gibt Kinder, die von ihren Anlagen her schwächer ausgestattet sind als andere; gerade
auf sie müssen sich ungünstige Umweltbedingungen besonders
auswirken, da es dann für ihre ohnehin geringen Anlagen
kaum Entwicklungsmöglichkeiten gibt. Sie werden wahrscheinlich recht geringe Leistungen in Intelligenztests erbringen.
Ein kaum günstigeres Bild kann jedoch auch dann noch entstehen, wenn ein Kind zwar durchschnittliche Anlagen mitbringt,
jedoch unter so ungünstigen Bedingungen aufwächst, daß diese
kaum entwickelt werden können (under-achiever). Schließlich
ist auch noch der Fall denkbar, daß ein Kind über unterdurch-
schnittliche Anlagen verfügt, diese jedoch unter günstigen
Umweltbedingungen entwickelt werden und schließlich kaum
noch ein Unterschied zur Intelligenzleistung vergleichbarer,
"normal-begabter" Kinder festzustellen ist.- Eine sinnvolle
Zuweisung von Kindern an eine Sonderschule für Lernbehinderte kann demzufolge nur dann erfolgen, wenn neben Angaben
über das Leistungsvermögen, wie es in Intelligenztests erfaßt wird, auch Daten über die Entwicklung sowie die besonderen Lebensumstände vorliegen, so daß Inhalte und Methoden
des Unterrichts dann auch sinnvoll ausgewählt werden können.

An dieser Stelle ist anzumerken, daß trotz sonstiger Un-
einigkeit der vorgestellten Autoren einige Übereinstimmung
bezüglich der Unterrichtsinhalte und Methoden herrscht. -
Dies ist sicherlich darauf zurückzuführen, daß letztlich
von allen Autoren als ein wesentliches Ziel der Sonderbeschulung die Erreichung von Selbständigkeit des Schülers
und Möglichkeiten seiner Selbstbestätigung gesehen wird. -
Um dies im Rahmen der Institution Schule zu erreichen, müssen zwangsläufig ähnliche Wege des Unterrichts beschritten
werden, da äußere Bedingungen und rechtliche Vorschriften
die konkreten Möglichkeiten einengen.

Alle genannten Autoren stimmen darin überein, daß es
lernbehinderten Kindern kaum möglich sei, sich Inhalte
in dem Umfang anzueignen, wie es in der Grund- und
Hauptschule der Fall ist. Sie halten eine Beschränkung
des "Bildungsgutes" für unumgänglich, unterschiedliche
Auffassungen bestehen jedoch darüber, ob Einschränkungen von vornherein getroffen werden sollten oder erst
im Laufe der Zeit, wenn sich zeigt, wozu der einzelne
Schüler wirklich in der Lage ist. BLEIDICK beispielsweise hält eine willkürliche Festlegung für nicht gerechtfertigt, da sie möglicherweise den einzelnen daran
hindere, seine Möglichkeiten voll auszuschöpfen. -
Dennoch stimmt er mit KLAUER und BACH darin überein, besonders solche Inhalte zu bearbeiten, die unumgänglich
für eine selbständige Lebensführung sind. - BEGEMANN fordert in erster Linie den Bezug der Unterrichtsinhalte zur
"Eigenwelt" des Schülers, betrachtet dies jedoch auch nicht
als Begrenzung von Inhalten, sondern eher als Möglichkeit,
der besonderen sozio-kulturellen Situation der Schüler
Rechnung zu tragen. - In Bezug auf die Beurteilung der
Lernvorgänge Lernbehinderter, die für die Entscheidung über
die Auswahl spezieller Unterrichtsmethoden von großer Bedeutung ist, finden sich unterschiedliche Standpunkte:
BEGEMANN geht davon aus, daß der Zugang zum Normalunter-
richt denjenigen, die über eine relativ wenig differenzierte
Sprache verfügen, erschwert sei, wenngleich ihr Lernverhalten dem normalen Schüler entspräche, und achtet von daher
auf die Aufarbeitung sprachlicher Defizite. - KLAUER nimmt
ebenfalls an, daß das Lernen ansich nicht von demjenigen
"normaler" Schüler unterscheidbar sein, allerdings verspätet einsetze. Er vertritt von daher die Auffassung, daß
die Beachtung didaktischer Prinzipien, die im günstigsten
Fall auch in der Hauptschule angewendet werden sollten, besonders wichtig sei, um den Lernprozeß lernbehinderter Kinder zu begünstigen.

BACH und BLEIDICK hingegen nehmen an, daß die didaktischen
Prinzipien des Hauptschulunterrichts allein nicht hinrei-

chend seien, um den Lernprozeß Lernbehinderter zu optimieren. Sie meinen, daß eine Ausdifferenzierung und Er-
gänzung um einige, teilweise aus der Heilpädagogik kcmmen-
de, methodische Prinzipien sinnvoll sei, um einigen Besonderheiten des Lernverhaltens dieser Kinder Rechnung zu
tragen.

Wesentliche Merkmale aller methodischen Prinzipien, die
die Autoren im einzelnen angeben, sind die klare Gliede-
rung des Lernstoffs, die Bewältigung von Aufgaben in auf-
einanderfolgenden Schritten sowie die motivierende Darbietung des Stoffes. Außerdem sollte auf die Selbsttätigkeit
der Schüler bei der Bearbeitung von Aufgaben geachtet werden. - Über diese Methoden hinaus sollte der Unterricht
der Lernbehindertenschule auf die Anschaulichkeit von Material und Aufgaben, deren Strukturiertheit und Bedürfnisbezogenheit (Lustbetontheit) abgestellt sein. Weiter sollte die Individualität des Schülers Berücksichtigung finden
und auf Lebensnähe der Unterrichtsinhalte sowie die iso-
lierte Behandlung schwieriger Passagen geachtet werden.

Zusammenfassend kann gesagt werden, daß vorrangige Unter-
richtsprinzipien der Lernbehinderten-Schule die Selbsttätigkeit der Schüler sowie die Bedürfnisbezogenheit der Inhalte sein sollten. Dies heißt ganz allgemein, daß der Individualität des einzelnen Schülers in weit höherem Maße
Beachtung geschenkt werden muß, als dies in der Grund- und
Hauptschule der Fall sein kann. - Um optimale Ergebnisse
erzielen zu können, sind verhältnismäßig geringe Schüler-
zahlen in jeder Klasse notwendig, eine Bedingung, die in
der Realität an Sonderschulen für Lernbehinderte auch erfüllt wird. - Allein durch diese Maßnahme kann, abgesehen
von einer speziellen Ausbildung der Lehrer und der Bereit-
stellung geeigneter Lernmittel, erreicht werden, daß dem
einzelnen Schüler ein höheres Maß an Aufmerksamkeit zuteil werden kann. Dies hat unter anderem zur Folge, daß
das Arbeitstempo den Bedürfnissen der Schüler angepaßt werden kann, diese somit weniger Mißerfolgserlebnisse haben
und durch ihr eigenes Tun im Unterricht ein Gefühl für ih-

re eigenen Fähigkeiten und Möglichkeiten bekommen können. Das Behandeln von Inhalten, die einen starken Bezug zum Lebensraum der Schüler und damit zu ihren eigenen Problemen und Bedürfnissen haben, fördert ihre innere Beteiligung am Unterrichtsgeschehen und die Bereitschaft, sich Neues anzueignen. - In dem Maße, wie die Schüler ihre Kenntnisse erweitern und in komplexere Sachverhalte eindringen, wird sich ihr Selbstvertrauen erhöhen und ihr Handlungsspielraum erweitern, beide stellen wesentliche Voraussetzungen für eine selbständige Lebensführung dar.

Betrachtet man nun noch einmal die Aussagen BEGEMANNs, der ungünstige sozio-kulturelle Bedingungen als Verursachungsfaktoren der Lernbehinderung sieht, und in diesem Zusammenhang besonders auf die sprachlichen Defizite lernbehinderter Schüler aufmerksam macht, so scheint folgender Schluß möglich: venn einerseits Mängel der Sprachbeherrschung verhindern, daß Kinder in der Schule bestimmte Sachverhalte und Zusammenhänge verstehen, die ihnen zudem abstrakt dargeboten werden, so müßte es andererseits möglich sein, ihr Sprachvermögen zu verbessern, indem man sie aktiv und durch eigenes Tun Zusammenhänge erkennen läßt und erst dann die entsprechende sprachliche Umsetzung hinzufügt und damit einen Zusammenhang zwischen anschaulichem Geschehen und der Abstraktion herstellt. Verbesserte sprachliche Fähigkeiten wiederum müßten positive Wirkungen auf das Leistungsvermögen des Kindes insgesamt haben. Inwieweit diese Schlußfolgerung durch anerkannte Forschungsarbeiten über die Entwicklung des Sprach- und Denkvermögens gestützt werden kann, soll jedoch an dieser Stelle noch nicht geklärt werden; Ergebnisse aus der psychologischen Forschung scheinen jedoch solche Annahmen zu rechtfertigen (vergl. hierzu auch S. 63 ff).

2.5 Psychologische Aspekte der Lernbehinderung

Die Probleme lernbehinderter Kinder, die, wie beschrieben, meist mit dem Zeitpunkt ihrer Einschulung auftreten, be-

schränken sich, wenn die Defizite so schwerwiegend sind,
daß sie in der Normalschule nicht aufhebbar scheinen,
langfristig nicht allein auf den Leistungsbereich. - Die
psycho-soziale Situation des lernbehinderten Kindes sowie
seine psychische Befindlichkeit werden durch die Schwächen, die vorwiegend im Leistungsbereich auftauchen, wesentlich beeinflußt. Diese Annahme soll im folgenden er-
läutert werden.

- Die psycho-soziale Situation Lernbehinderter

Der seit einiger Zeit zur Bezeichnung von in ihrem schulischen Leistungsvermögen beeinträchtigten Kindern verwendete Begriff "Lernbehinderte" ordnet sie der großen Gruppe
behinderter Menschen zu. - Man kann Behinderungen jedoch
nicht schlechthin als solche beurteilen, sondern muß nach
Form und Umfang der Beeinträchtigung unterscheiden (vergl.
S.5 ff). - An dieser Stelle sollen allerdings nur grobe
Differenzierungen getroffen und die unterschiedlichen Umweltreaktionen betrachtet werden, die Behinderte erfahren,
da auf diese Weise bereits die psycho-soziale Situation
Lernbehinderter deutlich wird.

Trifft man die sehr globale Unterscheidung zwischen körperlichen Beeinträchtigungen, denen hier auch die Sinnesschädigungen zugerechnet werden, und geistigen Behinderungen, so fällt auf, daß die Bereitschaft besteht, Körperbe-
hinderte und Sinnesgeschädigte sozial zu integrieren. Anders stellt sich jedoch der Sachverhalt bei geistig Behinderten dar. KASZTANTOWICZ (1966, S. 103) beschreibt dies
folgendermaßen:

"Eine körperliche Beeinträchtigung nimmt man noch eher hin.
Man hat Mitleid und hilft solchen Kindern auf jede mögliche
Weise; man weiß auch, daß diese körperlichen Mängel sich
durch andere Fähigkeiten ausgleichen lassen und daß bei
intakter Intelligenz diese Kinder trotz der erschwerten
Bedingungen ihr Leben meistern können. - Anders ist die
Situation bei schwachbegabten Kindern. Keinen Verstand zu
haben wird als unersetzlicher und nicht auszugleichender
Mangel empfunden. Da diese Kinder auch wenig an ihrem Ge-
brechen zu leiden scheinen, bringt man mehr Bedauern als
Mitleid für sie auf."

Berücksichtigt man, daß KASZTANTOWICZ die Situation vor mehr
als einem Jahrzehnt so beschrieben hat, so mag sich, gerade
was das Mitleid angeht, aufgrund von Öffentlichkeitsarbeit
(TV, Veröffentlichungen der Lebenshilfe) hieran einiges ge-
ändert haben. - An die Stelle des Mitleids ist in zunehmendem
Maße die aktive Hilfe für Behinderte getreten, die jedoch
eher diejenigen erfahren, deren Behinderung augenfällig ist. -
Die Situation der leichter Beeinträchtigten, besonders der
leicht geistig Behinderten und Milieugeschädigten, ist insofern eine andere, als diese sich augenscheinlich kaum von der
"Normalbevölkerung" unterscheiden. Dies hat zur Folge, daß sie
nach deren Kriterien beurteilt werden, was ihren tatsächlichen
Möglichkeiten nicht angemessen ist.

Die Unangemessenheit normaler Maßstäbe für Lernbehinderte
wird daran deutlich, daß diese Kinder schon bald nach ihrer
Einschulung nicht die geforderten Leistungen erbringen und
damit auffällig werden. - Die Zahl derjenigen, die in der
Schule als schwach befähigt erkannt werden, beläuft sich nach
WEGENER (1971) auf 6 % der Kinder im Schulalter in der Bundesrepublik. - Betrachtet man die Möglichkeiten dieser Gruppe,
in unserer Gesellschaft zurechtzukommen, so wird deutlich, daß
eine Eingliederung immer schwerer wird. WEGENER (1963) beschreibt die sozialen Aufstiegschancen als vielmehr von individuellen Leistungen abhängig als in früheren Generationen.
Minderleistung geht damit einher mit sozialem Makel und Abstieg.

Der soziale Makel schlägt sich darin nieder, daß weniger
Leistungsfähige innerhalb normalbegabter Gruppen deutlich
weniger Beziehungen und soziale Kontakte haben (vergl. WEGENER,
1963, S. 167). Zieht man in Betracht, daß der größte Teil der
Lernbehinderten aus den unteren sozialen Schichten kommt, so
wird deutlich, daß die Zugehörigkeit zu diesen gesellschaft-
lichen Gruppen einerseits die Entstehung der Lernbehinderung
begünstigt und so andererseits den "sozialen Makel" langfristig fortbestehen läßt.

Der soziale Abstieg wird dadurch ausgelöst, daß viele Berufsmöglichkeiten, die sich früher dem Lernbehinderten boten, heute aufgrund von Technisierung und Automation fortgefallen sind oder aber höhere Anforderungen stellen, so daß der Lernbehinderte in der beruflichen Hierarchie absinkt.

Trotz der erschwerten Sozialisationsbedingungen, die besonders mit dem Schuleintritt und bei Beginn des Berufslebens auf die Lernbehinderten einwirken, gelingt es ihnen in der Regel trotzdem spätestens vom dritten Lebensjahrzehnt an, ein angepaßtes, sozial unauffälliges Leben zu führen. Zu diesem Zeitpunkt sind alle zu einer selbständigen Lebensführung notwendigen Rollen und Verhaltensmuster geübt (vergl. WEGENER, 1963), und ist der Prozeß der sozialen Eingliederung und der Zuweisung von Lebenschancen abgeschlossen.

- Überlegungen zur psychischen Befindlichkeit Lernbehinderter

Neben den beschriebenen objektiven Schwierigkeiten, die der Lernbehinderte besonders in Kindheit und Jugend zu bewältigen hat, muß er auch subjektiv seine Situation und die Reaktion der Umwelt verarbeiten.

Man kann davon ausgehen, daß die meisten der später als lernbehindert bezeichneten Kinder bis ins Schulalter hinein den Erziehungsvorstellungen ihrer sozialen Umgebung entsprechend aufwachsen (vergl. GOTTSCHALCH et al., 1974).

Werden Entwicklungsrückstände deutlich, so stellt sich die Frage, ob die Eltern diese als aufholbar ansehen oder nicht. Die Einstellung hierzu hängt in erster Linie mit der Schichtzugehörigkeit der Eltern zusammen. - Eltern der Mittel- und Oberschicht werden Entwicklungsrückstände zunächst als prinzipiell aufholbar betrachten, bevor sie sich mit durch begrenzte Anlagen eingeschränkten Entwicklungsmöglichkeiten auseinandersetzen. Aus diesem Grunde werden sie in ihrem Erziehungsverhalten eher zu Dauerüberforderung des Kindes neigen als dessen tatsächliche Leistungsgrenzen zu sehen und es innerhalb dieser zu fördern. - Das Kind erlebt auf diese Weise sehr früh, daß es den gestellten Anforderungen nicht genügen kann. Sich häufende Mißerfolge führen zwangsläufig zu einem negativen Selbstbild, das sich in der weiteren Entwicklung nicht nur auf den Leistungsbereich, sondern auch auf die Sozialbeziehungen des Kindes auswirken wird (Vergleich mit Gleichaltrigen oder Geschwisterkindern).

Kinder aus den unteren sozialen Schichten entgehen in der Mehrzahl der Fälle im Elternhaus der Gefahr der Überforderung. - Eher werden die teilweise durch das erzieherische Milieu entstandenen Entwicklungsrückstände nicht als solche wahrgenommen oder gewertet, so daß auch weiterhin keine Förderung erfolgt. Werden Rückstände wahrgenommen, so bleibt dies in der Regel ebenfalls ohne Konsequenzen, da vielen Eltern neben den Kenntnissen vor allem auch Mittel fehlen, um ihre Kinder zu fördern. Die sich daraus ergebenden kumulierenden Defizite werden zwar subjektiv vom Kind empfunden, drastisch verdeutlicht werden sie ihm jedoch erst mit dem Schuleintritt. Von diesem Zeitpunkt an gleichen sich die Erfahrungen der betroffenen Kinder unabhängig von ihrer sozialen Herkunft, dabei wird wahrscheinlich die weitaus geringere Zahl aus Elternhäusern kommen, die sich bereits mit den Defiziten ihres Kindes befaßt haben (vergl. WEGENER, 1971).

Die sich in der Schule aufbauende, von Mißerfolgen bestimmte Lerngeschichte beeinflußt das Verhalten der Kinder nachhaltig. Sie verlieren den Mut, Neues kennenzulernen, zu erproben und zu üben und vergrößern dadurch ihren Rückstand gegenüber gleichaltrigen. In der Regel muß das Kind zunächst über längere Zeit derartige negative Erfahrungen machen, bevor eine Sonderbeschulung in Erwägung gezogen wird. - Nur ein geringer Teil der betroffenen Kinder hat die Chance, schon in vorschulischen Einrichtungen oder im Schulkindergarten erkannt und von Anfang an entsprechend beschult zu werden.

Führt man sich diese Erlebnisse lernbehinderter Kinder vor Augen, so ist es nicht überraschend, daß sich diese eher zurückziehen, unsicher und ängstlich verhalten und passiv und gehemmt wirken. Einige Autoren sehen diesen Sachverhalt als

Festhalten am Gewohnten, Schwierigkeiten, sich auf Neues ein-
zustellen und starke Abhängigkeit von Fremdbestimmung, ver-
nachlässigen damit aber die Wechselwirkung zwischen Umwelter-
fahrung und Verhaltensbild.

Nicht nur im Leistungs-, sondern auch im Sozialbereich entstehen für den Lernbehinderten erhebliche Konflikte. Der Vergleich mit Gleichaltrigen führt zwangsläufig zu Minderwertigkeitsgefühlen, denn im Gegensatz zum schwerer Behinderten erlebt der Lernbehinderte sein Versagen bewußt.

Dies geht deutlich aus den Ergebnissen einer Umfrage hervor,
die an einer Hamburger Sonderschule für Lernbehinderte (SfL)
1978 an 111 Schülern der Klassen 5 - 9 durchgeführt wurde.
Auf die Frage "Was meinst Du, warum Du nicht mehr in die VS
gehst?" begründeten 90% der Schüler dies mit ihrer eigenen
mangelnden Leistungsfähigkeit. Sie gaben Begründungen wie
"ich war zu langsam; ich kann nicht gut lernen; ich war zu
schlecht". In diesem Zusammenhang wird in der Umfrage betont,
daß sich die Kinder, obwohl der Schulwechsel schon Jahre zu-
rücklag, sehr deutlich an ihn erinnerten, woraus geschlossen
wird, daß das Versagen stark erlebt wurde. Im Vergleich zu
diesen früheren Erfahrungen erleben die Kinder der SfL Schule
und Unterricht dort eher entlastend. Sie haben mehr Spaß am
Lernen (63% der Befragten) und begründen dies mit "leichterem
und besserem Lernen" und "leichterem Mitkommen". 87% der Schüler verneinten die Frage, ob sie auf der Schule unglücklich
seien, jedoch fügten viele Schüler der neunten Klasse hinzu,
daß sie sich benachteiligt fühlten, da ihnen nur wenige be-
rufliche Möglichkeiten offenständen.

Ihre Erfahrungen mit Mitschülern in VS beziehungsweise SfL
betreffend, wurden die Schüler gefragt, ob sie geärgert worden
seien beziehungsweise würden. Für die VS bejahten diese Frage
27% der Schüler, während der Anteil für die SfL um rund 10%
niedriger liegt. Hinzu kommt, daß in der VS in der Regel viele oder mehrere Kinder die lernbehinderten Mitschüler ärgerten,
während es in der SfL meist einzelne sind. - Das subjektive
Wohlbefinden der Schüler sowie ihre sozialen Kontakte in der
Schule scheinen also nach dem Schulwechsel insgesamt besser zu
werden.

Für den außerschulischen Bereich trifft dies jedoch nur in sehr beschränktem Maße zu. So haben ein Drittel der Befragten nachmittags selten oder keinen Kontakt zu anderen Kindern. Ein Drittel der Lernbehinderten verheimlicht selbst Freunden gegenüber den Besuch der SfL, wobei Ängste wie ausgelacht, geärgert oder im Stich gelassen zu werden im Vordergrund stehen. Diese Schüler sind also nicht in der Lage, mit ihrem Status als Sonderschüler umzugehen. Je weniger vertraut die Spielkameraden, umso geringer ist auch die Bereitschaft zu erzählen, daß man die Sonderschule besucht (79% der Schüler verheimlichen es).

Auch der Kontakt der Kinder zu Erwachsenen ist nicht frei von Ängsten, möglicherweise nicht akzeptiert zu werden: in rund einem Drittel der Familien wird der Sonderschulbesuch des Kindes gegenüber Verwandten und Bekannten verschwiegen (vergl. BARTZ et al., 1978). Obgleich die referierten Ergebnisse nicht repräsentativ sind, geben sie sicherlich doch einen Einblick in die psychische Problematik lernbehinderter Kinder:

Durch sein insgesamt eher negatives Selbstbild werden die Beziehungen des lernbehinderten Kindes belastet, ein Ausweichen auf andere Bereiche, die sein Selbstvertrauen stärken könnten, mißlingt häufig. Hinzu kommt, daß komplexere soziale Beziehungen durch den Lernbehinderten nicht immer richtig erfaßt und interpretiert werden, was zu Mißverständnissen und Irrtümern im Umgang mit anderen führt. So kommt es schließlich auch im sozialen Bereich zu Mißerfolgen, auf die mit gehäuften Aggressionen oder Regressionen reagiert wird. WEGENER (1963, S. 172) beschreibt den genannten Sachverhalt so: "Er (der Lernbehinderte; D. Verf.) ist den mannigfachen sozialen Beziehungen um sich herum einerseits nicht gewachsen, andererseits ist seine Störung jedoch nicht so erheblich, daß er sein Versagen nicht bemerken würde. ...Am Beginn der sozialen Schwierigkeiten des Debilen steht daher meistens die Hilflosigkeit gegenüber der Vielfalt des sozialen Lebens".

Zusammenfassend kann also gesagt werden, daß das Problem der Lernbehinderung nicht allein in der verminderten Leistungsfähigkeit der betreffenden Kinder und Jugendlichen gesehen werden darf. - Vielmehr ist besonders zu berücksichtigen, daß in der Regel nachhaltige psychische Beeinträchtigungen als Folgeerscheinung der Leistungsschwäche sowie der erschwerten sozialen Kontakte auftreten. Sinnvolle Hilfen für das lernbehinderte Kind dürfen von daher nicht allein in der schulischen Förderung bestehen, sondern haben auch die sekundären Probleme hinreichend zu berücksichtigen.

Die Behandlung der damit zusammenhängenden Fragen soll jedoch noch zurückgestellt werden, da zunächst die besonderen Bedingungen der Heimunterbringung und die damit zusammenhängenden Probleme erörtert werden sollen.

3. Die Heimunterbringung

3.1 Erster Überblick über das Problemfeld

Es wurde bereits dargestellt und ist allgemein anerkannt, daß die sozio-kulturellen Bedingungen eine wesentliche Einflußgröße in der kindlichen Entwicklung darstellen. Von daher ist anzunehmen, daß die besondere Form der öffentlichen Erziehung spezifische Auswirkungen auf den Sozialisationsprozeß der betroffenen Kinder und Jugendlichen haben wird.

Im folgenden ist der Frage nachzugehen, welche Kinder ins Heim kommen und wie die Bedingungen der Heimsozialisation aussehen und sich auswirken (vergl. GIESECKE, 1972, S. 182 ff). Im Heim untergebracht werden demnach

- sozial unauffällige Kinder, zum Beispiel Halb- oder Vollwaisen, deren Eltern beziehungsweise Verwandte sie nicht aufnehmen wollen oder können und die auch nicht adoptiert werden können;
- sozial Auffällige, die freiwillig oder per Gerichtsbeschluß im Heim untergebracht werden (Freiwillige Erziehungshilfe, Fürsorgeerziehung), weil das Erziehungsmilieu als gefährdend bezeichnet wurde;
- Sinnesgeschädigte, körperlich oder geistig Behinderte, wenn keine ihrer Behinderung angemessene Erziehung in der Familie oder in Einrichtungen der näheren Umgebung möglich ist.

GIESECKE (1972) führt fünf unvermeidbare Mängel an, die für die Heimerziehung charakteristisch sind, selbst wenn gut ausgebildetes Personal und ausreichende finanzielle Mittel zur Verfügung stehen:

- Für Säuglinge und Kleinkinder besteht die Gefahr des Hospitalismus (vergl. SPITZ, 1960);
- "Die Beziehungen zwischen dem Heimpersonal und den Kindern sind von fundamental anderer Struktur als die Familienbeziehung" (GIESECKE, 1972, S. 186). - Die emotionale Stabilität, die die Familie ihren Mitgliedern bietet, ist in dieser Qualität durch die veränderten sozialen Beziehungen nicht aufzubauen;

- Im Gegensatz zu den Familienbeziehungen erwächst aus dem
Heimleben kein Lebensrückhalt: "Das Personal wechselt oft,
die Kinder kommen immer wieder in andere Gruppen oder werden aufgrund eines reinen Verwaltungsaktes in andere Heime
verlegt" (GIESECKE, 1972, S. 187);
- einen dauerhaften Zusammenhalt, der selbst in gestörten
oder aufgelösten Familien noch häufig zu finden ist, kann
das Heim nicht bieten. "Mit keinem Menschen kann das Heimkind sein 'Früher' teilen, mit keinem an sein 'Später' denken" (BONHOEFFER nach GIESECKE, 1972, S. 187);
- das Heim vermag besonders gut die pädagogisch organisier-
ten Lernfelder anzubieten, während die ebenso wichtigen
funktionalen Lernfelder der Familie ausfallen.

Daran wird deutlich, daß das Heim ein künstlich organisierter
Lebensraum bleibt.

3.2 Auswirkungen der Heimerziehung
    - Einfluß der Heimerziehung auf die kindliche Entwick-
      lung

Die von GIESECKE zusammengefaßten und unter den heutigen ge-
sellschaftlichen Bedingungen sicherlich unvermeidbaren Mängel
der Heimunterbringung wurden in zahlreichen Untersuchungen
auf ihre spezifischen Auswirkungen hin überprüft.

Als wesentliche Einflußgrößen in der kindlichen Entwicklung
müssen der Zeitpunkt der Heimeinweisung und die Dauer der Unterbringung gesehen werden. Je jünger das Kind und je länger
der Heimaufenthalt, desto ungünstigere Folgen ergeben sich
für seine Entwicklung.

Die Entwicklung von Kindern, die in früher Kindheit im Heim
untergebracht waren, wurde von SPITZ (1960) untersucht. Er
fand wesentliche Beeinträchtigungen der affektiven und der Intelligenzentwicklung, die bei länger andauerndem Heimaufenthalt nach seiner Auffassung nicht aufzuheben waren (vergl.
OERTER, 1976, S. 420). Die Richtigkeit seiner Befunde wurde
in weiteren Untersuchungen bestätigt: PECHSTEIN (1972) untersuchte die Entwicklung von Sprache und Sozialverhalten an 171

Kindern unter 16 Jahren in Abhängigkeit von der Dauer der Heimunterbringung. Kinder, die weniger als drei Monate im Heim ver-
brachten, erreichten zu 2/3 einen Entwicklungsquotienten > 90;
Kinder, deren Heimaufenthalt mehr als sechs Monate betrug, erreichten diesen Entwicklungsstand nur zu 2,6%. 70% dieser Kinder hatten in ihrer Sprach- und Sozialentwicklung einen Rückstand von fast der Hälfte des Lebensalters.

SPITZ' These, daß solche Entwicklungsrückstände nicht einmal
partiell aufzuholen seien, scheint jedoch aufgrund neuerer Untersuchungen nicht haltbar. SAYEGH & DENNIS (1965, nach NICKEL,
1974, S. 155) wiesen nach, daß Entwicklungsverzögerungen von
Säuglingen, die sie auf mangelnde Anregung durch Erwachsene und
damit verminderte Lerngelegenheiten zurückführten, durch zusätzliche Betreuung und Anregung teilweise aufgehoben werden
konnten.

Dies Ergebnis scheint umso bedeutsamer, als alles Lernen auf vorangegangenen Lernerfahrungen beruht und nicht durchlaufene Lernprozesse im Laufe der Zeit zu kumulativen Defiziten, die immer
schwerer auszugleichen sind, führen.

Obwohl zunehmend versucht wird, solchen Erkenntnissen Rechnung
zu tragen und in Heimen verbesserte Bedingungen herzustellen
(kleinere Einrichtungen, besser ausgebildete Mitarbeiter), lassen sich einige Mängel der Heimunterbringung prinzipiell nicht
beheben. Diese wirken sich auch nicht nur auf Kinder aus, die
schon im Säuglingsalter aufgenommen wurden, sondern auch auf
diejenigen, die zu einem späteren Zeitpunkt ins Heim kommen.

Die für eine normale Entwicklung sehr wichtigen sozialen und
emotionalen Beziehungen zwischen Kind und Erwachsenem werden
durch die äußeren Bedingungen der Institution geregelt. Mit
dem Bedürfnis des Kindes nach einer überdauernden emotionalen Bindung und der Sicherheit, jederzeit einen Ansprechpartner zu haben, sind die Bedürfnisse des Erziehers nach geregel-
ter Arbeitszeit und der Möglichkeit, Abstand zu gewinnen, nicht
zu vereinbaren. - Soweit emotinale Bindungen dennoch entstehen,
sind sie durch die hohe Personalfluktuation einerseits und Verlegung der Kinder andererseits bedroht.

Auch innerhalb der Gruppe ist dem Heimkind der Aufbau über-
dauernder Bindungen erschwert, da sowohl es selbst als auch
andere Gruppenmitglieder verlegt werden können, beziehungsweise andere Kinder in die Gruppe aufgenommen werden und
kein stabiles Beziehungsgefüge entstehen kann.

Ein weiteres, schwer lösbares Problem ist darin zu sehen, daß
gerade ältere Kinder den durch die Heimeinweisung bedingten
Verlust oder die Beschränkung von Bindungen und Kontakten an
Familie oder Bezugsperson bewußt erleben, diese traumatisie-
renden Ereignisse jedoch nur schwer aufgearbeitet werden können (vergl. KUPFFER, 1977, S. 77).

Die Mehrzahl der im Heim lebenden Kinder versucht trotz aller
Schwierigkeiten, die im sozialen und emotionalen Bereich
zwangsläufig entstehen, ein zumindest erträgliches subjektives Befinden dadurch zu erreichen, daß sie sich den Bedingungen im Heim anpaßt. - Da die Erwartungen der Gruppe und der
Erzieher an das Verhalten des Einzelnen jedoch durchaus nicht
immer übereinstimmen müssen, kann es zum ständigen Konflikt
für das Kind werden, welchem Belohnungs- und Sanktionssystem
es sich anpassen soll. Auf diese Weise entstehen verhältnismäßig oft psychische Beeinträchtigungen und Verhaltensauffälligkeiten, die gerade auf die Besonderheiten der sozialen Be-
zugssysteme im Heim zurückzuführen sind.

  - Überdauernde Auswirkungen auf das Sozialverhalten
    der Kinder

MATEJCEK & LANGMEIER (1977) beschreiben vier Typen von gestörten sozialen Verhaltensweisen nach langdauernder frühkindli-
cher Heimunterbringung: diese Verhaltensmuster lassen sich sicherlich jedoch auch dann feststellen, wenngleich in abge-
schwächter Form, wenn Kinder zum Zeitpunkt der Heimeinweisung
schon älter waren, da das Verlassen des gewohnten Lebensraumes
in jedem Falle einen Bruch in der kindlichen Entwicklung darstellt.

Eine häufig vorkommende Form gestörten Verhaltens zeigen Kinder, die in der Umgebung des Heims nicht eigentlich auffällig

sind, jedoch eine verarmte Gefühlsentwicklung aufweisen, die sich in erhöhtem Interesse für Dinge statt für Menschen äußert.

Eine andere Gruppe umfaßt solche Kinder, die passiv, gehemmt und apathisch wirken. Sie erscheinen zurückgezogen und knüpfen nur schwer Kontakte mit ihrer Umgebung. Ihre soziale Hypoaktivität beeinflußt die Intelligenzentwicklung ungünstig und kann solche Entwicklungsrückstände nach sich ziehen, daß die Kinder als schwachsinnig angesehen werden.

Als dritte Gruppe sind Kinder mit sozialer Hyperaktivität zu nennen, die durch ihr übersteigertes Bedürfnis nach emotionalen Beziehungen auffallen, für die materielle Umgebung (Spielzeug, Arbeit, Sachbezüge) jedoch weniger Interesse zeigen. – Am sozialen Geschehen ihrer Umgebung sind sie zwar interessiert, aber immer nur oberflächlich engagiert.

Schließlich gibt es Kinder, die zu "sozialer Provokation" neigen. Sie fallen durch Aggressivität, destruktive Tendenzen und Affekthandlungen auf, die weder durch Angst noch Gewissen kontrolliert oder gesteuert werden (vergl. MATEJCEK & LANGMEIER, 1977, S. 73 ff).

Tendenziell scheinen sich also zwei grundlegende Mechanismen herauszubilden, die das Verhalten von Kindern, die länger im Heim leben, bestimmen. Entweder ist ein angepaßtes oder übersteigert angepaßtes Verhalten, die von den Erwachsenen gesetzten Normen betreffend, zu beobachten, das jedoch zu starken Einschränkungen in den Verhaltensmöglichkeiten führt; oder man findet die Distanzierung von jenen Normen durch schrittweisen bis hin zu totalem Rückzug oder offene Ablehnung und Aggressivität.

Im folgenden sollen einige Überlegungen darüber angestellt werden, welche psychischen Abläufe jenen beobachteten Verhaltensmustern möglicherweise zugrundeliegen könnten und welche Bedingungen sie auslösen und aufrechterhalten.

3.3 Psychologische Aspekte der Heimunterbringung
- Überlegungen zum Typus des angepaßten und überangepaßten Kindes

Zunächst sollen die Mechanismen zu erklären versucht werden, die das Bild des angepaßten oder sogar überangepaßten Kindes hervorrufen.

Das Beziehungsgefüge von Kindern und Erziehern im Heim wurde bereits dargestellt. Daraus ergibt sich für die Kontakte, die das Kind aufnimmt, um sein emotionales Bedürfnis, angenommen zu werden, zu befriedigen, daß es sich den jeweils geltenden Normen von Kindern und Erwachsenen anzupassen versucht. - Gelingt es ihm, den Vorstellungen und Anforderungen der einen oder anderen Gruppe zu entsprechen, so kann es sich positiver Rückmeldungen seines Verhaltens sicher sein. An diese Rückmeldungen knüpft sich das Gefühl der Bestätigung, daß nämlich das gezeigte Verhalten akzeptiert wird.

Nicht mehr das "Angenommen-werden" als Person, sondern das aufgrund positiven Verhaltens tritt damit in den Vordergrund; das Kind meint, nur dann akzeptiert zu werden, wenn es das mit positiver Rückmeldung gekoppelte Verhalten zeigt. Solche Verhaltensweisen werden in der Folge immer häufiger und generalisierter auftreten, neues Verhalten hingegen kaum erprobt werden aus der Angst heraus, dann abgelehnt zu werden. - Selbst wenn bei den Erziehern Bereitschaft besteht, ein Kind so zu akzeptieren, wie es wirklich ist, verhindert das Kind durch sein Verhalten, daß es dies erlebt. - Andererseits muß natürlich berücksichtigt werden, daß bei allen Bemühungen der Erwachsenen, solch übersteigerte Anpassung zu verhindern, sie doch in der Gefahr stehen, sie zu verstärken, weil es ihre Arbeit in der Gruppe erleichtern kann.

Hat ein Kind erst einmal die Erfahrung gemacht, daß es ein Maximum an Zuwendung dadurch erhalten kann, daß es erwartetes und erwünschtes Verhalten zeigt, so wird es sich bald an allen "Signalen", auch nicht-verbalen, orientieren, die ihm entsprechende Hinweise geben können. Diese können sowohl über die Zeit als auch zwischen den Erziehern variieren, was die Orientierung an jenen "Signalen" noch verstärkt. Auf diese Weise entsteht eine Außenlenkung des Verhaltens, die das Kind in immer höherem Maße von anderen abhängig macht.

Diese bleibt nicht nur auf den emotionalen Bereich beschränkt, sondern behindert das Kind in seiner Selbständigkeit insgesamt, was zur Folge hat, daß es in seinem Verhalten stark verunsichert wird, sobald diese Außenlenkung fehlt.

Diese Einengung der Verhaltensmöglichkeiten des Heimkindes aufgrund seiner Ängste, positive Beziehungen zu verlieren einerseits und dem sekundär entstandenen Bedürfnis nach Lenkung andererseits, zieht Lerndefizite im sozialen, emotionalen und kognitiven Bereich nach sich, die Beeinträchtigungen der gesamten Persönlichkeit zur Folge haben.

- Überlegungen zum Typus des zurückgezogenen oder aggressiven Kindes

Zu ähnlichen Beeinträchtigungen wie den zuletzt beschriebenen kann es kommen, wenn ein Kind nicht durch ein hohes Maß an Anpassung, sondern durch Distanzierung von im Heim geltenden Normen ein Mindestmaß an "psychischem Gleichgewicht" zu erreichen versucht. Sowohl die offene Ablehnung von Normen (Aggressivität, Destruktivität) als auch das Ignorieren geltender Regeln (Rückzug, Boykott) können als Schutzmechanismen betrachtet werden, die dem Erleben von Enttäuschungen im emotionalen, sozialen und kognitiven Bereich vorbeugen sollen. Die Erwartung, solche Enttäuschungen zu erleben, hängt mit einem durch frühere Erfahrungen bedingten negativen Selbstbild des Kindes zusammen. Dies kann gerade bei älteren Kindern durch die Heimeinweisung noch verstärkt worden sein, da sie oft als Reaktion auf eigene Unzulänglichkeit erlebt wird. - Dennoch muß man annehmen, daß auch aggressive Kinder im Grunde nach tragfähigen Beziehungen suchen.

Die normalen Reaktionen auf aggressives oder boykottierendes Verhalten bewirken nun zweierlei: Einerseits funktionieren die beschriebenen Schutzmechanismen in der Hinsicht, daß das Kind sich nicht auf Beziehungen zu anderen verläßt, die in schwierigen Situationen nicht tragfähig wären. Es werden jedoch andererseits die negativen Erwartungen des Kindes in Bezug auf sich selbst bestätigt, und verstärken damit sein negatives Selbstbild. - Auf diese Weise wird dem Kind eine Differenzierung zwischen Konsequenzen unerwünschten Verhaltens und genereller Ablehnung seiner Person unmöglich. - Ähnlich wie das überangepaßte Kind nimmt es sich durch sein Verhalten beziehungsweise dessen Eigen- und Fremdbeurteilung eine Fülle von Möglichkeiten, andere als die erwarteten Erfahrungen zu machen.

Gelingt es den Erziehern innerhalb der Gruppe, diesen Mechanismus aufzubrechen, indem sie anders als vom Kind erwartet reagieren, so ist ein wichtiger Schritt im Hinblick auf die Auflösung der Problematik des Kindes getan. Dabei ist jedoch zu berücksichtigen, daß im Gruppenverband konsequente, das Kind selbst akzeptierende Reaktionen auf störendes Verhalten schwer realisierbar sind, so daß das Kind seine Auffassung immer wieder bestätigt sieht (intermittierende Verstärkung) und eine Stabilisierung der Verhaltensauffälligkeiten und des negativen Selbstbildes zustandekommt.

Wie gezeigt wurde, ist es dem Kind oft nicht möglich, eine eindeutige Unterscheidung zwischen den Reaktionen der Umgebung auf gezeigtes Verhalten und deren Einstellung zu seiner Person zu treffen. Es bezieht Reaktionen, die ein konkretes Verhalten betreffen, auf seine Person insgesamt und gelangt zu einer unzutreffenden Einschätzung darüber, wie es von anderen beurteilt wird.

Das sehr angepaßte Kind bemerkt nicht, daß es nicht nur in Abhängigkeit vom Zeigen bestimmter Verhaltensweisen akzeptiert wird und nimmt sich damit die Möglichkeit, sein Verhaltensrepertoire zu erweitern. Dem aggressiven oder Regeln ignorierenden Kind kann nicht einsichtig werden, daß negative Reaktionen sich auf konkretes Verhalten beziehen und noch nicht die Einstellung der Umwelt zu ihm als Person wiederspiegeln.

3.4 Probleme der Behandlung psychischer Beeinträchtigungen von lernbehinderten Heimkindern

In den vorangegangenen Abschnitten wurde dargestellt, in welcher Weise eine Lernbehinderung oder die besondere Situation der Heimunterbringung sich auf die psychische Befindlichkeit der Betroffenen auswirkt. Es wurde deutlich, daß die besonderen Bedingungen der Heimunterbringung wie Einschränkung informeller Lernfelder und oftmals reduzierte Anregungsmöglichkeiten für jüngere Kinder deren kognitive Entwicklung ungünstig beeinflussen können. Dies läßt den Schluß zu, daß ungünstige Bedingungen der Unterbringung die Entstehung einer Lernbehinderung bei Heimkindern begünstigen können. - Einige Besonderheiten der Heimunterbringung gleichen letztlich den sozio-ökonomischen Bedingungen, die in neueren Arbeiten aus dem Bereich der Pädagogik als mitverantwortlich für die Entstehung einer Lernbehinderung bei Kindern aus den unteren sozialen Schichten angesehen werden (vergl. BEGEMANN, 1975; KLAUER, 1975). - Heimkinder, bei denen eine Lernbehinderung festzustellen ist, weisen demzufolge sicherlich nicht allein psychische Beeinträchtigungen auf, die auf ihre Unterbringung in einer Institution zurückzuführen sind, sondern auch solche, die mit der Lernbehinderung zusammenhängen.

Ein lernbehindertes Heimkind erfährt also im Unterschied zu Lernbehinderten oder Heimkindern in doppelter Hinsicht Beeinträchtigungen: zum einen muß es sich mit seiner verminderten Leistungsfähigkeit und deren Folgeerscheinungen auseinandersetzen, zum anderen mit seiner Heimunterbringung. - Im konkreten Fall wird es oft schwierig sein, Verhaltensauffälligkeiten, die mit der Lernbehinderung zusammenhängen, von jenen zu trennen, die durch die Heimunterbringung entstanden. - Die Verhaltensauffälligkeiten, die primär auf der Heimunterbringung beruhen, kommen bei den betreffenden Kindern noch hinzu und verschärfen deren Problematik. - Die Frage, wie diesen Kindern geholfen werden kann, muß dies insofern berücksichtigen, als jegliche Hilfestellung zur Lösung der sich wechselseitig beeinflussenden Schwierigkeiten beitragen muß. - Wie in den Ausführungen über die psychischen Beeinträchtigungen von Lernbehinderten oder Heimkindern deutlich wurde, gleichen sich die Probleme beider Personenkreise in mancher Hinsicht: beide zeigen tiefgreifende Unsicherheit, Mangel an Selbstwertgefühl, eine starke Orientierung am anderen, und, damit verbunden, Defizite der intellektuellen, sozialen und emotionalen Entwicklung. Die Defizite im intellektuellen Bereich dürften allerdings bei Kindern mit einer festgestellten Lernbehinderung größer sein.

Da bereits erörtert wurde, daß weder die Problematik von Lernbehinderten noch die von Heimkindern in der Schule oder Wohngruppe hinreichend zu bearbeiten sind, erübrigt sich die Frage, ob die Probleme lernbehinderter Heimkinder auf diese Weise gelöst werden könnten. - Sinnvoll erscheint es von daher, den Kindern eine Psychotherapie anzubieten, in der nicht nur Teilaspekte der Probleme aufgegriffen werden, sondern umfassendere Veränderungsprozesse initiiert werden können.

Eine solche Therapie muß den Kindern ermöglichen, ihre Fähigkeiten weiterzuentwickeln, ihr Verhaltensrepertoire zu erweitern und ohne äußeren Druck zu eigenen Maßstäben und Verantwortungsgefühl für ihr Tun zu gelangen. - Auf dieser Grundlage könnten auch solche unter extrem schwierigen Bedingungen lebenden Kinder zu einem positiveren Selbstbild, größerer Sicherheit und damit auch zu befriedigenderen Sozialkontakten und emotionaler Stabilität gelangen.

Auch und gerade die psychotherapeutische Behandlung von lernbehinderten und im Heim lebenden Kindern muß sich jedoch zweier Probleme bewußt sein, die in jeder Therapie auftreten. - Dies ist zum einen die Konfrontation der Klienten mit ihren eigenen Unzulänglichkeiten, worunter in den angesprochenen Fällen nicht allein das gefühlsmäßige "Nicht- zurechtkommen" mit einer Person oder einem Sachverhalt gemeint ist, sondern gerade auch das Versagen im Leistungsbereich. - Deshalb muß u. E. der Therapeut in besonderem Maße Sorge tragen dafür, daß der Klient die Fülle der im Therapiezimmer gegebenen Möglichkeiten, durch eigenes Handeln zu Erfolgen zu kommen, in so großem Umfang nutzt, daß die Erfolgserlebnisse in positivem Kontrast zum eben auch vorhandenen Erleben eigener Schwäche stehen.

Weiter ist zu beachten, daß dem Setzen von Grenzen besonders bei Behandlung von Heimkindern große Bedeutung zukommt, da es bei ihnen in einem besonders engen Zusammenhang mit ihrem Problemverhalten steht. - So kommt es bei der Behandlung eher zurückgezogener, schüchterner Kinder darauf an, daß sie in der

Therapie lernen, ihre Verhaltensfreiräume auszudehnen bis an
eben jene Grenzen, die ein konfliktarmes Zusammenleben mit anderen ermöglichen sollen; bei aggressiven Kindern dagegen hat
der Annäherungsprozeß an Grenzen gleichsam aus der entgegenge-
setzten Richtung zu erfolgen, nämlich durch ein teilweises Ein-
schränken von Verhalten, für das allerdings Alternativen aufgebaut werden sollen, die sozial akzeptiert sind.

Aufgrund dieser Überlegungen scheint es einleuchtend, der
Grenzsetzung wesentliche Bedeutung beizumessen und sie zum
Gegenstand ständiger Selbstkontrolle des Therapeuten zu machen.

Diese Anmerkungen leiten aber bereits über zu der Fragestellung, der im folgenden nachzugehen sein wird, nämlich der, wie
die psychotherapeutische Behandlung von Lernbehinderten und
Heimkindern im einzelnen aussehen könnte.

4. Aspekte der psychotherapeutischen Behandlung von Lernbehinderten und Heimkindern

Aus Gründen der Arbeitsökonomie erscheint es uns sinnvoll, vorhandene und bereits erprobte Therapiekonzepte auf ihre Anwendbarkeit bei der Behandlung von Lernbehinderten und Heimkindern zu überprüfen.

Aufgrund der beschriebenen Anforderungen an ein solches Konzept scheiden ausschließlich verhaltenstherapeutisch ausgerichtete Methoden aus, da mit ihnen wesentlich der Abbau von Einzelsymptomen beabsichtigt ist. - Ebenso sind rein gesprächspsychotherapeutisch angelegte Verfahren abzulehnen, da sie ein zu hohes Maß an sprachlicher Kompetenz des Klienten erfordern und wohl auch nicht unbedingt kindgemäß sind.

Neben den Therapiekonzepten von SCHMIDTCHEN (1974) und von GOETZE & JAEDE (1975) findet das der "Integrierten Kinderpsychotherapie" (IKT) von BAUMGÄRTEL et al. (1975) in der Behandlung psychischer Beeinträchtigungen von Kindern Verwendung. - Gegenüber den übrigen Verfahren hat dabei das zuletzt genannte den Vorzug, relativ differenziert dargestellt zu sein, d. h. die wesentlichen Elemente der IKT sind im einzelnen beschrieben sowie auf ihre theoretischen Grundlagen einerseits und die praktische Anwendung andererseits bezogen. - Aus diesem Grunde soll im weiteren dieses Konzept auf seine Anwendbarkeit hin betrachtet werden.

Das Konzept der IKT basiert auf psychoanalytischem Gedankengut (S. FREUD, A. FREUD, KLEIN, ZULLIGER, DÜHRSSEN), gesprächspsychotherapeutischen Ansätzen (ROGERS, AXLINE) sowie kommunikationstheoretischen Überlegungen (BEIER) und lerntheoretischen Erkenntnissen.

BAUMGÄRTEL et al. (1975) setzen sich neben der angesprochenen theoretischen Herleitung ihres Behandlungskonzeptes mit der Zielsetzung der Therapie (Reorganisation und Stärkung der Persönlichkeit des Kindes) auseinander sowie weiter mit Fragen der Indikation und der Diagnostik. - Zur praktischen Durchführung der Therapie werden die dem Kind zur Verfügung stehenden

Ausdrucksmittel (Spiel, Sprache, nonverbales Verhalten) betrachtet, und, darauf aufbauend, Reaktionsmöglichkeiten des
Therapeuten beschrieben. Dabei werden übergreifendere Verhaltensmerkmale von speziellen Verbaltechniken unterschieden. -
Die Verhaltensmerkmale des Therapeuten:

> Konzentriertes Interesse
>
> Nichtdirektives Verhalten
>
> Sicherheit
>
> Verhaltenskonsistenz und
>
> Einfühlende Distanz

sollen vor allem dazu dienen, eine gewährende, akzeptierende
Atmosphäre in der Therapie herzustellen, die bereits von
AXLINE (1972) beschrieben wurde. Die in diesen Verhaltensmerkmalen zum Ausdrucke kommende Haltung drückt sich auch in verbalen Reaktionen des Therapeuten aus, die eine Bewertung und
unmittelbare Lenkung des kindlichen Tuns ausschließen.

Zentrale Bedeutung hat in diesem Zusammenhang der Begriff der
"a-sozialen Antwort", d. h. einer Reaktion, die im Widerspruch
zu den bisherigen Erfahrungen des Kindes steht. Auf diese Weise sollen pathogene Verknüpfungen zwischen dem Verhalten des
Kindes und erwarteten Umweltreaktionen gelöst und durch gün-
stigere ersetzt werden. - BAUMGÄRTEL et al. (1975) beschreiben,
daß solche a-sozialen Reaktionen nur dann möglich sind, wenn
der Therapeut den Sachgehalt einer Klientenäußerung, ihre Darstellungsform, die Situation, in der sie gemacht wurde, die Ursachen sowie den Appellcharakter mit hoher Wahrscheinlichkeit
richtig zu analysieren und einzuordnen vermag.

Zur Formulierung einer a-sozialen Antwort stehen ihm die Techniken

> "Delay" (unspezifische Antwort)
>
> Akzentuierung
>
> Reflexion und
>
> Deutung

zur Verfügung, die sich - wenngleich anders bezeichnet - auch
in anderen, nicht-direktiven Therapieverfahren finden.

Das hier nur grob skizzierte Konzept läßt deutlich werden, daß
an die kognitiven und sprachlichen Fähigkeiten des Klienten

Ansprüche gestellt werden, die an Lernbehinderte und Heimkinder nicht gestellt werden können. - Von daher ist zu überlegen, in welcher Weise das Konzept der IKT modifiziert werden müßte, um es auch für diese Klientel nutzen zu können, was
aufgrund der großen Bandbreite der mit diesem Konzept zu behandelnden psychischen Beeinträchtigungen wünschenswert wäre.

Daß derartige Modifikationen nichtdirektiver Therapieverfahren sinnvoll sein können, belegt z. B. ein Erfahrungsbericht
von GÖBEL (1976), die durch vermehrte Strukturierung der psychotherapeutischen Situation auch Kinder mit minimaler zerebraler Dysfunktion (MZD) erfolgreich behandelte. - Liegt also
der Fall vor, daß einige Überlegungen die Anwendung eines
therapeutischen Verfahrens nahelegen, andere jedoch dagegen
sprechen, wie es bei der Behandlung von Lernbehinderten und
Heimkindern mit IKT zu sein scheint, dann ist zu klären, ob
das Therapieverfahren so modifiziert werden kann, daß es un-
eingeschränkt anwendbar wird, ohne dabei an Substanz zu verlieren.

4.1 Überlegungen zur Übertragbarkeit einzelner Bestimmungs-
     stücke des Konzepts der IKT

Unser Interesse soll zunächst den Annahmen über den Erwerb
von Verhalten gelten, um festzustellen, ob das bei Lernbehinderten und Heimkindern zu behandelnde Problemverhalten durch
lerntheoretisch zu erklärende Prozesse erworben sein kann, was
im Konzept der IKT vorausgesetzt wird. Weiter werden die Ausführungen von BAUMGÄRTEL et al. (1975) über Ziele, Diagnostik,
Indikation sowie die Unterstützung einer Therapie durch das
soziale Umfeld des Kindes darauf überprüft, inwieweit sie für
Lernbehinderte und Heimkinder gleichermaßen gültig sind.

Ein weiterer Abschnitt wird sich damit beschäftigen, ob das
lernbehinderte Kind über die im Konzept der IKT beschriebenen
Ausdrucksmöglichkeiten (vor allem Sprache und Spiel) hinreichend verfügt beziehungsweise welche konkreten Mängel vorhanden sein werden.

So weisen GOETZE & JAEDE (1975, S. 64) darauf hin, daß die von

ROGERS (1951) postulierten Selbstverwirklichungstendenzen die
sozialen Rahmenbedingungen, unter denen das Individuum lebt,
nicht hinreichend berücksichtigen und geben zu bedenken:
"Will man sinnvolles psychologisches Handeln einleiten, wird
man Voraussetzungen für eine erfolgreiche Therapie oft erst
schaffen müssen, zum Beispiel eine ausreichende Verbalisie-
rungsfähigkeit des Klienten."
Schließlich werden die Verhaltensmerkmale und Techniken des
Therapeuten eingehender zu betrachten sein, um festzustellen,
ob sie ausreichen für die Bearbeitung der Problematik von Lernbehinderten und Heimkindern.

Die Darstellung der Entwicklung psychischer Beeinträchtigungen
von lernbehinderten Kindern ging davon aus, daß sie sich nach
den gleichen Gesetzen vollzieht wie jeder andere Entwicklungs-
prozeß (vergl. OERTER, 1976; GOTTSCHALCH et al., 1974), nämlich daß es sich dabei auch um einen sozialen Lernprozeß handle. -
Somit kann problematisches Verhalten dieser Kinder ebenso wie
es gelernt wurde, auch wieder verlernt werden und an seiner
Stelle angemesseneres Verhalten erworben werden. Die Übertragung dieser Annahmen auf den Verhaltenserwerb Lernbehinderter
wird gerechtfertigt durch die Aussagen von Pädagogen, die deren
Lernverhalten demjenigen normalentwickelter Kinder gleichsetzen
(vergl. BEGEMANN, 1975; WEGENER, 1971), wenngleich die Lernprozesse selbst möglicherweise langsamer ablaufen.

Man kann davon ausgehen, daß in der therapeutischen Situation
das kindliche Verhalten vor allem durch zwei Mechanismen, die
in der Lerntheorie beschrieben werden, modifiziert wird. -
Dies sind Verstärkung und Löschung von Verhalten durch die Reaktionen des Therapeuten (vergl. FOPPA, 1972) sowie das Ver-
haltensmodell, das er dem Kind anbietet (vergl. BANDURA &
WALTERS, 1963).

Als generelles Ziel der integrierten Kinderpsychotherapie sehen BAUMGÄRTEL et al. eine Reorganisation und Stärkung der Persönlichkeit des Kindes an; in der Therapie soll es die Möglichkeit haben, Eigenständigkeit und Selbstvertrauen zu erlangen
und sein Verhalten selbst zu regulieren. Ein Vergleich dieser
Aussagen mit den sowohl für lernbehinderte als auch für im
Heim lebende Kinder geforderten Verhaltensänderungen und über-

greifenden Entwicklungszielen (Persönlichkeitsentwicklung)
zeigt, daß in dieser Hinsicht volle Übereinstimmung besteht.
Beide benötigen ein höheres Maß an Selbstvertrauen und der
damit verbundenen Sicherheit und Eigenständigkeit, um eine
bessere emotionale Befindlichkeit sowie befriedigendere Sozialkontakte zu erreichen, von denen wiederum ihre Persönlichkeitsentwicklung in hohem Maße abhängt.

Somit scheint es möglich, die angestrebten Therapieziele mit
Hilfe des Ansatzes der IKT auch für Lernbehinderte und Heimkinder erreichbar zu machen, was weiter zu der Frage führt,
inwieweit die wesentlichen Komponenten des praktisch-therapeutischen Tuns übernommen werden können beziehungsweise der Über-
arbeitung bedürfen.

Die von BAUMGÄRTEL et al. (1975) vorgesehene eingehende medizinische und psychologische Untersuchung erscheint uns gerade
auch für lernbehinderte und im Heim lebende Kinder unerläßlich; während jedoch der psychologischen Leistungsdiagnostik
üblicherweise für die Indikation einer Psychotherapie nur geringe Bedeutung beigemessen wird, gewinnt sie bei Lernbehinderten wesentlich an Bedeutung. Wegen der bereits beschriebenen engen Beziehung zwischen psychischer und Leistungsproble-
matik ist es für den Therapeuten unerläßlich, auch die Leistungsmöglichkeiten eines Klienten beurteilen zu können, will er
wirklich dessen Bedürfnissen entsprechend arbeiten.

Allgemein ist zur Frage der Indikationsstellung zu sagen, daß
die dargestellte Vielschichtigkeit der Problematik von Lernbehinderten und Heimkindern die Durchführung einer Psychotherapie sicher in jedem Falle rechtfertigen würde, man möglicherweise den Rahmen der behandelbaren Verhaltensauffälligkeiten
sogar noch über die im Konzept der IKT beschriebenen hinaus
erweitern könnte.

So ist die Behandlung aggressiver Kinder nicht pauschal abzulehnen, sondern im Individualfall zu entscheiden, ob durch
Therapie das Problemverhalten nicht doch abgebaut werden könnte. - Als Beispiel seien solche Heimkinder genannt, die in der
Gruppe sehr aggressiv reagieren, in der Einzelsituation jedoch
zugänglich sind.

Ähnliches gilt für autistisches Verhalten: während BAUMGÄRTEL et al. (1975) die Behandlung solcher Kinder für nicht effektiv halten, sind wir der Auffassung, daß sehr zurückgezogene Kinder, deren Verhalten beinahe autistisch anmutet, in der permissiven Atmosphäre der Therapie am ehesten zur Erprobung neuen Verhaltens ermutigt werden könnten.

- Die Bedeutung der Elternarbeit

In Übereinstimmung mit BAUMGÄRTEL et al. ist zur Frage der Elternarbeit zu sagen, daß auch bei der therapeutischen Behandlung lernbehinderter Kinder der Mitarbeit der Eltern große Bedeutung zukommt. Einerseits ist es ihre Aufgabe, für den regelmäßigen Therapiebesuch des Kindes zu sorgen, andererseits ist es wichtig, über ihre Interaktion mit dem Kind zu sprechen. Manche problematischen Verhaltensweisen können nur dann langfristig abgebaut werden, wenn auch die Eltern ihr Verhalten zu ändern vermögen. Auf jeden Fall aber müssen sie darauf vorbereitet sein, auf Veränderungen im Verhalten ihres Kindes angemessen zu reagieren.

In vielen Fällen wird jedoch die Arbeit mit den Eltern lernbehinderter Kinder relativ schwierig sein; es ist damit zu rechnen, daß Mitarbeitsbereitschaft und -möglichkeiten jener Eltern oft nur gering sein werden. Hierfür gibt es mehrere Gründe, die im Zusammenhang stehen mit den Aussagen BEGEMANNs, daß die Mehrzahl der lernbehinderten Kinder aus sozio-ökonomisch niedrigen Schichten kommt. - Ihre Eltern sind häufig durch ihre Lebensumstände stark belastet und haben aus diesem Grunde kaum die notwendige Zeit und Energie, sich besonders um ihre Kinder zu kümmern. - Sicher hängt es auch mit ihrer Einstellung zu Erziehungsfragen insgesamt zusammen, daß man oft nur geringe Mitarbeitsbereitschaft finden wird. - Aus diesen Gründen wird der Elternarbeiter sicher mehr Zeit und Energie als im Normalfall aufwenden müssen, will er eine sinnvolle Zusammenarbeit mit den Eltern lernbehinderter Kinder erreichen.

Im übrigen sollte in keinem Fall der Therapeut des Kindes gleichzeitig die Betreuung der Eltern übernehmen, da auf diese

Weise seine Beziehung sowohl zum Klienten als auch zu den
Eltern belastet würde.

Das gilt auch für die Fälle, in denen nicht Eltern, sondern
Erzieher im Heim Ansprechpartner des "Elternarbeiters" sind.
Dies impliziert, daß der für eine Wohngruppe zuständige Psy-
chologe, der Probleme der Kinder mit den Erziehern bespricht,
nicht der Therapeut des Kindes sein sollte, da sonst bei diesem die Vorstellung entstehen könnte, Informationen aus der
Therapie würden an die Erzieher weitergegeben.

Allgemein kann man erwarten, daß die Bereitschaft der Erzieher zur Unterstützung therapeutischer Maßnahmen recht hoch
sein wird. Entscheidend ist ihr Bewußtsein für die Problematik
des Arbeitsfeldes "Heim". Haben sie sich mit den unter anderem von GIESECKE (vergl. S.32ff) beschriebenen und allgemein
deutlichen Schwierigkeiten der Heimunterbringung auseinandergesetzt, so werden sie jede Maßnahme, die deren Auswirkungen
auf das Kind verringern kann, unterstützen. Psychische Beeinträchtigungen und Verhaltensauffälligkeiten der Kinder werden
sie nicht so sehr als durch ihre persönliche Unzulänglichkeit
bedingt sehen, sondern als Folgeerscheinung der nicht veränderbaren Bedingungen der Heimunterbringung.

Inhalt der Gespräche mit den Erziehern sollte dann die regel-
mäßige Reflektion und gegebenenfalls Korrektur ihres Verhaltens sein, um Verhaltensänderungen des Kindes optimal zu unterstützen.

- Ausdrucksmittel des Kindes

In der Spieltherapie stehen dem lernbehinderten oder im Heim
lebenden Kind verschiedene Möglichkeiten zur Verfügung, sich
mitzuteilen und damit über seine Befindlichkeit zu äußern.

Allerdings finden sich in der Literatur (z. B. OEVERMANN, 1971)
zahlreiche Hinweise, daß diesen Kindern vor allem sprachliche
Ausdrucksmöglichkeiten nicht in dem Umfang zur Verfügung stehen wie normalentwickelten Kindern gleichen Alters.

Das Spiel stellt auch für das lernbehinderte Kind eine her-

vorragende Ausdrucksmöglichkeit dar, die ihm die Chance bietet, Wünsche, Ängste, Hoffnungen und Phantasien auszuagieren
und sich vor allem mit der es umgebenden Wirklichkeit auseinanderzusetzen (vergl. NICKEL, 1974, S. 183). Die Möglichkeit
zu spielen erleichtert dem Kind das Einfinden in die Therapiesituation vor allem deshalb, weil ihm sprachliche Ausdrucksmöglichkeiten nur in eingeschränktem Umfang zur Verfügung stehen. Weiter stellt das Spiel gerade für lernbehinderte
Kinder eine wesentliche Lernsituation dar. Man kann davon ausgehen, daß das Kind sich im Spiel engagiert und innerlich stark
beteiligt ist, wodurch Lernprozesse begünstigt werden (vergl.
FOPPA, 1972). Über die Bedeutung einzelner Spielformen im Therapiegeschehen und im Hinblick auf die Entwicklung des Kindes
vergl. auch S. 71 ff.

Wie bereits angesprochen wurde, steht   d i e   S p r a c h e
lernbehinderten und im Heim lebenden Kindern nicht in dem Maße
zur Verfügung wie normalentwickelten Kindern. - Aus diesem
Grunde wird sie insbesondere zu Beginn der Therapie nicht die
Bedeutung haben, die man üblicherweise erwartet. Da jedoch
die Sprache als Mittel zur Kommunikation sowie zur Organisation von Denkprozessen auch für Lernbehinderte und Heimkinder
notwendig ist, und sie ihre Funktion umso besser erfüllen kann,
je komplexer und differenzierter sie ist, sollte die Sprachentwicklung im Rahmen der Therapie besonders unterstützt werden.

Nicht-verbale Ausdrucksmittel stehen auch dem Lernbehinderten
und dem Heimkind als Möglichkeit insbesondere seine emotionale Befindlichkeit zu äußern, zur Verfügung. Da Gestik, Mimik,
Tonfall, Körperhaltung etc. häufig nicht bewußt eingesetzt
werden, können sie dem Therapeuten Interpretationshilfen für
verbal oder im Spiel geäußerte Inhalte geben.

- Verhaltensmerkmale des Therapeuten

Im folgenden sollen nun die bei BAUMGÄRTEL et al. (1975) angeführten Verhaltensmerkmale im einzelnen auf ihre Übertragbarkeit auf die Behandlung von Lernbehinderten und Heimkindern
betrachtet werden.

Konzentriertes Interesse

Vom Ausmaß der Realisierung dieses Verhaltensmerkmals hängt es ab, ob der Therapeut die gefühlsmäßigen Inhalte, die das Kind in der Therapie zum Ausdruck bringt, vollständig und richtig erkennt, und in die Gesamtsituation einordnen kann. - Nur dann wird es ihm möglich sein, adäquate Reaktionen zu zeigen, die die Therapie voranbringen.

Die ungeteilte Aufmerksamkeit eines Erwachsenen zu bekommen, ist für das lernbehinderte Kind von besonderer Bedeutung, stellt es doch die Optimierung seiner schulischen Situation dar: die von den Pädagogen geforderte Konzentration auf das einzelne Kind, die für die schulische Förderung eine wichtige Voraussetzung darstellt, erreicht in der therapeutischen Situation ein Höchstmaß. Aus diesem Grunde ist anzunehmen, daß hier eine gute Möglichkeit besteht, auf das lernbehinderte Kind einzugehen und so seine Beeinträchtigungen zu verringern.

Auch dem Heimkind, das in der Gruppe eines unter vielen ist, bieten sich in der therapeutischen Einzelsituation neue Verhaltensmöglichkeiten: der Therapeut wird daher eine erhöhte Bereitschaft des Kindes erwarten können, die Situation zum Auf- und Ausbau seiner Fähigkeiten zu nutzen und damit seine psychischen Probleme zu bearbeiten.

Sicherheit und innere Ruhe des Therapeuten, die ihm richtige Reaktionen auf Verhalten und Äußerungen des Klienten auch in schwierigen Situationen ermöglichen, sind für die psychotherapeutische Behandlung lernbehinderter und im Heim lebender Kinder ebenso bedeutsam wie für die Behandlung "normaler" Kinder. - Nur wenn der Therapeut auch auf aggressives und frustrierendes Verhalten gleichbleibend sicher und ruhig reagiert, wird das Kind die Erfahrung machen, daß es die Freiräume der therapeutischen Situation nutzen kann.

In der therapeutischen Arbeit mit im Heim lebenden Kindern ist die Sicherheit des Therapeuten besonders wichtig, da sie häufig in direktem Bezug zum Problemverhalten des Klienten steht. - Im Heim lebende Kinder sind oft besonders sensibilisiert für minimale Unsicherheiten im Verhalten ihrer Erzieher, da sie hieran bemessen, welche Verhaltensmöglichkeiten für sie selbst jeweils bestehen. - Überangepaßte Kinder werden immer darauf achten, den Erzieher nicht zu einer negativen Reaktion zu veranlassen und ziehen sich deshalb eher zurück, statt Freiräume zu nutzen. Aggressive oder Forderungen ignorierende Kinder dagegen werden Unsicherheiten ausnutzen, um sich Forderungen zu widersetzen oder sie zu übergehen. - Die ausgeprägte Diskriminationsfähigkeit von im Heim lebenden Kindern muß folglich ihr Gegenstück finden in besonderer Sicherheit des Therapeuten, die keinen Zweifel an der Bedeutung seiner Worte oder Handlungen aufkommen läßt.

Das Merkmal "V e r h a l t e n s k o n s i s t e n z" zu realisieren bedeutet für den Therapeuten, daß seine verbalen und nicht-verbalen Äußerungen mit seiner Haltung, Überzeugung und seinen Gefühlen in Einklang stehen. Der Therapeut ist nur dann glaubwürdig für das Kind, wenn keine solchen Diskrepanzen bestehen. - Weiter sollte er auf gleiches Verhalten des Kindes immer in gleicher Weise reagieren, das heißt seine Reaktionen auf ein Verhalten sollten über die Zeit konstant bleiben.

Kinder machen in ihrem sozialen Umfeld oft die Erfahrung, daß das Verhalten Erwachsener ihnen gegenüber nicht konsistent ist, sondern unter anderem bestimmt wird von der Situation, der eigenen Befindlichkeit und mangelnder Überlegung der Konsequenzen. Insbesondere Heimkinder, die immer mehrere Bezugspersonen haben, werden häufig mit inkonsistenten Reaktionen auf ihr Verhalten konfrontiert. Für die Mehrzahl der Klienten wird aus diesen Gründen gleichbleibendes Verhalten des Therapeuten eine neue, ungewohnte Erfahrung sein, die allein schon positive Veränderungen in ihrem Verhalten bewirken kann.

E i n f ü h l e n d e   D i s t a n z

Es ist einerseits notwendig, daß der Therapeut die Situation in der Therapie überschaut, um die Inhalte von Klientenäußerungen richtig in einen übergreifenden Zusammenhang einordnen zu können. Andererseits benötigt er jedoch Einfühlungsvermögen, um genügend Verständnis für den Klienten aufbringen zu können. - Einfühlende Distanz zu besitzen bedeutet daher für den Thera-

peuten, sich in die Situation des Klienten einzufühlen, aber
doch genügend Abstand zu wahren, um sich nicht für dessen Belange engagieren zu lassen. Realisiert der Therapeut dieses
Verhaltensmerkmal, so ist es ihm möglich, verbal und nicht-
verbal entgegen den Erwartungen des Klienten zu reagieren
und damit zur Auflösung von Problemverhalten beizutragen.

Sowohl zurückgezogene, schüchterne Klienten als auch solche,
die Erwachsene für sich zu engagieren gelernt haben, werden
durch die angemessene räumliche und "psychische" Distanz des
Therapeuten in ihrem gewohnten Verhalten verunsichert und angeregt, selbst die Situation zu gestalten.

Für jene Heimkinder, die dazu neigen, ständig das unmittelbare Engagement Erwachsener zu provozieren und bislang mit ihren Strategien erfolgreich waren, kann das distanzierte Verhalten des Therapeuten zunächst problematisch sein. Es ist jedoch anzunehmen, daß sie sehr bald dazu übergehen werden, die
therapeutische Situation für sich zu nutzen und daß die besondere Beziehung zum Therapeuten ihnen dabei zugute kommt.

Lernbehinderten Kindern und jenen Heimkindern, für die es un-
gewohnt und daher eher problematisch ist, daß der Therapeut
ausschließlich ihnen zugewandt ist, wird dessen angemessene
"psychische" und auch räumliche Distanz eher entgegenkommen.
Man kann davon ausgehen, daß sie eine mögliche anfängliche
Scheu, sich in der Therapie ungezwungen zu verhalten, in der
angenehmen Atmosphäre bald ablegen und ihren Interessen nach-
gehen werden.

Die Ausführungen über die Verhaltensmerkmale des Therapeuten,
mit deren Hilfe die beschriebene positive Atmosphäre in der
Therapie hergestellt werden soll, lassen den Schluß zu, daß
diese auch in einer Therapie für lernbehinderte und im Heim
lebende Kinder sinnvoll sind. Konzentriertes Interesse, Sicherheit, Verhaltenskonsistanz und einfühlende Distanz kommen den
Bedürfnissen dieser Kinder sehr entgegen; die Anmerkungen bezüglich einiger spezieller Probleme sollten jedoch vom Therapeuten beachtet werden.

Wie bereits angesprochen wurde, ist hingegen anzunehmen, daß

die Übertragung des Verhaltensmerkmals "Nicht-direktives Verhalten und Ausmaß der Lenkung" einige Probleme aufwerfen wird.

Nicht - direktives Verhalten und Ausmaß der Lenkung

Anders als ein altersgemäß entwickeltes und unter normalen Bedingungen aufwachsendes Kind weisen lernbehinderte und im Heim
lebende Kinder zumindest eklatante Erfahrungsmängel, aber auch
konstatierbare Defizite in der intellektuellen Entwicklung auf.
Diese Voraussetzungen des Klienten müssen im Ausmaß der Lenkung
in der Therapie Berücksichtigung finden insofern, als sonst
Überforderungen möglich sind. - Der Sinn der Psychotherapie muß
jedoch erhalten bleiben, d. h., eine unmittelbare Einflußnahme
des Therapeuten muß vermieden oder auf ein Mindestmaß beschränkt
werden.

Wie BAUMGÄRTEL et al. (1975) beschreiben, wird das Kind indirekt gelenkt durch die besondere Situation des Spielzimmers,
die eigene Beziehung zum Therapeuten sowie durch dessen Verbaltechniken. - Diese Form positiver Lenkung ist auch die in Frage stehende Klientel anwendbar, wenn der Therapeut eingeschränkte sprachliche Möglichkeiten und intellektuelle Schwächen des Kindes berücksichtigt.

Es ist allerdings anzunehmen, daß der Einsatz der Verbaltechniken auf diese Weise an Effizienz verlieren wird, da die Darstellung komplexer und abstrakter Sachverhalte sehr erschwert
ist.

Neben einer Anpassung des Sprachniveaus sind lernbehinderte
und im Heim lebende Kinder in der Therapie auch stärker als
andere Klienten auf Unterstützung angewiesen. - Es ist daher
notwendig, mehr Informationen als sonst üblich zu geben, obgleich diese ein Mindestmaß nicht überschreiten sollten, um
das Kind nicht daran zu hindern, selbst Erfolge durch das Erproben neuer Möglichkeiten zu haben. Dies Erproben ist vom
Therapeuten, wenn nötig, auch durch direkte, tätige Hilfe zu
unterstützen.

Neben den notwendigen Informationen und der beschriebenen

Hilfestellung sollte auch verbale Unterstützung gegeben werden, die jedoch nicht die Form direkten Lobes annehmen, sondern sich auf konkretes Verhalten beziehen sollte, um dem Kind eigene Leistungen deutlich zu zeigen. Auf diese Weise lassen sich negative Formen der Lenkung wie direktes Lob oder Tadel, die das Kind aus seiner Umwelt gewohnt ist, in der therapeutischen Situation vermeiden. Ein Mindestmaß an Erfolgen und die damit verbundene Steigerung des Selbstwertgefühls als Voraussetzung für weitere positive Veränderungen sind jedoch gewährleistet.

Durch die beschriebene Form des nicht-direktiven oder, richtiger, indirekt lenkenden Verhaltens des Therapeuten wird es dem Kind ermöglicht, ein Gefühl der Sicherheit in der therapeutischen Situation zu erlangen. Neben dem reinen Erfahrungsgewinn durch Information und Unterstützung einerseits und eigenes Erproben andererseits werden in der Folge sicherlich auch Verbesserungen der sprachlichen und intellektuellen Fähigkeiten erreichbar sein. Indem der Therapeut vorwiegend sprachliche Reaktionen im Zusammenhang mit Handlungen des Kindes zeigt, wird dieses Beziehungen zwischen sprachlichen und Handlungsstrukturen eher erkennen und auf diese Weise auch in eine Kommunikation über eigenes Verhalten, Gefühle und besondere Probleme eintreten können. Auf diese Fragen, die vor allem auch mit den Verbaltechniken des Therapeuten in engem Zusammenhang stehen, wird im weiteren noch eingegangen.

4.2 Kommunikative Prozesse in der Psychotherapie
    - Verbaltechniken des Therapeuten

BAUMGÄRTEL et al. beschreiben vier Verbaltechniken des Therapeuten, die ihre theoretischen Annahmen über die Kommunikation in der Therapie konkretisieren. - Sie gehen davon aus, daß diese Verbaltechniken eine adäquate Möglichkeit darstellen, Problemverhalten ab- und sinnvolleres Verhalten des Kindes aufbauen zu helfen sowie dessen psychische Beeinträchtigungen zu vermindern.

Da das Konzept der Integrierten Kinderpsychotherapie in allen bisher betrachteten Bestimmungsstücken auf die Behandlung von Lernbehinderten und Heimkindern übertragbar ist, wenn der Therapeut einige Anmerkungen ausreichend beachtet, gibt es prinzipiell keinen Grund, die an jenen Elementen anknüpfenden Techniken abzulehnen.

Dennoch ist es in Anbetracht der sprachlichen und intellektuellen Defizite der zu behandelnden Kinder sinnvoll, die Übertragbarkeit der Verbaltechniken genauer zu überprüfen. - Die unspezifische Antwort, das "Delay", wird wahrscheinlich in jedem Fall den gewünschten Erfolg haben, zum Beispiel dem Klienten Aufmerksamkeit zu signalisieren, ohne auf konkrete Inhalte seiner Aktivitäten einzugehen, oder ihm zu verdeutlichen, daß er nicht die erwartete Reaktion auf ein problematisches Verhalten hervorrufen wird. - Im Gegensatz dazu setzt der Einsatz von Akzentuierung, Reflexion und Deutung ein gewisses Maß an sprachlichen und intellektuellen Fähigkeiten des Klienten voraus, da der Therapeut auf diese Weise häufiger komplexe oder recht abstrakte Sachverhalte ausdrücken wird. - Von daher ist zu erwarten, daß diese Techniken nicht von vornherein mit gleicher Effizienz eingesetzt werden können wie bei der Behandlung eines normalintelligenten Kihdes.

Um allerdings die angesprochenen Techniken überhaupt in größerem Umfang einsetzen zu können, sind verständliche verbale Äußerungen des Klienten notwendig. - Je differenzierter sich das Kind auszudrücken vermag, umso gezielter kann der Therapeut auf den Inhalt seiner Äußerungen eingehen und Wesentliches hervorheben, Gefühle und Handlungsmotive reflektieren oder Zusammenhänge deutend herstellen. - Die sprachlichen Ausdrucksmöglichkeiten des Klienten hängen wiederum zusammen mit seinen intellektuellen Fähigkeiten: das Kind muß, abgesehen von der reinen Sprachbeherrschung, folgerichtig denken und Zusammenhänge richtig erkennen können, wenn es sich selbst verständlich ausdrücken will, aber auch, wenn es die Inhalte einer Therapeutenantwort angemessen verarbeiten soll.

Aktive und passive Verfügung über Wortschatz, Grammatik, Syntax und damit den Bedeutungsgehalt der Sprache stehen also in engem Zusammenhang mit intellektuellen Leistungen beziehungs-

weise der Denkfähigkeit. - Gerade was das Verstehen und die
Darstellung komplexerer Zusammenhänge angeht, scheint diese
Beziehung von besonderer Bedeutung zu sein. Dies geht aus einigen wichtigen Arbeiten über die Sprach- und Denkentwicklung des
Kindes eindeutig hervor (vergl. PIAGET, 1972; WYGOTSKI, 1977). -
Von daher scheint es sinnvoll, noch einmal auf die Frage zu-
rückzukommen, in welchem Maße Lernbehinderte und Heimkinder
über die angesprochenen sprachlichen und intellektuellen Fähigkeiten verfügen beziehungsweise welche Mängel allgemein zu
konstatieren sind. - Wenn konkretisiert ist, welche Defizite
der Kinder die verbale Kommunikation zwischen ihnen und dem
Therapeuten möglicherweise behindern, wird zu klären sein, ob
und welche Bearbeitungsmöglichkeiten für diese Defizite im Rahmen der Therapie bestehen und in welchem Ausmaß sie für jene
Kinder nutzbar gemacht werden können.

Gerade im Hinblick auf den Zusammenhang zwischen intellektuellen Defiziten und psychischen Beeinträchtigungen lernbehinderter Kinder wäre es wünschenswert, wenn über eine verbesserte
Kommunikation mit dem Therapeuten hinaus vor allem langfristige Effekte zu erzielen wären.

   - Mängel der sprachlichen Ausdrucksmöglichkeiten von
     Lernbehinderten und Heimkindern

OEVERMANN (1971, S. 3o9 ff) berichtet über die Sprachentwicklung von Kindern, die unter benachteiligenden Umweltbedingungen aufwachsen, daß bereits beim Erwerb der Phoneme sowie
der Lautdiskriminierungsfähigkeit in früher Kindheit ein
Rückstand gegenüber Kindern bestehe, die unter günstigen Umweltbedingungen leben.

Aufgrund der beschriebenen Defizite ist der anschließend erworbene Wortschatz sozio-kulturell benachteiligter Kinder
deutlich geringer als der durchschnittlich zu erwartende; hinzu kommt, daß er eine ganze Reihe von Wörtern enthält, die in
der Hochsprache unüblich sind, so daß der Anteil allgemein
verständlicher Wörter noch verringert wird. - Wortarten, die
relativ spät in der Sprachentwicklung des Kindes auftauchen

(Adverbien, Präpositionen, Konjunktionen) kommen seltener vor
und haben einen insgesamt undifferenzierteren Sprachgebrauch
jener Kinder zur Folge. - Der Einsatz in größerem Umfang vorhandener Wortarten (zum Beispiel Substantive) ist gekennzeichnet durch das Festhalten an verhältnismäßig einfachen grammatischen Strukturen, die die sprachliche Darstellung komplexerer, abstrakter Zusammenhänge erschweren. OEVERMANN sieht diese Phänomene im Zusammenhang mit fehlenden sprachlichen Modellen einerseits, zum andern mit der (hierfür ursächlichen) mangelnden Notwenigkeit, innerhalb des unmittelbaren Lebensraumes
kompliziertere Sachverhalte sprachlich darzustellen.

Die Betrachtung der syntaktischen Struktur der Sprache sozio-
kulturell benachteiligter Kinder macht weitere Einschränkungen
deutlich. So ist die durchschnittliche Satzlänge signifikant
geringer als bei normaler Sprachentwicklung zu erwarten, der
Gebrauch von Satzgefügen oder Sätzen mit mehreren koordinierten
oder subordinierten Satzteilen ist seltener zu beobachten. Zwar
werden syntaktische Grundstrukturen verwendet, die gedankliche
Konstruktion logischer Möglichkeiten oder die Präzisierung von
Informationen durch die Verwendung schwierigerer Nebensatzkonstruktionen ist jedoch selten. - Ebenso ist zu beobachten, daß
die Verfügung sozio-kulturell benachteiligter Kinder oder Jugendlicher über Begriffe, Abstraktionen von konkreten Bezeich-
nungen, deutlich geringer ist.

Aus all diesen Ergebnissen ist zunächst zu folgern, daß die
Kommunikation jener Gruppe über konkrete Ereignisse und Situ-
ationen hinaus deutlich erschwert sein wird. - Weiter ist an-
zunehmen, daß ihre sprachlichen Defizite auch die gedankliche
Lösung von Problemen behindern werden. OEVERMANN sieht diesen
Zusammenhang aufgrund der Notwendigkeit vor allem syntaktischer
Regeln, um Gesetzmäßigkeiten und logische Zusammenhänge bei der
Betrachtung von Objekten und Abläufen zu erkennen.

Der weitaus geringere Teil des Wortschatzes bezieht seinen
Sinn aus der Bezeichnung anschaulicher Gegebenheiten. Die Mehrzahl aller Wörter erhält ihre Bedeutung erst im geordneten
sprachlichen Kontext, der durch grammatische und syntaktische
Regeln konstituiert ist. Wortschatz und Semantik stehen folg-

lich in unmittelbarem Zusammenhang mit Grammatik und Syntax;
der sinnvolle, durch logische gedankliche Abläufe gekennzeich-
nete Sprachgebrauch bedarf des Gerüstes aus grammatischen und
syntaktischen Regeln. - Umgekehrt ist kein komplexer gedanklicher Prozeß folgerichtig durchzuführen, wenn er nicht durch
die Sprache insgesamt symbolisiert ist.

Ausgehend von der Betrachtung der sprachlichen Möglichkeiten
sozio-kulturell Benachteiligter, die in der dargestellten Form
auch auf lernbehinderte und im Heim lebende Kinder zutreffen
werden, gelangt man wiederum auf den bereits angesprochenen
Zusammenhang zwischen sprachlichen und intellektuellen Fähigkeiten.

Diesen Kindern müssen also Angebote gemacht werden, die es
ihnen ermöglichen, sowohl sprachliche als auch intellektuelle
Defizite partiell auszugleichen, worin gleichzeitig Voraussetzung und Mittel zur Auflösung psychischer Beeinträchtigungen zu sehen sind. Andererseits kann man sich den Zusammenhang
zwischen jenen Fähigkeiten möglicherweise zunutze machen und
über die Verbesserung der einen auch eine Verbesserung der anderen zu erreichen versuchen. - Die folgenden Überlegungen werden sich somit darauf richten, ausgehend von den vorhandenen
Möglichkeiten, die eine Behandlung nach dem Konzept der Integrierten Kinderpsychotherapie bietet, weitere zu finden, durch
die es den besonderen Erfordernissen der Behandlung lernbehinderter und im Heim lebender Kinder genügen kann.

4.3 Möglichkeiten zum Ausgleich sprachlicher Defizite im Rahmen der Psychotherapie

Eine wichtige Bedingung der Entwicklung sprachlicher und intellektueller Fähigkeiten stellt, wie bereits angesprochen
wurde, eine stimulierende, zu eigener Aktivität anregende Umgebung dar. - Diese Bedingung ist durch die therapeutische
Einzelsituation, die Vielfalt der Handlungsmöglichkeiten im
Spielzimmer und das sprachliche Modell sowie die Bereitschaft
des Therapeuten zur Unterstützung optimal erfüllt.

Zwar liegt es auf der Hand, daß im Rahmen der Therapie bei

weitem nicht alle Defizite aufgearbeitet werden können, die
prinzipiell aufholbar wären, dennoch aber ist jede Verbesserung der genannten Fähigkeiten von Bedeutung für die betreffenden Kinder.

Zu diesem Zwecke wird es allerdings nötig sein zu untersuchen,
ob der Therapeut, abgesehen vom sprachlichen Modell, das Kind
durch spezielle Verbaltechniken zu besserem Sprachverständnis
und umfassenderem Sprachgebrauch anregen kann.

- Die Funktion der Sprache für das Individuum

Mit dem Erwerb der Sprache erschließt sich dem Individuum die
Möglichkeit, über die unmittelbare Situation hinaus mit anderen zu kommunizieren. - Dazu bedarf es der Übereinstimmung
über die Bedeutung der Wörter (signifikative Funktion der
Sprache) und den wechselnden Bedeutungsgehalt eines Wortes,
je nachdem, in welchem Zusammenhang es steht (semantische
Funktion).

Die Sprache wird von anderen Ausdrucksmitteln begleitet (Gestik, Mimik, Körperhaltung), die ihren Bedeutungsgehalt zusätzlich unterstreichen (vergl. auch SZASZ, 1979). Wenn
LJUBLINSKAJA (1971) ganz allgemein Sprache als bewußte Wiedergabe von Gedanken darstellt, dann muß weiter berücksichtigt
werden, daß dem Individuum unbewußte Emotionen den sprachlichen Ausdruck mitbestimmen. Außer in den nicht-verbalen, die
Sprache begleitenden Ausdrucksmitteln spiegeln sich die Emotionen in der Wortstellung, der Intonation, der Stimmodulation
und dem Rhythmus der Sprache wieder (vergl. auch Kommunikati-
onsmodell von BEIER).

Die kommunikative Funktion der Sprache erlaubt es demnach,
sie nicht nur als Mittel der Erkenntnisgewinnung, sondern auch
der Einflußnahme auf andere zu nutzen, denn
"der Mensch spricht, um zu wirken, wenn auch nicht unmittelbar auf das Verhalten, so doch auf das Denken und die Gefühle,
auf das Bewußtsein anderer Menschen"
(RUBINSTEIN, 1973, S. 514).

- Bedeutung des Zusammenhangs zwischen Sprache und
  Denken

Allgemein werden Sprache und Denken des Menschen in ihrer
Wechselbeziehung gesehen. Zwar stellen sie einerseits eigenständige Fähigkeiten dar, andererseits jedoch durchdringen
sie sich gegenseitig in so hohem Maße, daß sie nicht isoliert
gesehen werden sollten, will man sie in ihrer vollen Bedeutung für das Individuum erfassen. LJUBLINSKAJA (1971, S. 3o3)
beschreibt die Beziehung zwischen Denken und Sprechen folgendermaßen:
"Das Denken und das Sprechen bilden eine komplizierte Ein-
heit. Das Denken ist nicht an die Sprache 'gebunden', sondern
es kommt in der Sprache zum Ausdruck."
Das bedeutet aber auch, daß das Ausmaß der sprachlichen Fähigkeiten mitbestimmend ist dafür, inwieweit man gedankliche Prozesse anderen mitteilen kann.

Sprache kann dabei aber nicht nur als Mittel zur Gedankenver-
mittlung angesehen werden, sondern Gedanken werden, indem man
sie sprachlich formuliert, auch geformt.

Gedanken sind also zunächst ganz oder teilweise in nicht-
sprachlicher Form vorhanden, und das Denken kann auch ohne
Sprache ablaufen. Dann erfüllen bildhafte Vorstellungen für
das Individuum die Funktion sprachlicher Ausdrücke, indem sie
an deren Stelle in einem gedanklichen Ablauf stehen. - Es
stellen sich in diesem Zusammenhang zwei Fragen: zum einen,
welches Niveau derartige Denkprozesse erreichen können, da
die Mehrzahl sprachlicher Ausdrücke nicht bildhaft ist (vergl.
OEVERMANN, 1971), zum anderen, ob und in welchem Umfang die
sprachliche Symbolisierung zur schnelleren Durchführung gedanklicher Operationen beiträgt.

Was bedeuten nun diese Überlegungen für das Therapiegeschehen?
Sprache erschließt die Möglichkeit, über die aktuelle Situation hinaus mit anderen kommunizieren zu können. - Dabei wächst
mit zunehmender Sprachbeherrschung die Wahrscheinlichkeit,
sich exakter mitzuteilen und sprachliche Reaktionen anderer
besser zu verstehen. Der adäquate Umgang mit sprachlichen
Konventionen spielt in diesem Zusammenhang eine zentrale Rol-

le. - Mitteilungen über gedankliche Inhalte sind also nur in soweit möglich, als sprachliche Symbolisierungen zur Verfügung stehen.

Das lernbehinderte oder im Heim lebende Kind, dem es an sprachlicher Kompetenz mangelt, ist von daher stärker auf die nichtsprachliche Symbolisierung gedanklicher Inhalte in der Handlung, das heißt vorwiegend im Spiel, angewiesen. Dabei ist unmittelbar einsichtig, daß die Interpretation von im Spiel symbolisierten Inhalten nicht durch Konventionen geregelt ist und aus diesem Grunde nur mit einiger Wahrscheinlichkeit zutreffend sein kann. Hieraus nun ergibt sich, daß die Qualität der sozialen Kommunikation durch den Einsatz der Sprache wesentlich erhöht wird und von daher ein gewisses Maß an sprachlicher Kompetenz für das Zusammenleben und die Interaktion mit anderen Menschen notwendig ist. Dies gilt selbstverständlich auch für die Kommunikation zwischen Therapeut und Klient: die Möglichkeiten des Therapeuten, durch den Einsatz von Verbaltechniken zur Auflösung von Problemverhalten und zur Bearbeitung psychischer Beeinträchtigungen beizutragen, werden durch die verminderten sprachlichen Fähigkeiten der Klienten eingeschränkt.

Zwar ist anzunehmen, daß emotionale Inhalte auch im Spiel deutlich werden, eine gezielte Einflußnahme des Therapeuten wird jedoch am ehesten durch den Einsatz von Verbaltechniken möglich; würde er an ihrer Stelle in Form von Handlung reagieren, so tauchte das Problem nicht vorhandener Übereinkünfte über deren Bedeutungsgehalt auf.

Da davon auszugehen ist, daß das Sprachverhalten des Therapeuten auch dem lernbehinderten Kind als Modell für die eigene Sprache dienen wird, ist zu erwarten, daß im Verlauf der Therapie die sprachliche Kommunikation auch über komplexere Sachverhalte einsetzen kann. - Mit zunehmender Sicherheit des Kindes im Umgang mit der Sprache kann der Therapeut immer gezielter Akzentuierungen, Reflexionen und Deutungen benutzen, um dessen psychische Probleme zu bearbeiten.

Die These, daß über die Beeinflussung der sprachlichen auch eine Stimulation der intellektuellen Entwicklung erfolgt, wo-

mit der Forderung entsprechender Unterstützung des Lernbehinderten oder Heimkindes entsprochen würde, wird durch eine
Reihe von Untersuchungen gestützt. -

- Sprache als Einflußgröße in der Entwicklung kognitiver Fähigkeiten - Forschungsergebnisse

Im folgenden sollen einige empirische Arbeiten aus dem Bereich der Entwicklungspsychologie und der Behindertenpädago-
gik referiert werden, die den Zusammenhang zwischen Sprache
und Denken näher beschreiben.

Dabei wird besonders darauf zu achten sein, welche Form
Sprachangebote haben sollten, um kognitive Leistungen zu
fördern.

F o r s c h u n g s e r g e b n i s s e   d e r   E n t w i c k l u n g s p s y c h o l o g i e

Da der Spracherwerb des Kindes wesentlich durch das Vorhandensein von Modellen und Verstärkung mitbestimmt wird, ist es
einsichtig, daß die Interaktion mit Erwachsenen und Kindern
hierfür eine wichtige Bedingung darstellt.

Mc CARTHY (193o) stellte in einer ihrer Untersuchungen diesen
Zusammenhang heraus. Sie betrachtete die Länge der Äußerungen
von Kindern und setzte sie in Beziehung dazu, ob die Kinder
hauptsächlich mit Erwachsenen, älteren Kindern oder Gleichaltrigen Umgang hatten. Kinder, die im wesentlichen mit Erwachsenen kommunizierten, antworteten im Durchschnitt mit längeren
Sätzen als solche, die vorwiegend mit gleichaltrigen oder älteren Kindern Umgang hatten.

DAWE (1942; nach LAWTON, 1970) untersuchte die Wirkung eines
intensiven Sprachangebots auf eine Gruppe von Heimkindern im
Alter von 3;6 - 6 Jahren, deren IQ zwischen 65 und 9o lag.
Jeweils zwei Kinder, die sich hinsichtlich Alter, Geschlecht,
IQ und Umfang des Vokabulars nicht unterschieden, wurden der
Experimental- beziehungsweise der Kontrollgruppe zugeteilt.
Nach einer neun Monate dauernden, insgesamt fünfzigstündigen
Förderung insbesondere im sprachlichen Bereich erreichte die

Experimentalgruppe einen größeren Anstieg ihres Vokabulars
als die Kontrollgruppe. Der durchschnittliche IQ stieg in der
Experimentalgruppe von 80,6 auf 94,8, in der Kontrollgruppe
dagegen sank er von 81,5 auf 79,5. GOLDFARB (1943; nach LAWTON,
1970) verglich zwei Gruppen von Kindern, die ihre ersten drei
Lebensjahre entweder im Heim oder in einer Pflegefamilie verbracht hatten, im Alter von 3; 6 und 8 Jahren sowie im Jugend-
alter und stellte dabei fest, daß Kinder, die die ersten drei
Jahre im Heim verbracht hatten, nicht nur in bestimmten sprachlichen Fertigkeiten zurückgeblieben waren, sondern auch als
Jugendliche über einen niedrigen Grad an abstraktem begriff-
lichen Denken nicht hinaus kamen. Er schloß, daß durch fehlende äußere Anregungen schon im frühen Lebensalter möglicherweise dauerhafter negativer Einfluß auf die sprachliche und
geistige Entwicklung des Kindes ausgeübt werde.

KIRK (1958) untersuchte 81 geistig retardierte Kinder im Alter
von 3 - 6 Jahren. Er teilte sie in vier Gruppen, zwei lebten
mit beziehungsweise ohne spezielle Betreuung im Heim, zwei
ebenfalls mit beziehungsweise ohne jene besondere Betreuung
in der Familie. Er stellte fest, daß der mittlere IQ der beiden behandelten Gruppen anstieg, der der ohne Behandlung zu
Hause lebenden Gruppe gleich blieb und der der im Heim unter-
gebrachten Gruppe ohne Behandlung sank.

Während die bislang beschriebenen Arbeiten im wesentlichen
den Einfluß von sprachlicher Anregung und Förderung durch Erwachsene untersuchten, soll im folgenden noch eine Untersuchung von LURIJA und JUDOWITSCH (1970) dargestellt werden,
aus der hervorgeht, daß auch der Umgang mit Gleichaltrigen
für die Entwicklung der Sprache bedeutsam ist.

Ein eineiiges Zwillingspaar, bei dem erhebliche Sprachverzö-
gerungen festgestellt worden waren, wurde mit fünf Jahren in
Spielgruppen eines Kindergartens gegeben. Schon nach drei Monaten stellten sich erhebliche Fortschritte in der Spiel- und
Sprachentwicklung ein. Der weniger entwickelte der beiden Jungen erhielt dann zusätzlich regelmäßigen Sprachunterricht, was
zur Folge hatte, daß er nach einem halben Jahr seinem Zwillin-
lingsbruder sowohl in der Sprachentwicklung als auch hinsicht-

lich der Komplexität seiner geistigen Operationen überlegen
war.

Die Ergebnisse lassen deutlich werden, daß ein möglichst um-
fassendes und differenziertes sprachliches Angebot, das dem
einzelnen Kind zukommt, als günstige Bedingung für den Spracherwerb und damit für die kognitive Entwicklung hervorgehoben
werden kann.

Welche Rolle der Sprache beim Lösen von Aufgaben zukommt,
zeigen für das sehr junge Kind Versuchsreihen von LJUBLINSKAJA
(1971). Sie berichtet von Kindern im Alter von 1;4 - 2;7
Jahren, die Aufgaben gestellt bekamen, Bonbons aus einer hohen
Glasvase zu holen. Da sie das Problem nur lösen konnten, indem sie die Vase kippten, was ihnen aber noch nicht bekannt
war, wurde ihnen Hilfestellung gegeben, die bei einer Reihe
von Kindern verbal begleitet wurde ("kipp um"), bei anderen
nicht. Es zeigte sich, daß diejenigen, bei denen die Handlung
bezeichnet wurde, nach 7 - 19 Wiederholungen das Verfahren zur
Lösung der Aufgabe gelernt hatten, während die übrigen Kinder
70 - 80 Wiederholungen benötigten. SPIKER, GERYNOY und SHEPARD
(1956; nach LEWIS, 197o) führen mit 3 - 5-jährigen Kindern ein
Begriffsermittlungsexperiment durch. Sie teilten die Kinder in
zwei Gruppen, der einen war die Bezeichnung "mittelgroß" bekannt, der anderen nicht. Die Aufgabe bestand darin, aus einer
Reihe von Reizen den jeweils mittelgroßen auszuwählen. - Die
Kinder, denen der Begriff geläufig war, machten dabei signifikant weniger Fehler.

Eine ähnliche Untersuchung stellten SHEPARD und SCHAEFFER
(1956; nach LEWIS, 197o) an, indem sie zwölfjährigen Kindern
einhundert geometrische Figuren unterschiedlichster Art vor-
legten. Die Aufgabe bestand darin, die Dreiecke herauszusuchen.
Diejenigen, die die Bezeichnung "Dreieck" kannten, waren bei
der Auswahl dieser geometrischen Figuren den anderen Kindern
überlegen.

WYGOTSKI (1977) wies ebenfalls nach, daß Sprache zur Problemlösung herangezogen wird, besonders dann, wenn Schwierigkeiten
im sonst automatischen Ablauf eintreten. Er führte entsprechende Versuche mit Vorschulkindern und jüngeren Schulkindern durch,

indem er in den Kindern sonst bekannten Tätigkeiten Schwierigkeiten auftauchen ließ (zum Beispiel fehlende Farben im Farb-
kasten beim Zeichenunterricht). Bei jüngeren Kindern entstand
egozentrisches Sprechen, sie versuchten, die Situation in Worte zu fassen, um einen Ausweg zu suchen, das heißt die nächste
Handlung zu planen. Ältere Kinder unterbrachen ihre Tätigkeit;
befragt, worüber sie nachgedacht hätten, gaben sie Antworten,
die den laut geäußerten Problemlösungsversuchen der Vorschul-
kinder entsprachen.

Was an diesen Beispielen über die Rolle der Sprache bei der Lösung von Problemen deutlich wurde, zeigt sich in noch stärkerem
Maße, wenn man Untersuchungen an tauben Kindern betrachtet, denen Sprache nicht zur Verfügung steht.

Forschungsergebnisse aus der Behindertenpädagogik

VINCENT (1957; nach LEWIS, 1970) untersuchte die Fähigkeit zur
multiplen Klassifikation bei hörenden und tauben Kindern im
Alter von 5 - 8 Jahren. Er legte drei Figuren in drei Größen
und drei Farben vor, wobei die Aufgabe darin bestand, diese
nach mehr als einem Kriterium zu ordnen. Die tauben Kinder ge-
brauchten Gesten, um Unterscheidungsmerkmale zu symbolisieren.
Dennoch waren sie in ihrem klassifizierenden Verhalten den hörenden Kindern gleichen Alters unterlegen.

KENDALL (1953; nach LEWIS, 1970) verglich taube und hörende
Kinder unter 5;6 Jahren aus ähnlichen sozio-ökonomischen Ver-
hältnissen. Er verwandte Tests, die vorwiegend auf Wahrnehmung
und Handlung ausgerichtet waren. Er fand dabei keine signifi-
kanten Unterschiede zwischen den beiden Gruppen.

OLÉRON (1957) allerdings zeigte an Kindern zwischen 4 und 7
Jahren, daß bei komplexeren Aufgaben (graphische Darstellungen)
taube Kinder schlechter abschnitten als hörende. Da EMMETT
(1949; nach LEWIS, 1970) in einer Faktorenanalyse nachweisen
konnte, daß für normale Kinder ein verbaler Faktor zur Lösung
von Aufgaben beiträgt, liegt der Schluß nahe, daß taube Kinder
deshalb schlechtere Ergebnisse erzielen, weil sie auf diesen

offensichtlich nicht zurückgreifen können.

Auf den ersten Blick wirken diese Ergebnisse uneinheitlich, da taube Kinder teilweise hörenden gleich, teilweise aber auch in ihren Leistungen unterlegen waren. - Da einfache Aufgaben durch Wahrnehmung und Handhabung von Material gelöst werden können, erklärt LEWIS (197o, S. 152)

"mag (das taube Kind) schneller und erfolgreicher sein als Kinder mit besserer Sprachleistung, die sich noch mit dem komplexeren Werkzeug der Sprache abmühen, das sie noch nicht wirkungsvoll zu benutzen gelernt haben. Wenn dann die Aufgaben komplizierter werden und immer mehr abstrakte Beziehungen in sich schließen, weicht die Möglichkeit wirksamen, nichtsprachlichen Denkens und Manipulierens immer mehr in die Ferne."

4.4 Bedeutung der Untersuchungsergebnisse für das Therapiegeschehen

Alle referierten Untersuchungsergebnisse weisen darauf hin, daß aktive Sprache des Kindes oder ein sprachliches Angebot durch dritte zur Verbesserung kognitiver Leistung einen wesentlichen Beitrag leistet. Weiter machen sie deutlich, daß für die Qualität der erworbenen Sprache sowohl das soziale Umfeld als auch das Ausmaß der Zuwendung, die das Kind erfährt, von besonderer Bedeutung sind.

Die günstige Beurteilung der Bedingungen der Integrierten Kinderpsychotherapie findet hierdurch Bestätigung insofern, als ein hohes Maß an Zuwendung (Einzelsituation) und das Anknüpfen an den Erfahrungen und vorhandenen Möglichkeiten des Kindes als der sprachlichen und kognitiven Entwicklung förderlich beschrieben werden. - Auch das als weitere Bedingung beschriebene sprachliche Modell, das der Therapeut dem Kind bietet, wird in den dargestellten Untersuchungen günstig bewertet: je besser das sprachliche Modell, desto besser verläuft die Sprachentwicklung des Kindes, wobei in der Regel die Sprachbeherrschung Erwachsener der von Kindern überlegen ist. Es wurde jedoch bereits ausführlich dargestellt, daß die bisher vorhandenen Verbaltechniken des Therapeuten das sprachliche und intellektuelle Niveau des Lernbehinderten oder im Heim lebenden Kindes zu Beginn der Therapie nicht hinreichend berücksich-

tigen. Aus diesem Grunde können sie nicht den gewünschten Nutzen für den Klienten haben.

Die oben angeführten Untersuchungen legen den Gedanken nahe,
Verbaltechniken zu entwickeln, die die Ausgangssituation des
Lernbehinderten und des Heimkindes stärker berücksichtigen.

Hierin ist eines der übergreifenden Kriterien zu sehen, an
denen sich die verbale Intervention des Therapeuten ausrichten muß. Es bietet sich an, konkrete Ansatzpunkte hierfür aus
der Spielhandlung des Kindes zu entnehmen und so gleichzeitig
dessen individuellen Bedürfnissen Rechnung zu tragen. - Dies
wiederum schließt ein, daß das Kind weiterhin im Mittelpunkt
der Therapie steht und deren beschriebene Form insgesamt erhalten bleibt. Dies ist als zweites, übergreifende Kriterium
zu betrachten, das bei der Entwicklung weiterer Verbaltechniken zu berücksichtigen ist.

4.5 Die besondere Bedeutung des Spiels in der psychothera-
peutischen Behandlung von Lernbehinderten und Heimkindern

Zur Begründung der These, daß der Therapeut aus der Spielhandlung des Kindes neben Hinweisen auf dessen psychische Befindlichkeit auch Informationen über seinen intellektuellen Entwicklungsstand gewinnen kann, wollen wir im folgenden einige
Überlegungen zum Handeln und dessen Beziehung zum Denken an-
stellen.

- Der Begriff des "Handelns"

Unter einer Handlung kann das jeweils aktuelle Tun des Individuums in Abhängigkeit von seinen Motiven und Zielen verstanden
werden. - Handlungsabläufe oder Handlungen setzen sich aus Elementen zusammen. Je nach Ordnung der Handlungselemente ergeben
sich Handlungsmuster, die, sind sie oft geübt, zu Automatismen
werden können (man stelle sich beispielsweise vor, wie man den
Umgang mit Hammer und Nägeln lernt). - Der Erwerb möglichst
vieler Handlungselemente und die Fähigkeit, sie neu zusammen-
zufügen und zu kombinieren, eröffnet dem Individuum immer neue
Möglichkeiten, Handlungen unterschiedlichsten Inhalts und

größter Komplexität auszuführen.

Dabei können im wesentlichen zwei Arten der Handlung unterschieden werden: Willenshandlungen und Impulsivhandlungen. - "Die Willenshandlung ist ein zielgerichteter, bewußt regulierter Akt. Der Verlauf der Handlung wird dem Ziel entsprechend mehr oder weniger bewußt geregelt. Der Übergang vom Antrieb zum Handeln vollzieht sich in der Willenshandlung durch das Bewußtwerden des Ziels und durch das Voraussehen der Folgen" (RUBINSTEIN, 1973, S. 676).

Im Gegensatz dazu steht die Impulsivhandlung die sich der bewußten Kontrolle entzieht. Sie ist dadurch gekennzeichnet, daß der im ersten Antrieb enthaltene Impuls unmittelbar in die Handlung übergeht, ohne ihre Folgen abzusehen und ihre Motive zu bewerten. Die Impulsivhandlung ist durch ihre dynamische Beziehung von Spannung und Entladung gekennzeichnet: "Die affektive Entlastung in der Handlung wird nicht durch ein Ziel bestimmt, sondern durch die Ursachen, die sie entstehen ließen und durch den Anlaß, der sie hervorrief" (RUBINSTEIN, 1973, S. 677).

Die Übergänge zwischen diesen beiden Handlungsformen werden als fließend beschrieben, das heißt eine Willenshandlung kann in eine Impulsivhandlung umschlagen. Dies geschieht dann, wenn durch einen Konflikt eine Spannung erzeugt wird, die so groß ist, daß sich die bewußte Willenskontrolle als zu schwach erweist und der Affekt den weiteren Fortgang der Handlung bestimmt. - Auch der umgekehrte Fall ist denkbar, daß durch eine zunächst impulsiv ablaufende Handlung eine affektive Spannung in solchem Maße abgebaut wird, daß die willentliche Kontrolle ihren weiteren Verlauf bestimmen kann.

- Die wechselseitige Beeinflussung von Handeln und Denken

Beim Erwerb von Handlungsmustern, das heißt einem gezielten Zusammenfügen von erlernten Handlungselementen, spielt der geistige Mitvollzug, das Denken, eine entscheidende Rolle. Nur durch geplantes Vorgehen kann ein angestrebtes Ziel mit einem Minimum an Aufwand erreicht werden. - Später automatisch ablaufende Handlungen sind ohne die Kontrolle des Tuns während der Einübungsphase nicht möglich. Das Denken ist also aufs Engste mit dem Handeln verbunden; die frühen Formen des Denkens beim Kind entwickeln sich erst durch das "Probierhandeln". Diese Auffassung wird auch von PIAGET (1966) in seiner Beschreibung der sensomotorischen Intelligenzentwicklung vertreten.

Es ist anzunehmen, daß das Spiel des Kindes in der Therapie sowohl Willens- als auch Impulsivhandlungen enthalten wird. Die durch Affekte oder momentane Befindlichkeit gesteuerten Impulsivhandlungen werden eher im Zusammenhang mit dem Bedürfnis des Kindes auftreten, belastende Momente auszuagieren oder generell Inhalte darzustellen, von denen es emotional besonders stark angesprochen ist. - Willenshandlungen dagegen, die den geistigen Mitvollzug voraussetzen und in der Regel ein konkretes Ziel haben, sind zweifellos diejenigen, in denen der kognitive Aspekt stärker zum Tragen kommt, wenngleich sich auch in ihnen Emotionen ausdrücken.

Ein bereits angesprochenes, wesentliches Ziel der Psychotherapie ist die Selbstregulation des kindlichen Verhaltens, das heißt, daß das Kind sein Tun und dessen Konsequenzen überschauen und beurteilen muß. Aus diesem Grunde kann der Anteil der Willenshandlungen am Therapiegeschehen als ein Indikator für die Annäherung an das beschriebene Ziel gesehen werden.

Zur Erleichterung des praktisch-therapeutischen Tuns und zum besseren Verständnis der von uns entwickelten Verbaltechniken sollen an dieser Stelle die u. E. wichtigsten Formen des kindlichen Spiels kurz umrissen sowie die besondere Bedeutung, die sie neben entwicklungspsychologischen Aspekten für die Psychotherapie haben können, dargestellt werden. - Die dabei gewählte Reihenfolge entspricht in etwa der des ersten Auftretens der einzelnen Spielformen in der kindlichen Entwicklung, wobei mit zunehmendem Alter unterschiedliche Formen des Spiels auch parallel auftreten können.

- Formen des Spiels

Funktions- und Experimentierspiele

CH. BÜHLER (1928) und HETZER (1954) stimmen darin überein, daß
das Kind im ersten Lebensjahr mit dem eigenen Körper, seinen
Sinnesorganen und den Sprachwerkzeugen experimentiere. Bezieht
der Säugling Dinge in sein Spiel ein, benutzt er sie, um Bewegungen an ihnen zu üben. Während BÜHLER diese Tätigkeit als Funktionsspiel bezeichnet, sieht HETZER darin lediglich eine Vorform
des Spiels, die sie Tätigkeitsspiele nennt. Im zweiten Lebensjahr
differenzieren sich die motorischen Fertigkeiten des Kindes, was
zur Folge hat, daß es sein Tun besser steuern kann und dadurch
spezifischere Erfahrungen über die Gegenstände und Materialien
sammeln kann, mit denen es hantiert. Diesen Sachverhalt faßt
HETZER (1954, S. 67) so zusammen:

"Die spielende Erfahrung an den konkreten, handgreiflichen Gegebenheiten der Umwelt ist eines der Hauptthemen des frühen Kinderspiels. Das Kind erwirbt dabei eine Materialerfahrung, von der
es sein ganzes weiteres Leben zehren kann."

Vom Manipulieren mit dem Material sind weite Teile des kindlichen
Spiels in dieser Altersstufe bestimmt, dabei ist das Kind von
seinem Tun so beansprucht, daß es dessen Erfolg (Produkt) noch
kaum beachtet.

Bedeutung für das Therapiegeschehen

Es ist zu erwarten, daß Funktionsspiele im Rahmen der Therapie
häufiger auftreten werden, da es sich um eine typische Form des
Alleinspiels handelt. Sie werden jedoch unterschiedliche Funktionen haben. - Zum einen dient das Funktionsspiel sicherlich zum
Kennenlernen neuer Materialien oder unbekannter Objekte, d. h.
auch zum Ausgleich von Erfahrungsmängeln des Kindes. Von daher
ist anzunehmen, daß Funktionsspiele unter kognitivem Aspekt über
die Gesamtdauer der Therapie hinweg von Bedeutung sind. Sicherlich besteht auch eine Abhängigkeit von Attraktivität und Neuig-
keitswert des Spielangebots sowie vom Alter des Kindes.

Weiter bietet das Funktionsspiel die Möglichkeit, sich in die
therapeutische Situation einzufinden sowie Kontakt zum Therapeuten aufzunehmen. Letzteres kann insbesondere durch Informationsfragen im Zusammenhang mit Spielmaterialien erfolgen.
In dieser Situation sollte der Therapeut sehr genau abschätzen,
inwieweit es sich um eine indirekte Kontaktaufnahme beziehungsweise um echtes Informationsbedürfnis handelt, um angemessen
reagieren zu können.

Sind die Handlungsmöglichkeiten, die ein Material bietet, bekannt, so muß das Auftreten von Funktionsspielen unter doppel-
tem Aspekt gesehen werden: zum einen kann es dem Kind als
Rückzugsmöglichkeit dienen, die durch eine verringerte Ge-
sprächsbereitschaft zusätzlich signalisiert wird. Der Therapeut kann in dieser Situation Hypothesen über das Kind belastende Momente aufstellen beziehungsweise erhärten.

Zum andern können Funktionsspiele mit bekanntem Inhalt dem
Kind als "Hintergrundtätigkeit" für eine verbale Interaktion
mit dem Therapeuten dienen und ihm damit eine Möglichkeit zur
Entspannung bieten. In solchen Situationen scheint es für den
Therapeuten möglich, die Gesprächsinhalte in einem Maße für
die Bearbeitung von Problemen nutzbar zu machen, wie es bei
einem das Kind stärker beanspruchenden Spiel nicht möglich
wäre. - In dem beschriebenen Fall ist das Kind eher am Inhalt
des Gesprächs als an dem des Spiels interessiert. - Diese
Funktion werden jene Spiele jedoch erst mit fortschreitender
Therapie haben.

Fiktions- und Illusions-
spiele

Im zweiten Lebensjahr nehmen die Funktionsspiele des Kindes,
also das Hantieren mit Gegenständen und Materialien, ab zugunsten von Fiktionsspielen, das heißt solchen Spielen, in denen das Tun des Kindes von Vorstellungen begleitet ist.

Im folgenden wird die angesprochene Entwicklung des Fiktions-,
das auch als Illusionsspiel bezeichnet wird, dargestellt. Zunächst ahmt das Kind lediglich nach, was es selbst zu einem
früheren Zeitpunkt beobachtet hat. Es löst sein Tun dabei aus

dem üblichen Zusammenhang, es abstrahiert also. CHATEAU
(1974, S. 39) formuliert dies folgendermaßen:

"Ausgangspunkt der ersten spielerischen Nachahmung ist, daß
etwas außerhalb der Situation vorgestellt wird... In diesem
Sinn sind die Nachahmungsspiele einerseits Abstraktionsspiele,
andererseits analytische Zerlegungsspiele."

Bei Kindern im Alter von ca. 2;4 bis 3;6 Jahren bleibt der
Nachahmungscharakter ihres Spiels erhalten, neben Gegenständen
taucht jetzt jedoch auch der Mensch in der Spielhandlung auf.

Die Spiele in dieser Altersstufe weisen im Gegensatz zum späteren Rollenspiel kaum Flexibilität auf. CHATEAU begründet
dies mit der Notwendigkeit, Inhalte zunächst zu abstrahieren
und zu analysieren, bevor auf der Stufe des Rollenspiels verschiedene Elemente neu zusammengestellt werden können. Hinzu
kommt nach seiner Ansicht das Bedürfnis des Kines nach relativ starren, Vertrauen erhaltenden Spielstrukturen; größere
Flexibilität würde Unsicherheit beim Kind auslösen.

Generell wendet sich HECKHAUSEN (1973) gegen die Verwendung
der Begriffe Fiktions- oder Illusionsspiele, weil sie nach seiner Ansicht implizieren, daß das Kind die Realität verkennt. In
Übereinstimmung mit CHATEAU (1974) vertritt er die Auffassung,
daß dem Kind der "So-tun-als-ob"-Charakter seines Spiels durchaus bewußt ist.

Bedeutung für das Therapie-geschehen

Bieten Funktionsspiele dem Kind die Möglichkeit, "Basiserfah-
rungen" über Materialien und Objekte zu sammeln, so haben Fik-
tions- und Illusionsspiele gerade auch für das lernbehinderte
Kind weiterreichende Bedeutung: es kann sich in Abstraktion
und Analyse erlebter Situationen üben, indem es diese im Spiel
umsetzt. Die Erfahrung der eigenen Möglichkeit, Geschehenes
nachahmen zu können, trägt zur Stabilisierung des Selbstbe-
wußtseins bei.

Fiktions- und Illusionsspiele bieten gerade dem zurückgezogenen, gehemmten Kind die Gelegenheit, komplexere Spielhandlun-
gen auszuführen, ohne mit dem Therapeuten Kontakt aufnehmen zu
müssen oder auf seine Unterstützung angewiesen zu sein.

Ist es dem Therapeuten schon durch das Auftreten dieser Spielform möglich, weitere Informationen über die Problematik des
Kindes zu gewinnen, so kann er dies besonders aufgrund der
Spielinhalte. Das Kind wird in seinem Spiel gerade solche Situationen wiedergeben, durch die es besonders angesprochen
wurde.

Eine klare Hypothese über das Auftreten dieses Spiels in der
Therapie ist schwer möglich; es ist jedoch wahrscheinlich,
daß es eher zu Beginn der Therapie auftauchen wird und später
anderen Spielformen größere Bedeutung zukommt.

Rezeptive Spiele, aufnehmende Spiele

Der erste Begriff wird von CH. BÜHLER (1928) verwendet, der
zweite geht auf HETZER (1954) zurück. Sie verstehen darunter
das Darbieten von Geschichten, Liedern, Versen, Reimen und
Fingerspielen. NICKEL (1974) weist darauf hin, daß der Begriff
"Spiel" hier eigentlich nicht mehr ganz zutreffe, da der Erwachsene der anregende und aktive Spielpartner sei. Wir meinen,
daß aber auch bei anderen Spielformen die Aktivität des Erwachsenen besteht, wenngleich sie auch anderer Art ist, zum
Beispiel Bereitstellen von Materialien, Gewährleistung von Ruhe, Raum und Zeit für das kindliche Spiel. HETZER verwendet
den Begriff "Spiel" mit der Begründung, bei den aufnehmenden
Spielen richte sich die Aktivität nicht nach außen, sondern
liege das Schwergewicht der kindlichen Aktivität in der aufnehmenden Verarbeitung.

Bedeutung für das Therapiegeschehen

Diese Form des Spiels wird in der Therapie eine untergeordnete
Rolle spielen und eher selten auftreten, da die rezeptiven
Spiele vom Erwachsenen an das Kind herangetragen werden und
dies im Widerspruch zum Konzept der Therapie steht.

Eine Ausnahme bilden lediglich Bilderbücher, die im Spielzimmer

vorhanden sind. Beschäftigt sich das Kind mit ihnen, so kann
es dadurch zum einen Kontakt zum Therapeuten aufnehmen, zum
anderen Bezüge zwischen sich und seiner Umwelt herstellen.
Der Therapeut kann anhand der Auswahl von Büchern sowie der
Situationen, die besonderes Interesse finden, und unter Umständen an Kommentaren des Kindes Hypothesen über dessen Er-
lebnisweisen und Erfahrungen gewinnen.

Rollenspiele

Der Begriff des Rollenspiels wird sehr uneinheitlich gebraucht.
Manche Autoren (CH. BÜHLER; HETZER) fassen darunter auch Illu-
sions- und Fiktionsspiele, die schon im vorangegangenen Abschnitt beschrieben wurden. Unter dem Begriff "Rollenspiel"
soll hier die Form des Spiels verstanden werden, in der nicht
die Nachahmung, wie in den Vorformen des Rollenspiels, sondern
neben ihr die Indentifikation mit anderen Menschen im Vordergrund steht:
"Das Rollenspiel steht zwar in einem entwicklungsmäßigen Zu-
sammenhange mit der Nachahmung, aber es ist mehr und ein anderes als diese"
(RÜSSEL, 1953, S. 58). LAUER (1971, S. 267) definiert:
"Die Rolle ist die Indentifizierung des Kindes mit dem außerhalb des Spiels existierenden Träger einer Handlung (Erschei-
nung, Person, Tier), verbunden mit dem Wunsch und der Bereitschaft, dem Vorbild entsprechend zu handeln."
Damit verbunden ist die Auseinandersetzung mit den Handlungs-
motiven der Betreffenden und den Anforderungen, die an sie gestellt werden. Das Kind lernt so eine Rolle mit ihren Implika-
tionen kennen. SELMAN (1971) setzt die Fähigkeit zur Rollenübernahme gleich mit der, die Welt aus der Perspektive eines anderen heraus betrachten zu können.

Weitere Kennzeichen des Rollenspiels sind zunehmende Planmäßig-
keit und Zielgerichtetheit, sowie die Aufgabe des Parallespiels
zugunsten des Zusammenspiels. Dies wird im Alter von etwa vier
bis fünf Jahren erreicht. In dieser Altersstufe nehmen Rollenspiele einen breiten Raum des Gesamtspielgeschehens ein.

Spielt das Kind allein, sind dennoch Rollenspiele zu beobachten. RUBINSTEIN (1973) beschreibt das spielende Kind als einen

Regisseur, der eine Anzahl von Tieren, Puppen etc., denen er
Rollen zuteilt, miteinander agieren und sprechen läßt.

Zwei sich voneinander abhebende Arten des Rollenspiels sind die
sozialen Rollenspiele mit hohem Realitätsgehalt einerseits
und solche mit stark symbolischem Charakter andererseits.
Letztere, zu denen zum Beispiel Indianer-, Kasper-, Sheriff-
spiele zählen, dienen der Auseinandersetzung mit Machtstruk-
turen, Über- und Unterordnung, sozial angepaßtem und unange-
paßtem Verhalten.

Zusammenfassend kann man mit SMILANSKY (zit. nach SCHMIDTCHEN
& ERB, 1976, S. 68) sagen, daß
"das Rollenspiel die wesentlichste Lernsituation im Spiel darstellt, da in ihm nahezu alle Fähigkeitsbereiche gefördert
werden. Dabei werden neben intellektuellen Fähigkeiten wie Be-
griffsbildung und abstrakten Denken besonders interaktionale
Fertigkeiten geübt."

   B e d e u t u n g f ü r d a s T h e r a p i e -
   g e s c h e h e n

Was die soziale Interaktion mit anderen Kindern im Rollenspiel
betrifft, so kann diese in der Einzeltherapie natürlich nicht
stattfinden. - Die fehlende direkte Auseinandersetzung bietet
jedoch die Chance, mehrere Rollen gleichzeitig nach eigenem
Ermessen zu gestalten und so die Bearbeitung eigener Probleme
zu intensivieren. - Weiter erfordert dies ein noch höheres Maß
an Einfühlung in unterschiedliche Motive und Verhaltensweisen,
als es im gemeinsamen Spiel mit anderen notwendig wäre. Hinzu
kommt durch den ständig erforderlichen Rollenwechsel, daß das
Kind die unterschiedlichen Sichtweisen eines Problems selbst
durchlebt und auf diese Weise die Schlüssigkeit von Verhaltensweisen erfährt. - Der Therapeut sollte dem Kind gegebenenfalls helfen, Motive und Strukturen von Verhaltensweisen zu
erkennen, wobei neben Akzentuierung, Reflexion und Deutung
weitere Techniken notwendig sein können, die noch beschrieben
werden.

Die Bearbeitung emotionaler Inhalte im Rollenspiel betreffend,
ist der Annahme von PELLER (1968), daß es dem "emotionalen

Spannungsausgleich" diene, auch für die therapeutische Situation zu folgen. Vor allem jedoch ist die Funktion des Rollenspiels bei der Bearbeitung spezieller Konflikte, wie von HETZER (1954) beschrieben, von besonderer Bedeutung.

Zwei Formen des Rollenspiels sind zu beobachten, zum einen die eher distanzierte Form, in der das Kind in verteilten Rollen das Geschehen beschreibt, zum anderen jene, in der es unmittelbar als Träger verschiedener Rollen agiert. - Auch Mischformen sind möglich, wobei der Therapeut in jedem Falle darauf achten sollte, mit welcher Person das Kind sich identifiziert und welche Rollen es zu welchem Zeitpunkt direkt übernimmt.

Man kann davon ausgehen, daß dem Rollenspiel in der therapeutischen Situation zentrale Bedeutung für die Bearbeitung psychischer Probleme zukommt und Kinder sich eher in dieser Form als in direktem Gespräch mit dem Therapeuten äußern werden. Der ohnehin geringe Anteil an Selbstreferenzen in der Psychotherapie normalentwickelter Kinder (vergl. BAUMGÄRTEL, 1978) legt den Schluß nahe, daß dies für lernbehinderte und im Heim lebende Kinder in besonderem Maße zutrifft.

Rollenspiele werden die beschriebenen Funktionen in besonderem Maße für jüngere Kinder haben. - Sie werden jedoch sicher erst dann auftreten, wenn das Kind bereit ist, sich mit seinen Problemen auseinanderzusetzen.

Gestaltungs- und Konstruktionsspiele

RÜSSEL (1953) verwendet den Begriff "Gestaltungsspiel", um das Tun des jüngeren Schulkindes vom "Werkgestalten" abzugrenzen. Während beim Werkgestalten das Ziel, das Herstellen eines Produkts, im Vordergrund steht und Gegenstand der dem Tun vorausgehenden Überlegung ist, ist am Gestaltungsspiel die Tätigkeit des Kindes als solche wesentlich.

"Das objektiv sich ergebende Werk.... ist entweder überhaupt unbeabsichtigt entstanden und findet gar nicht oder höchstens nachträglich die Würdigung des spielenden Kindes, oder es liegt im Spielverlauf nur eine relativ vage und wenig bedeutsame Richtung auf ein Werk vor. Denn die Werkgerichtetheit und

Werkbeachtung wird weitgehend zurückgedrängt durch das gestalterische Tun selbst und die Freude des Kindes an ihm" (RÜSSEL, 1953, S. 16). Aus der Fülle der möglichen Gestaltungsspiele, die sich aus der Menge verwendbarer Materialien ergibt, greift RÜSSEL als Beispiel Legespiele, Bauspiele und Konstruktionsspiele heraus.

Wir wollen in Übereinstimmung mit CH. BÜHLER (1928) als Konstruktionsspiele solche Spiele bezeichnen, bei denen das Kind einem vorher festgelegten Plan folgt und diesen realisiert. Hinzu nehmen wollen wir als weiteres Kriterium jenes, das RÜSSEL für ein Konstruktionsspiel annimmt, nämlich die Verwendung fester, vorgegebener Materialien, beispielsweise Baufix-Kasten, aber auch Bausteine, Holz und Nägel beziehungsweise Schrauben und ähnliches. Jene Spiele, bei denen plastische Materialien wie Knetmasse, Gips, Farbe, Kleister und Papier verwendet werden, sollen im Folgenden als Gestaltungsspiele bezeichnet werden, auch wenn ihnen eine Planung vorausgeht. Im Gegensatz zu BÜHLER, die letztere als Konstruktionsspiele bezeichnet, sind wir der Meinung, daß der Begriff "gestalten" insbesondere die aktive Veränderung eines Materials meint, und somit alle Spiele, die dies beinhalten, als Gestaltungsspiele zu bezeichnen sind.

Im Vordergrund bei der Einordnung von Spielen als Gestaltungsspiel steht also die Materialbeschaffenheit, wenngleich das planende oder zufallbestimmte Vorgehen beachtet werden sollte. - Im Gegensatz zu CH. BÜHLER, die sowohl Gestaltungs- als auch Konstruktionsspiele primär unter dem Gesichtspunkt des "Schaffensanteils", also des Leistungsaspekts, beurteilt, sehen wir gerade beim Gestaltungsspiel dessen Bedeutung als Ausdrucksmittel als wesentlich an. - Auch RÜSSEL betont die affektive Komponente des Spiels. So ist einsichtig, daß er erst beim Schulkind den Übergang vom eher spielerischen zum produktorientierten Tun sieht.

Fertigkeiten und Kenntnisse des Kindes über Materialien kommen im Gestaltungsspiel zur Anwendung. Dabei erwirbt es neue Kenntnisse über Gesetzmäßigkeiten und Zusammenhänge, die im Gegensatz zur bloßen Materialerfahrung, die durch Sinneseindrücke

erworben war, jetzt nur vermittelt, gedanklich, sich dem Kind
erschließen. In diesem Kontext erwirbt das Kind eine Vielzahl
neuer Begriffe, die die Fähigkeit zu abstrahieren voraussetzen.

Durch Kenntnisse über Gesetzmäßigkeiten, die unterschiedlichen
Materialien innewohnen, gelangt das Kind zu Be- und Verarbei-
tungstechniken der einzelnen Materialien. Diese wiederum sind
notwendig, um planend, also im Sinne CH. BÜHLERs einer Dar-
stellungsintention folgend, handeln zu können. Damit werden
auch Konstruktionsspiele möglich.

RÜSSEL (1953) betont in seinen Ausführungen über das Gestaltungsspiel besonders dessen Bedeutung für die emotionale Entwicklung. - Neben die Freude des Kindes am Tun tritt allmäh-
lich die Freude und der Stolz über das eigene Werk. Bedeutsam scheinen außerdem die dem Gestalten innewohnenden Ausdrucksmöglichkeiten, die die psychische Befindlichkeit des
Kindes wiederspiegeln. Damit hat es eine nicht-verbale Äuße-
rungsform gefunden, die neben der des Rollenspiels auch zur
Darstellung von Konflikten dienen kann.

WERNER (1973) beschreibt Möglichkeiten, durch das Gestalten
psychische Konflikte aufzulösen. Dabei bieten die Materialien
sowohl Lockerungs-, Entspannungs- und Entladungsmöglichkeiten.
Sind diese Phasen durchlebt, kommt es zur Organisation und
damit zum schöpferischen Tun.

Bedeutung für das Therapie-
geschehen

Der Therapeut kann sowohl aus Gestaltungs- als auch aus Kon-
struktionsspielen eine Fülle von Informationen über das Kind
entnehmen. Durch das Vorgehen des Kindes im Umgang mit Materialien werden besondere Stärken und Schwächen deutlich, auf
die der Therapeut gegebenenfalls durch verbale und tätige Unterstützung eingehen sollte. - Materialverwendung und Inhalt
des Spiels können Zugang zur Gedanken- und Erlebniswelt des
Kindes bieten. - Aufgrund der vielfältigen Möglichkeiten, die
die Gestaltungs- und Konstruktionsspiele für das Kind beinhal-

ten, ist anzunehmen, daß sie über die gesamte Therapie hinweg
auftreten können.

R e g e l s p i e l e

Das Regelspiel als die in der kindlichen Entwicklung zuletzt
auftauchende Spielform soll in Anlehnung an die Arbeiten von
PIAGET (1954) und HETZER (1954) über die Entwicklung der Regeln und des Regelbewußtseins näher beschrieben werden.

Es sind vier Stadien der Regelanwendung zu unterscheiden, die
jedoch fließende Übergänge aufweisen. Schon das Kind im Alter
von 8 - 1o Monaten findet Gefallen an motorischen Tätigkeiten,
die es auch ohne erkennbaren Zweck wiederholt. - Bei 2 - 3
Jahre alten Kindern ist zu beobachten, daß sie Gewohnheiten
ausbilden und auf deren Wiederholung in all ihren Einzelheiten
bestehen. Auch dieses Tun unterliegt dem Regelmäßigem, was in
diesem Fall der Orientierung des Kindes dient, aber noch nicht
der Regel.

Auf das erste Stadium, das durch die Regelmäßigkeit des kindlichen Tuns gekennzeichnet ist, folgt mit Beginn der Interaktion mit anderen das Stadium des Egozentrismus, wie PIAGET es
nennt. - Das Kind formt jetzt die Regeln, die es von außen annimmt, nach seinen eigenen Wünschen um. Kommt es zum Miteinan-
der-Spielen, so werden Regeln nicht vereinheitlicht, jeder
folgt seinen eigenen. Im Vordergrund steht dabei das Spielgeschehen selbst, sein Inhalt, und nicht so sehr der soziale
Aspekt, zum Beispiel der des Wettbewerbs. Dieses Bild verändert sich im Zeitraum zwischen dem 3. und 6. Lebensjahr insofern, als sich das Gewicht der einzelnen Aspekte zueinander
verschiebt: vom ich-bezogenen zum wir-bezogenen Verhalten.

Wenn dieser Entwicklungsstand um das 7. und 8. Lebensjahr erreicht ist,
"entwickelt sich das Bedürfnis nach gegenseitigem Verstehen
beim Spiele... Dieses Verständigungsbedürfnis ist für das
dritte Stadium bezeichnend"
(PIAGET, 1954, S. 39). - Da die Kinder in dieser Altersstufe
recht unterschiedliche Regeln kennen und zu einer Einigung,

die allen gerecht wird, noch nicht fähig sind, lassen sie strittige Elemente beiseite oder folgen demjenigen Mitspieler, der sich durchzusetzen vermag. Die auftretenden Regeln zeichnen sich durch die Einfachheit ihrer Struktur und die engen Verhaltensvorschriften aus.

Ab etwa 9 Jahren weicht das vorher beobachtbare starre Festhalten an Regeln einer zunehmend flexibleren Anwendung. Dies wird sichtbar an der Einigung der Kinder bei unterschiedlichen Regelvorstellungen und der Abwandlung bislang üblicher Regeln, wenn dies den Bedürfnissen der Mitspieler entspricht. Darüber hinaus scheint ein Interesse an der Regel als solcher vorhanden zu sein, was am Vorwegnehmen aller denkbaren Möglichkeiten deutlich wird, die sodann "kodifiziert" (PIAGET) werden. Die Regeln der in dieser Altersgruppe üblichen Spiele sind jedoch weiter gefaßt und lassen somit Raum für die Ausformung durch den einzelnen Mitspieler. Regelspiele lassen sich gruppieren in Bewegungsspiele (in Lauf-, Sprung-, Hüpf- und Fangspiele), Gesellschaftsspiele (Brett- und Kartenspiele) und unterhaltende Spiele (Konzentrationsspiele, Reaktions- und Geschicklichkeitsspiele, Ratespiele, Schreibspiele).

Bedeutung für das Therapiegeschehen

Die Einzelsituation der Therapie bedingt es, daß Regelspiele nur in begrenztem Maße möglich sind. Das Kind hat prinzipiell die Möglichkeit, den Therapeuten ins Spiel einzubeziehen. Weiter kann es sich mit im Spielzimmer vorhandenen Gesellschaftsspielen beschäftigen. Schließlich hat es die Möglichkeit, ohne fest vorgegebene Regeln allein zu spielen und sich diese selbst zu geben. Auf diese Weise kann sich das Kind mit seiner eigenen Einstellung zu Regeln auseinandersetzen und adäquates Verhalten üben.

Für den Therapeuten bieten Regelspiele des Kindes Gelegenheit zu beobachten, ob Regeln als verbindlich angesehen werden oder deren Einhaltung für das Kind ein Problem darstellt. - Eine Bearbeitung bietet sich besonders im Fall des älteren Kindes an, das eigentlich schon gelernt haben müßte, mit Regeln angemessen umzugehen.

5. Elemente der psychotherapeutischen Behandlung von Lernbehinderten und Heimkindern

5.1 Verbaltechniken des Therapeuten

Mit den im Folgenden dargestellten Verbaltechniken des Therapeuten wird versucht, den zuvor genannten Forderungen zu genügen: Die Ausgangsposition des Klienten in der Therapie (hinsichtlich seiner Fähigkeiten) zu berücksichtigen, die Aufarbeitung sprachlicher und kognitiver Defizite zu unterstützen und damit einen Beitrag zur Auflösung der psychischen Problematik zu leisten, sowie gleichzeitig die klientenzentrierte Form der Therapie zu wahren.

- Wortschatzerweiterung

Zeigt das lernbehinderte oder im Heim lebende Kind deutliche Lücken im Wortschatz, so muß der Therapeut diese so zu schließen suchen, daß er Motivation und Interesse des Kindes für den Gebrauch des neuen Wortes nutzbar macht. - Dabei können unterschiedliche Mängel des Wortschatzes berücksichtigt werden:

- Der Klient belegt etwas mit einem falschen Wort. - Der Therapeut verwendet bei der nächsten sich bietenden Gelegenheit das richtige.
- Der Klient umschreibt einen Gegenstand oder Sachverhalt, weil ihm das betreffende Wort fehlt. - Der Therapeut benutzt in seiner Antwort ein zutreffendes Wort.
- Der Klient verfügt über ein Wort für einen Gegenstand oder Sachverhalt, das jedoch undifferenziert ist. - Der Therapeut bietet ein Wort an, das spezifischer ist.

Das beschriebene Vorgehen schließt Korrektur im herkömmlichen schulischen oder sprachtherapeutischen Sinne aus. - Der Therapeut reagiert dann optimal, wenn er Motivation, Interesse und Aufmerksamkeit des Klienten berücksichtigt sowie die unmittelbare Möglichkeit zur Anwendung und Übung nutzt.

Es ist anzunehmen, daß ein partielles Füllen von Lücken des Wortschatzes mit dazu beiträgt, daß das Kind sich eindeutiger mitzuteilen lernt und damit weniger Mißverständnisse erleben wird. - Zu vermuten ist, daß nach einer Eingewöhnungsphase des Kindes in der Therapie Wortschatzmängel in höherem Maße zu beobachten sind als zu Beginn. Später wird der Einsatz dieser Verbaltechnik wieder seltener erforderlich sein, da das Sprachverhalten des Kindes durch das Modell des Therapeuten bereits verbessert sein wird.

An Beispielen soll die beschriebene Verbaltechnik verdeutlicht werden, um zu zeigen, daß sie nicht im Widerspruch zu den Forderungen des psychotherapeutischen Situation steht.*

- Der Klient äußert beim Spielen mit kleinen Autos: "Der (deutet auf ein Auto) kommt jetzt in die Operierstatt!" - Der Therapeut antwortet: "Das Auto ist kaputt und muß in eine Reparaturwerkstatt."
- Der Klient spielt mit einem Hubschrauber und sagt: "Der Mann, der das fliegt, steigt aus." - Der Therapeut antwortet: "Der Pilot steigt aus."
- Der Klient spielt mit Handpuppen und sagt über die Königin: "Die Frau geht weg." - Der Therapeut sagt: "Die Königin geht fort."

- Information und Erklärung

Lernbehinderte oder im Heim lebende Kinder verfügen, wie beschrieben, über einen geringeren Erfahrungshintergrund als normalentwickelte Kinder gleichen Alters. Dies wird zum Teil darauf zurückgeführt, daß sie ein gleiches Angebot nicht in gleichem Umfang nutzen konnten wie jene, zum Teil auch darauf, daß in ihrer unmittelbaren Umgebung Anregungen fehlten.

Informationen und Erklärungen sollen es dem Kind ermöglichen, Informationslücken zu schließen und damit neue Handlungsmöglichkeiten zu erhalten, die ihm sonst verschlossen blieben.

* Diese und auch die folgenden Beispiele stammen aus Therapien, die auf der Grundlage des vorliegenden Konzepts durchgeführt wurden.

Auf diese Weise werden dem Kind neue, in der Handlung, das heißt vorwiegend im Spiel, enthaltene Entwicklungsmöglichkeiten eröffnet und ihm damit gleichzeitig Gelegenheit geboten, Selbstbestätigung zu bekommen und sein Selbstvertrauen zu stärken.

Während die Wortschatzerweiterung ausschließlich darauf abzielt, einzelne Ausdrücke zu vermitteln, die der exakten Bezeichnung eines Objektes oder Sachverhaltes dienen, beabsichtigen Informationen und Erklärungen, Zusammenhänge und Abläufe für das Kind transparenter werden zu lassen.

Diese Verbaltechnik wird in der psychotherapeutischen Behandlung lernbehinderter oder im Heim lebender Kinder sicher in weit größerem Umfang einzusetzen sein, als dies für den Normalfall angenommen wird. Die Notwendigkeit wird über den Verlauf der Therapie in etwa gleichem Maße bestehen bleiben, da mit dem Fortschreiten der Therapie immer neue Inhalte auftauchen werden. Das bedeutet jedoch keinesfalls, daß die Aktivität des Kindes direkt gelenkt wird, was auf S. 54f bereits angesprochen wurde.

Die folgenden Beispiele sollen erläutern, in welcher Weise informiert und erklärt werden soll, wobei hinzuzufügen ist, daß es unter Umständen sinnvoll sein kann, die verbale Erklärung durch Handlung zu unterstützen und damit einen Zusammenhang zwischen sprachlichem Angebot und Handlungsablauf herzustellen (vergl. LJUBLINSKAJA, 1971).

- Das Kind spielt mit Handpuppen, kommt aber damit nicht richtig zurecht, weil es sie falsch über die Hand zieht. Der Therapeut sagt und zeigt: "Der Zeigefinger kommt in den Kopf, der Daumen in die eine und der Mittelfinger in die andere Hand."
- Der Klient sieht eine Packung im Schrank, deren Beschriftung er nicht lesen kann und fragt: "Was ist denn das? - Der Therapeut antwortet: "Das ist eine Packung Kleister. Wenn man das Pulver mit Wasser anrührt, kann man damit kleben."

- Unterstützung und Ermutigung

Die Vorerfahrung, die lernbehinderte oder im Heim lebende Kinder mit in die Therapie bringen ist die, daß sie viele Dinge nicht so gut beherrschen wie normalintelligente Kinder gleichen Alters. - Sie unterschätzen jedoch häufig auch ihre eigenen Fähigkeiten und werden dadurch noch weiter verunsichert. - In der Therapie soll es nun den Kindern ermöglicht werden, Vertrauen in eigene Fähigkeiten zu gewinnen. Sie brauchen allerdings Unterstützung und Ermutigung, um einerseits die in der Therapie vorhandenen Möglichkeiten nutzen zu können und andererseits eigene Ansätze auszubauen.

- Der Therapeut kann das Kind ermutigen, eine Handlung zu beginnen, wenn es sehr daran interessiert scheint, aber zu wenig Selbstvertrauen besitzt, um von sich aus zu beginnen. Dabei ist darauf zu achten, daß es letztlich dem Kind überlassen bleibt, eine Handlung auszuführen oder nicht.
- Der Therapeut kann weiter das Kind ermutigen und darin bestärken, eine Handlung fortzusetzen, wenn es entmutigt ist. Er wird ihm positive Aspekte seines Tuns bewußt machen oder Vergleichsmöglichkeiten anbieten, die es dem Kind erlauben, sein Tun positiver zu bewerten.
- Schließlich kann der Therapeut durch das Hervorheben einer Leistung, die dem Kind schwergefallen ist, dazu beitragen, daß es sich weiter in den entsprechenden Tätigkeiten übt und schließlich dadurch Erfolge erlebt.

Durch den Einsatz einer solchen Verbaltechnik erhält das Kind über reine Informationen hinausgehende Hilfen, durch die es zu selbständigem Handeln und eigenen Entscheidungen ermutigt wird. Auf diese Weise wird es eigene Maßstäbe für sein Tun entwickeln und damit sich selbst verstärken können. - Es ist anzunehmen, daß der Klient über die Gesamtdauer der Therapie hinweg Unterstützung und Ermutigung benötigen wird; wünschenswert wäre jedoch, daß er gegen Ende der Therapie weniger darauf angewiesen ist.

An mehreren Beispielen soll gezeigt werden, in welcher Weise die beschriebene Technik in den unterschiedlichen Fällen ein-

zusetzen ist, ohne negativ lenkend in das Therapiegeschehen
einzugreifen.

- Der Klient hält eine geschlossene Packung Faltpapier in
  der Hand und zögert, sie zu öffnen. Der Therapeut sagt:
  "Wenn man wissen möchte, was da drin ist, kann man die
  Packung aufreißen."
- Der Klient wirft zum wiederholten Male mit Pfeilen auf eine
  Zielscheibe, trifft nicht immer und will aufgeben. Der The-
  rapeut sagt: "Man muß immer erst eine Weile probieren, bis
  es wieder richtig klappt."
- Der Klient bindet unter Schwierigkeiten eine Schleife. Der
  Therapeut sagt: "Die ist Dir richtig gut gelungen."

Wichtig scheint in diesem Zusammenhang, daß die therapeutische Technik Unterstützung und Ermutigung weniger die Unterstützung der sprachlichen Entwicklung zum Ziel hat, sondern
vielmehr das Kind zur Wahrnehmung möglichst vieler, im Spiel
enthaltener Entwicklungsmöglichkeiten anregen soll.

- Handlungsbegleitendes Verbalisieren

Da dem lernbehinderten und dem im Heim lebenden Kind zunächst
primär das Spiel als Ausdrucksmittel zur Verfügung steht,
sollte der Therapeut an diesen konkreten anschaulichen Inhalten anknüpfen und dem Kind eine sprachliche Symbolisierung
für sein Tun anbieten. Auf diese Weise kann das Kind seine
sprachliche Kompetenz verbessern, da anzunehmen ist, daß das
sprachliche Modell des Therapeuten in besonders hohem Ausmaß wirksam wird: Interesse und Motivation des Kindes sind
auf die Inhalte gerichtet, die der Therapeut verbal darstellt.

Zum anderen kann das Kind durch die verbale Darstellung von
Handlungen deren Struktur besser erkennen. Dies ist notwendig, um zielgerichtet und folgerichtig agieren zu können.
Während das Kind zunächst einfachere Sachverhalte handelnd
darstellt, wird es durch die verbale Unterstützung des Therapeuten zunehmend in die Lage versetzt, auch komplexere Abläufe zunächst im Spiel, dann aber auch sprachlich zu vollziehen.
von daher ist zu erwarten, daß das Kind im Laufe der Zeit be-

fähigt wird, nicht nur die sprachliche Symbolisierung konkreter Abläufe, sondern auch die abstrakterer Geschehnisse wahrzunehmen und zu verstehen. Damit wird es möglich, die Techniken des Akzentuierens, Reflektierens und Deutens gezielter einzusetzen und damit die Bearbeitung psychischer Beeinträchtigungen des Klienten weiter voran zu bringen.

Wahrscheinlich wird das Kind jedoch nicht nur passiv das sprachliche Modell des Therapeuten annehmen (das heißt Sprache in größerem Umfang verstehen), sondern beginnen, seinen aktiven Sprachgebrauch zu erweitern. Damit kann es Sprache sowohl in ihrer kommunikativen Funktion als auch in Problemlösungsprozessen stärker nutzen.

Der Therapeut hat im wesentlichen zwei unterschiedliche Möglichkeiten, die Handlungen des Kindes sprachlich zu begleiten und damit die beschriebenen Prozesse zu initiieren: er kann konkret und detailliert die Handlung beschreiben, er kann aber auch in einem gewissen Maße abstrahieren und auf diese Weise Begriffe vermitteln, die das Kind durch die gleichzeitige Wahrnehmung von Sprache und Handlung erfassen kann.

Die Technik des handlungsbegleitenden Verbalisierens wird besonders in der Anfangsphase der Therapie einzusetzen sein, da einerseits Defizite aufgearbeitet werden, andererseits eine unmittelbare Konfrontation des Klienten mit seinen psychischen Beeinträchtigungen noch zurückgestellt werden muß, um ihm zunächst Sicherheit zu vermitteln. Die beiden unterschiedlichen Möglichkeiten des Therapeuten, die Spielhandlung des Klienten auf der verbalen Ebene darzustellen, sollen wieder am Beispiel veranschaulicht werden.

- Der Klient spielt mit dem Puppenhaus. Er lädt nacheinander einzelne Möbelstücke auf. Der Therapeut sagt: "Jetzt lädst Du den Schrank, den Nachttisch, den Tisch, die Betten und das Sofa auf den großen Lastwagen."
- oder der Therapeut sagt: "Jetzt lädst Du die Möbel auf den großen Lastwagen."

- Spiel strukturieren

Neben inhaltlich eindeutigen und in ihrem Ablauf klaren Spiel-
handlungen, die der Therapeut gegebenenfalls handlungsbeglei-
tend verbalisiert, treten in der Therapie auch Spielszenen auf,
die in ihrem Inhalt und von ihrer Folgerichtigkeit her unklar
sind. - Der Therapeut greift in solchen Fällen verbal ein, um
für den Klienten und sich selbst diese Szenen zu klären. Damit
schafft er für den Klienten und sich einen neuen Bezugspunkt,
von dem das weitere Geschehen ausgehen kann. - Er tut dies,
indem er entweder das ihm wichtig erscheinende Geschehen in
knapper Form rekapituliert oder versucht, den Klienten Rollen
und Tätigkeiten definieren zu lassen.

Dieses Vorgehen unterscheidet sich vom handlungsbegleitenden
Verbalisieren insofern, als der Therapeut hier dem Spiel eine
sprachliche Struktur zu geben versucht, die im anderen Fall
vorhanden ist und dem Klienten lediglich bewußt gemacht wird.
- Der Therapeut bietet dem Klienten somit Hilfestellung an,
eine Handlung folgerichtig ablaufen zu lassen beziehungsweise
sie wieder aufzunehmen und eindeutig darzustellen.

Sicher werden dem Klienten auch durch diese Form der Verbalisierung Entwicklungsmöglichkeiten im sprachlichen und intellektuellen Bereich eröffnet, indem er das vom Therapeuten gezeigte Verhalten auf andere, unübersichtliche Situationen zu über-
tragen lernt.

Besonders wichtige Funktion hat die beschriebene Technik im
Hinblick auf die Bearbeitung psychischer Probleme. Der Therapeut muß die Fortsetzung der Spielhandlung auch dann ermöglichen, wenn das Kind selbst nicht mehr in der Lage ist, sie ausreichend zu strukturieren. Andernfalls könnten die im Spiel
enthaltenen Möglichkeiten der Auseinandersetzung mit belastenden Situationen möglicherweise nur in geringerem Maße genutzt
und damit die Effektivität der Therapie ungünstig beeinflußt
werden.

Man kann davon ausgehen, daß mit zunehmender Bereitschaft des
Klienten, komplexere Sachverhalte und belastende Situationen
im Spiel darzustellen, der Einsatz dieser Technik häu-

figer notwendig wird. Ist gegen Ende der Therapie der Klient
eher in der Lage, seine Handlungen selbst zu strukturieren
beziehungsweise sich auch zu psychischen Problemen verbal zu
äußern, braucht der Therapeut seltener in der beschriebenen
Form aktiv zu werden.

Die beiden beschriebenen Möglichkeiten des Einsatzes dieser
Technik sollen wieder am Beispiel veranschaulicht werden:

- Das Kind erzählt während eines Rollenspiels: "Wir fahren
  jetzt weg, wir machen einen Ausflug. Ihr dürft nicht mit. -
  Heute abend sind wir wieder da." Klient läßt das Auto fort-
  fahren und sagt: "Nun fahrn die zum Flughafen (Eltern)" und
  läßt das Auto davonfliegen. Der Therapeut antwortet: "Die
  Kinder mußten zu Hause bleiben. Sie denken, daß die Eltern
  abends wieder zurück sein werden. Aber die Eltern sind
  ganz weit weg geflogen."
- Der Klient spielt mit Auto und Campinganhänger und sagt:
  "Jetzt fahren die weg"; der Therapeut fragt: "Wer fährt
  denn da weg?" Klient: "Na, Vater, Mutter und das ganz kleine Kindchen."

    - Zurückgeben von Fragen

Man kann davon ausgehen, daß der Klient im Verlauf der Therapie Fragen an den Therapeuten richten wird, deren Beant-
wortung ihm auch allein möglich wäre. - Solche Fragen werden
aus Gewohnheit gestellt oder weil das Kind nicht gelernt hat,
selbst nach einer Antwort zu suchen, bevor es fragt.

Die Nichtbeantwortung solcher Fragen geschieht mit dem Ziel,
das gewohnheitsmäßige Fragen aufzubrechen und an dessen Stelle das eigenständige Suchen nach Antworten treten zu lassen.

Die beschriebene Technik stellt eine a-soziale Antwort im
Sinne BEIERs (1966) dar; sie kann als spezielle Form des
"Delay" betrachtet werden, da der Therapeut sich nicht enga-
gieren läßt und eine direkte Stellungnahme vermieden wird.
Im Gegensatz zum Delay setzt das Zurückgeben von Fragen vor-
aus, daß der Therapeut sich über Ursachen und Appelle der
Klientenäußerung im klaren ist und ein bestimmtes Verhalten

hervorrufen will. - Der Therapeut signalisiert durch diese
Form der Antwort, daß er dem Klienten eine eigenständige Lösung zutraut und trägt damit dazu bei, daß dieser an Vertrauen in seine eigenen Fähigkeiten gewinnt. Außerdem wird,
wie beschrieben, zum Abbau der Abhängigkeit von Fremdbestimmung beigetragen. Von daher ist anzunehmen, daß der Therapeut diese Technik mit fortschreitender Therapie immer seltener einsetzen muß.

Beispiele sollen auch den Einsatz dieser Technik veranschaulichen:

- Nachdem der Klient in den letzten beiden Stunden mit Mo-
dellautos gespielt hatte, die immer den gleichen Platz im
Regal haben, fragt er in der folgenden Stunde: "Wo sind
die Autos?" - Therapeut antwortet: "Ja, wo sind die Autos?"
Worauf der Klient zum Regal geht und die Autos herausnimmt.
- Der Klient hat sich schon häufiger mit Baufix beschäftigt;
er schaut in der folgenden Stunde zum erstenmal in den
Stabilbaukasten und fragt: "Was macht man damit?" - Therapeut antwortet: "Ja, was kann man damit machen?"

- Der Einsatz der Verbaltechniken aus dem Konzept der Integrierten Kinderpsychotherapie

Die zuvor dargestellten Verbaltechniken des Therapeuten, die
über die im Konzept der Integrierten Kinderpsychotherapie beschriebenen hinaus als sinnvoll und notwendig erachtet wurden,
haben unter anderem das Ziel, den Einsatz von Akzentuierung,
Reflexion und Deutung für das Kind wirksamer werden zu lassen.
Diese therapeutischen Techniken erfordern, wenn sie wie beabsichtigt zur Auflösung psychischer Probleme beitragen sollen,
daß das Kind auch komplexere sprachlich geäußerte Inhalte
aufzunehmen vermag. Sie setzen nicht in der für ein lernbehindertes Kind erforderlichen Weise unmittelbar an seinem Tun an,
sondern abstrahieren von diesem, indem sie Motive und Gefühle
wiedergeben. Aus diesem Grunde werden diese Techniken erst mit
fortschreitender Therapie in verstärktem Maße zum Einsatz kommen können, dann nämlich, wenn die genannten Techniken bereits

wirksam werden. - Der Therapeut sollte also Akzentuierung, Reflexion und Deutung erst dann verwenden, wenn er sichergestellt hat, daß diese, vorausgesetzt sie sind nicht zu schwierig formuliert, auch vom Kind verstanden werden. - Im Laufe der Therapie werden folglich jene Techniken neben die vorher dargestellten treten, um sie schließlich teilweise zu ersetzen. Hieraus lassen sich Annahmen über den Einsatz von Akzentuierung, Reflexion und Deutung ableiten. Auch das Delay, das bisher ausgeklammert wurde, da es sehr unterschiedliche Funktionen hat, soll an dieser Stelle der Vollständigkeit halber mit berücksichtigt werden.

" D e l a y "

Das Delay als unspezifische Verzögerung wird seiner unterschiedlichen Funktion wegen, die es in konkreten Situationen haben kann, über den gesamten Therapieverlauf hinweg auftreten.

" A k z e n t u i e r u n g "

Akzentuierungen, die von Handlungen und verbalen Äußerungen des Klienten ausgehen, werden vermutlich relativ früh im Verlauf der Therapie einzusetzen sein. Ihr Anteil wird jedoch zunächst noch gering sein und erst zunehmen, wenn das Kind vermehrt verbale Äußerungen anbietet. - Gegen Ende der Therapie wird der Therapeut weniger akzentuieren und stärker versuchen, Motive und Gefühle zu reflektieren oder Zusammenhänge zu deuten, um dem Kind diese bewußt zu machen.

" R e f l e x i o n "

Da die Reflexion vor allem die Bewußtmachung von Motiven und Gefühlen des Klienten zum Ziel hat und von daher komplexere, abstraktere Inhalte darstellt, wird diese Technik zu Beginn der Therapie in geringerem Umfang eingesetzt werden können. Wenn der Klient jedoch bereit und in der Lage ist, sich mit sich selbst auseinanderzusetzen, wird der Anteil dieser Tech-

nik stark ansteigen und sie im Verlauf der Therapie zur wesentlichsten Interventionsform werden.

" D e u t u n g "

Der Therapeut wird erst dann deutend auf Äußerungen des Klienten reagieren können, wenn er seine Hypothesen über dessen
Problematik soweit abgesichert hat, daß er mit hoher Wahrscheinlichkeit Zusammenhänge zwischen Handlungsweisen und
Gefühlen des Kindes richtig hervorzuheben vermag. - Da
außerdem eine relativ starke Bereitschaft des Kindes vorhanden sein muß, sich mit seinen Problemen zu befassen, kann
man davon ausgehen, daß Deutungen erst gegen Ende der Therapie zunehmend auftreten werden.

5.2 Besondere Situationen in der Therapie
- Informationsfragen, Hilfestellung, Mitspielen

In gleicher Weise wie in der psychotherapeutischen Behandlung
normalentwickelter Kinder wird es im Rahmen der Psychotherapie mit lernbehinderten und im Heim lebenden Kindern Situationen geben, in denen der Therapeut von seinem nicht-direktiven Vorgehen abweichen sollte.

Es wurde bereits erörtert, daß gerade die in Frage stehende
Klientel aufgrund ihres geringen Erfahrungshintergrundes und
intellektueller Defizite mehr Informationen und gegebenenfalls
auch tätige Unterstützung durch den Therapeuten benötigt, um
nicht durch die Therapiesituation überfordert zu werden. -
Wie gezeigt wurde, ist es jedoch möglich, den Kindern in dieser Hinsicht entgegenzukommen, ohne die klientenzentrierte
Form der Therapie grundsätzlich aufgeben zu müssen. Stellt
das Kind eine Informationsfrage, so kann der Therapeut aufgrund
seines Wissens um die Problematik und den Lebensraum des Klienten darüber entscheiden, wie er auf die Frage eingehen wird. -
Handelt es sich um ein echtes Informationsbedürfnis, so wird
er dem Kind eine klare Antwort und gegebenenfalls zusätzliche
Erklärungen geben, um ihm das Verständnis eines Sachverhalts
hinreichend zu ermöglichen.

Ähnliches gilt für Bitten des Klienten um Mithilfe und Erklärungen beim Vollzug einer Handlung. - Ist es für den Therapeuten offensichtlich, daß das Kind ohne seine Hilfestellung einen Mißerfolg erleben wird, der es sehr entmutigen kann, so sollte er es tätig oder verbal unterstützen, jedoch nur in dem Umfang, der notwendig ist, damit das Kind selbständig die Spielhandlung fortsetzen kann.

Fordert der Klient den Therapeuten zum Mitspielen auf, so gilt, was von BAUMGÄRTEL et al. über diese Situation in der therapeutischen Behandlung gesagt wird. Wenn das Kind einen Spielpartner benötigt, dann sollte der Therapeut auf das Spielangebot eingehen und die Situation therapeutisch nutzbar machen, das heißt alle im jeweiligen Spiel enthaltenen Entwicklungs- und Ausdrucksmöglichkeiten berücksichtigen und so den Fortgang der Therapie optimal fördern. Allerdings besteht auch hier die Gefahr für den Therapeuten, die Situation nicht mehr vollständig zu überschauen und sich möglicherweise vom Klienten für dessen Interessen engagieren zu lassen.

- Grenzen setzen

Auch stark verunsicherte, sehr angepaßte Kinder werden in der Therapie Situationen herbeiführen, in denen sie in ihrem Handeln eingeschränkt werden müssen. - Dies wird dann der Fall sein, wenn sie sich selbst oder den Therapeuten gefährden, das Spielzimmer selbst oder Spielmaterialien beschmutzen oder beschädigen würden sowie das Spielzimmer vorzeitig verlassen oder aber die zeitlichen Grenzen überschreiten wollen. - In einer solchen Situation sollte der Therapeut dem Klienten deutlich machen, daß er seine Gefühle und Motive akzeptiert, seine Handlungen jedoch allgemeingültig und eindeutig begrenzen. Übertritt der Klient dennoch absichtlich eine einmal gesetzte Grenze, so wird die Stunde abgebrochen.

In der therapeutischen Behandlung lernbehinderter, im Heim lebender Kinder wird es jedoch Situationen geben, in denen der Klient ohne eine erkennbare Absicht Grenzen zu überschreiten droht. Dies kann vor allem dann der Fall sein, wenn er aufgrund mangelnder Erfahrungen die Konsequenzen einer Handlung gar

nicht überschauen kann. - Diese Möglichkeit sollte der Therapeut in entsprechenden Situationen in Betracht ziehen und dem
Kind rechtzeitig Informationen geben, die diesem die Entscheidung einer Situation ermöglichen. - Häufig wird es die Richtung einer Handlung ändern, wenn ihm deren Folgen deutlich
sind. Auf diese Weise können solche Grenzsetzungen vermieden
werden, die dem Kind letztlich eigene Unzulänglichkeiten auf-
zeigen, ohne die Möglichkeit zu besitzen, durch anderes Verhalten positive Erfahrungen zu machen. Gerade im Zusammenhang
mit Grenzsetzungen sind folglich genaue Kenntnisse des Therapeuten über das Kind erforderlich, um Reaktionen zu vermeiden,
die die Probleme des Klienten eher verschärfen würden als sie
zu bessern. In diesem Sinn ist es auch gerechtfertigt, Informationen gelegentlich auch dann zu geben, wenn das Kind sie
nicht ausdrücklich verlangte.

In allen Situationen jedoch, in denen der Therapeut mit Sicherheit davon ausgehen kann, daß der Klient, obwohl er seine Handlungen überschaut, eine Grenze überschreitet, sollte er in der
zunächst beschriebenen Weise reagieren.

Wird eine Therapiestunde vorzeitig beendet, so muß sichergestellt sein, daß das Kind entweder unter Aufsicht bleibt, bis
es nach Hause gehen kann, beziehungsweise die Heimerzieher informiert werden, daß der Klient bereits vorzeitig zurückkommt.

- Treffen von Vereinbarungen

Die Durchführung einer Psychotherapie über einen längeren Zeitraum hinweg erfordert in der Regel nicht nur zu Beginn, sondern
auch zwischendurch Terminabsprachen, wenngleich die Therapiestunde möglichst immer am gleichen Wochentag, zur gleichen Zeit
und im gleichen Raum stattfinden sollte. Auf diese Weise hat
das Kind eindeutige Fixpunkte, die seiner zeitlichen und räum-
lichen Orientierung entgegenkommen.

Generell gilt, daß der Termin der Therapiestunde mit dem Kind
selbst abgestimmt werden sollte, auch wenn aus organisatori-
schen Gründen (Raumplanung, übrige Terminplanung) nur eine begrenzte Anzahl möglicher Termine zur Verfügung steht. - Wird
das Kind jedoch an der Terminplanung beteiligt, so erlebt es

sich als Person, deren Interessen berücksichtigt werden und
der somit Bedeutung beigemessen wird. Unter Umständen stellt
dies bereits eine ungewohnte Situation für das Kind dar, da
es häufig keine Mitapracherechte hat, wenn es um seine Belange geht. Werden durch Ferien, Urlaub oder kurzfristige Erfordernisse zeitliche Verlegungen oder das Ausfallen der Therapiestunde notwendig, so sollte der Therapeut dies dem Kind am
Ende der jeweils vorhergehenden Stunde mitteilen. Ist das Kind
zeitlich gut orientiert, können länger vorhersehbare Veränderungen auch schon zu einem früheren Zeitpunkt mitgeteilt werden, damit es sich darauf einstellen kann. - In jedem Fall
sollte jegliche Änderung dem Kind so mitgeteilt werden, daß
es durch sie nicht verwirrt wird.

- Vor- und Erstkontakt

Für den Vorkontakt, in dem das Kind den Therapeuten sowie das
Spielzimmer vor Beginn der Psychotherapie kennenlernt, sollte
mit dem Kind sowie den Eltern beziehungsweise Erziehern ein
besonderer Termin vereinbart werden.

Bei diesem Treffen erhalten die Bezugspersonen des Kindes ein
Merkblatt, das sie über Art und Ziele der Therapie informiert,
sowie mit deren Modalitäten vertraut macht (so sollten die Eltern oder Erzieher das Kind nicht nach den Inhalten einer Therapiestunde befragen etc.). Außerdem wird mitgeteilt, wie das
Kind am zweckmäßigsten bekleidet sein sollte, um Ärger über
verschmutzte Kleidung oder Hemmungen des Kindes beim Spiel zu
vermeiden. Ein entsprechender Elternbrief wurde von SCHMIDTCHEN
(1976) veröffentlicht; dieses Merkblatt erscheint durchaus geeignet, alle erforderlichen Informationen zu geben.

Der Vorkontakt selbst sollte vom Diagnostiker, der Eltern beziehungsweise Erzieher und Kind bereits kennt, durchgeführt
werden. Bei dieser Gelegenheit können die Bezugspersonen das
Spielzimmer besichtigen, sie sollten es jedoch verlassen, wenn
es dem Kind gezeigt wird. Auch später sollten sie es nicht mehr
betreten, da es dem Therapeuten und dem Kind vorbehalten bleiben wird.

Dem Kind sollten vor allem die Besonderheiten des Spielzimmers wie Raumübertragungsanlage, Einwegscheibe und eventuell vorhandene Video- oder Filmkameras erklärt werden. Der Akzent sollte dabei auf deren Funktion zur Kontrolle des Therapeuten gelegt und dem Kind verdeutlicht werden, daß alles, was in der Therapiestunde besprochen wird, nicht an Dritte weitergegeben wird. Hierunter fallen in erster Linie Eltern und Erzieher.

Bei im Heim lebenden Kindern sollte auf eine solche Information besonderer Wert gelegt werden, da sie häufig erleben, daß Informationen über sie weitergegeben werden (Mitarbeiterbesprechungen, Aktenführung etc.). Nachdem dem Kind diese notwendigen Informationen gegeben wurden, sollte ihm der Therapeut vorgestellt und erklärt werden, daß es Zukunft einmal wöchentlich eine Therapiestunde von 45-minütiger Dauer mit dem Therapeuten in diesem Zimmer zusammen sein wird.

Hat der Diagnostiker das Spielzimmer verlassen, sollte dem Kind Zeit gelassen werden, sich im Raum zu orientieren. Am Ende des Vorkontakts (nach 2o - 3o Minuten) sollte der Therapeut mit dem Kind den zukünftigen Wochentag und genauen Zeitpunkt der Therapiestunde festlegen. - Kann das Kind nicht allein zur Therapie kommen, so muß sich die Terminabsprache auch daran orientieren, wann die Eltern das Kind begleiten können. - Wenn möglich, sollte dann zeitlich parallel zur Therapiestunde des Kindes eine Elternberatung regelmäßig stattfinden.

Die erste Therapiestunde wird in der Regel vom Kind dazu verwendet, sich in die neue, ungewohnte Situation einzufinden. Ängstliche oder zurückhaltende Kinder werden dabei unter Umständen vermehrte Hilfen durch den Therapeuten benötigen, um ihre Scheu zu überwinden beziehungsweise den Therapiebeginn nicht als zu bedrohlich zu erleben. Aus dem gleichen Grunde sollten Spielmaterialien zur Verfügung stehen, die dem Kind bekannt sind und ihm den Beginn einer Beschäftigung erleichtern. - Bevor die Stunde zu Ende geht, erklärt der Therapeut dem Kind, daß er ihm jeweils fünf Minuten vor dem Ende der Therapiestunde Bescheid sagen wird, damit es sich auf das Stundenende einstellen könne.

In jedem Fall sollte nach der ersten Therapiestunde ein Beobachter dem Therapeuten Rückmeldung geben können, um zu verhindern, daß der Therapeut einzelne Aspekte des Klientenverhaltens einseitig beurteilt oder übersieht und dadurch die Bearbeitung von Problemen erschwert wird. - Zu Frages des Vor-
und Erstkontaktes vergl. auch BAUMGÄRTEL (1976, S. 172 ff).

5.3 Das Spielzimmer
- Beschaffenheit des Raumes

Das Spielzimmer sollte so groß sein, daß es auch die problem-
lose Durchführung von Spielen zuläßt, die viel freien Raum
erfordern, das heißt Fahren auf einem Dreirad oder großem
Spielzeugauto, Ballspielen etc. Die Fensterscheiben sollten
aus bruchsicherem Glas bestehen, die gesamte Einrichtung, also Regale, Tisch, Stühle, so robust sein, daß der Therapeut
nicht aus Angst um das Mobilar in seiner gewährenden Haltung
eingeschränkt wird.

Wände und Decken sollten abwaschbar sein, um auch Farb- und
Wasserspritzern standzuhalten, der Fußboden sollte ebenfalls
eine wasserdichte und leicht zu reinigende Oberfläche haben. -
Abgesehen von der Zweckmäßigkeit der Einrichtung an sich ist
es sinnvoll, das Aufräumen und Reinigen des Spielzimmers nach
der Therapiestunde nicht dem Therapeuten zu überlassen, um
ihm die Schwierigkeit zu ersparen, beim Spiel des Kindes immer auf den Zustand des Spielzimmers zu achten (abgesehen von
eindeutigen Grenzsituationen).

Weiter sollte das Spielzimmer so gut geräuschisoliert sein,
daß zum einen vor dem Raum wartende Personen Gesprächsinhalte
nicht hören können, zum anderen niemand durch laute Geräusche
aus dem Spielzimmer gestört wird. - Muß er mit Beschwerden
dritter rechnen, wird es dem Therapeuten sehr schwer fallen,
auch geräuschvollere Spiele der Klienten zu ertragen.

Schließlich ist es wünschenswert, daß im Spielzimmer Raumübertragungsanlage und Einwegscheibe installiert sind, um die unmittelbare Supervision des Therapeuten zu ermöglichen und diesem damit Unterstützung in der Durchführung der Therapie ge-

ben zu können (Klärung der Vorgehensweise; Realisierung von Verhaltensmerkmalen und Verbaltechniken etc.).

Aufzeichnungsgeräte für Ton und Bildmaterialien wären für die Selbstkontrolle des Therapeuten sehr sinnvoll, außerdem können durch Aufzeichnungen der verbalen Äußerungen Hypothesen des Therapeuten auf ihr Zutreffen überprüft werden.

- Einrichtung des Spielzimmers

Die Auswahl der Spielmaterialien sollte sich an mehreren Kriterien orientieren, die sich aus der Funktion des Spielzeugs in der therapeutischen Situation herleiten. GINOTT (1972, S. 68) nennt fünf Gesichtspunkte der Auswahl:
"Ein Behandlungsspielzeug sollte
- die Kontaktaufnahme mit dem Kind erleichtern
- die Katharsis hervorrufen
- die Einsichtsfähigkeit fördern
- Möglichkeiten zum Erproben der Realität geben
- Mittel zur Sublimierung sein."
BAUMGÄRTEL (1976, S. 162) stellt darüber hinaus die Anforderung, das Spielzeug sollte die Phantasie des Kindes anregen, seiner motorischen und emotionalen Entspannung dienen und in einzelnen Fällen zu musisch kreativen Leistungen provozieren.

Neben diesen theoretischen Anforderungen an das Spielzeug ist selbstverständlich zu berücksichtigen, daß genügend Materialien zur Verfügung stehen müssen, um die dargestellten Formen des Spiels in ihrer Bedeutung als Ausdrucks- und Entwicklungsmöglichkeit nutzbar machen zu können.

Recht umfassende Darstellungen der notwendigen und sinnvollen Spielmaterialien finden sich bei AXLINE, 1972, S. 55 ff; BAUMGÄRTEL, 1976, S. 159 ff; GINOTT, 1972, S. 78 ff. Die folgenden Ausführungen werden sich daher nur auf diejenigen Spielmaterialien beschränken, die auf jeden Fall vorhanden sein sollten.

Im Spielzimmer sollte ein Wasseranschluß installiert sein, da das Spiel mit Wasser für Kinder von besonderem Reiz ist und keine Anforderungen hinsichtlich besonderer Fertigkeiten stellt. Es ist jedoch zweckmäßig, daß das Wasser außerhalb

des Zimmers abzustellen ist, wenn es aus therapeutischen
Gründen notwenig werden sollte.

Weiter sollten eine Sandkiste und eine fest installierte Tafel zur Verfügung stehen. Für gestalterische Aktivitäten des
Klienten sollten unterschiedliche Arten von Farben, Stiften
und Kreiden vorhanden sein, Papier, Klebstoff, "wertlose Materialien" sowie Scheren und sonstige Hilfsmittel. An verformbaren Materialien sind Knetmasse, Gips, Moltofill und Ton zu
nennen. Weiter sollten ein kleiner Werkschrank, Nägel,
Schrauben und Holzreste vorhanden sein. Weiter werden Bausteine, Lego, Baufix und ein Stabilbaukasten benötigt. Für
Illusions- und Rollenspiele sollten eine Kasperbühne mit Handpuppen und ein eingerichtetes Puppenhaus mit verformbaren Figuren angeschafft werden. Während sich sonst eine Puppenfa-
milie als hinreichend erwiesen hat, sollten für die Behandlung im Heim lebender Kinder möglichst viele Erwachsenen- und
Kinderfiguren vorhanden sein, um Gruppenszenen nachspielen zu
können.

Wünschenswert sind weiter Stofftiere und Puppen, darunter
eine Babypuppe, die einnässen kann, sowie Zubehör für sie
(Nuckelflasche, Puppenwagen, Windeln etc.). Puppengeschirr
und Haushaltsgeräte (Besen und Kehrblech etc.) sollten ebenfalls vorhanden sein. Utensilien, die es dem Kind erleichtern,
in eine andere Rolle zu schlüpfen, haben sich als sinnvoll erwiesen. Dazu gehören neben Kleidungsstücken auch Sonnenbrille,
Uhr, Ketten, Handtaschen, Absatzschuhe und Spielzeugtelefon.

Für die Regelspiele und rezeptiven Spiele sollten eine Reihe
von Gesellschaftsspielen (für unterschiedliche Altersstufen)
und Bücher im Spielzimmer sein.

Schließlich sind einige Materialien zu nennen, die das Kind
auf unterschiedlichste Weise nutzen kann. Hierunter fallen
Bälle, Dreirad, kleine und große Spielzeugautos, Schiffe und
Flugzeuge, Wurfspiele, Spielzeuggewehr oder -pistolen mit
Knallplättchen, Musikinstrumente und ähnliche Dinge.

Alle Spielmaterialien sollten möglichst robust sein, um auch
bei ungeschicktem oder unvorsichtigem Gebrauch nicht gleich

entzwei zu gehen. Unbrauchbar gewordene Spielmaterialien sollten aus dem Spielzimmer entfernt und ersetzt werden. - Alle im
Spielzimmer angebotenen Gegenstände sollten so angeordnet sein,
daß sie dem Kind zugänglich sind, das heißt auf dem Fußboden,
Tisch oder in offenen Regalen. Zu Beginn jeder Therapiestunde
sollten sich dieselben Materialien am gleichen Platz befinden,
jedoch nicht nach Spielzeugart beziehungsweise Gruppen geordnet
sein. Dem Kind wird die Orientierung erleichtert, wenn es
sicher sein kann, im Spielzimmer jeweils alle Materialien am
gleichen Platz vorzufinden wie in der vorangegangenen Stunde.
Daraus ergibt sich, daß kein Spielzeug mitgenommen werden darf,
es sei denn selbst hergestelltes von geringem Materialwert. -
Das Aufräumen des Spielzimmers am Ende beziehungsweise nach
einer Therapiestunde braucht nicht vom Kind übernommen werden;
jedoch sollte auch der Therapeut nicht selbst das Spielzimmer
säubern und ordnen, um das Aufkommen negativer Gefühle dem
Klienten gegenüber zu vermeiden.

5.4 Dauer der psychotherapeutischen Behandlung und Abbruch-
kriterien - Abschluß der Psychotherapie

Alle bisherigen Ausführungen über die psychotherapeutische Behandlung von Lernbehinderten und Heimkindern zeigten, daß
wegen der Komplexität der Problematik dieser Klienten eine
Reihe von über das Konzept der Integrierten Kinderpsychotherapie hinausgehenden Annahmen berücksichtigt werden müssen, will
man die gewünschten Therapieziele erreichen.

Da sich diese Annahmen vor allem auf den Abbau von Defiziten
der Klienten beziehen, der der gezielten psycho-therapeuti-
schen Behandlung im engeren Sinne teilweise vorangehen muß,
liegt es auf der Hand, daß die Psychotherapie in jedem Falle
länger dauern wird als für den üblichen Fall der Behandlung
normalentwickelter Kinder angenommen wird.

Je nach Schwere der individuellen Problematik wird man mit einer
Therapiedauer von mindestens 30 Stunden rechnen müssen; vor-
stellbar ist jedoch auch, daß eine Behandlung sich bis über
50 Stunden erstreckt, bis die angestrebten Ziele erreicht sind,
das heißt, bis therapieintern und -extern das Problemverhalten

nicht mehr oder zumindest kaum noch zu beobachten ist und der
Klient insgesamt stabilisiert erscheint. - Diese Unterschiede
in der Behandlungsdauer hängen sicherlich mit den unter Umständen stark voneinander abweichenden Fähigkeitsniveaus der
Klienten zusammen, die sie zu Beginn der Therapie aufweisen
können (man denke an die doch recht unklaren Definitionen
des Begriffs der Lernbehinderung, die nur in begrenztem Umfang spezifiziert und vereinheitlicht werden konnten).

Ähnlich schwierig wie die Bestimmung von Therapiedauer und
-zielen, die in unmittelbarem Zusammenhang stehen, ist die
Festlegung von Erfolgskriterien: wann sind die angestrebten
Ziele soweit realisiert, daß die Psychotherapie beendet werden kann? - Wie bei den meisten psychotherapeutischen Verfahren wird man dies nur in Kenntnis des individuellen Fal-
les entscheiden können, in der Regel durch die Feststellung
von Veränderungen des Klienten anhand der Daten der Eingangs-
diagnostik und aufgrund der Beurteilung durch Therapeuten,
Co-Therapeuten und Angehörige beziehungsweise Erzieher.

Hieran wird erneut die Notwendigkeit einer eingehenden psycho-
diagnostischen Untersuchung des Kindes vor Beginn der Therapie deutlich; die Frage der Bestimmung von Abbruchkriterien
weist darüberhinaus darauf hin, daß zumindest Tonbandproto-
kolle und Transkripte jeder Therapiestunde notwendig sind, um
die Subjektivität der Beurteilung durch Therapeut und teilnehmende Beobachter ausgleichen zu können.

Scheint es unter Einbeziehung aller Informationen und Beurteilungen angezeigt, die Psychotherapie zu beenden, so sollte dies dem Klienten in für ihn einsichtiger Form mitgeteilt
werden. - Der Zeitpunkt sollte so gewählt werden, daß dem
Kind genügend Zeit verbleibt, sich aus der Therapiesituation
und vom Therapeuten zu lösen und dies zu be- und verarbeiten. -
Das bedeutet, daß noch vier bis fünf Therapiestunden stattfinden sollten, da Lernbehinderte und Heimkinder die von ihnen sicherlich als angenehm empfundene Einzelsituation nicht
problemlos aufgeben werden.

Nur wenn sie selbst, mit Hilfe entsprechender Reflexionen des
Therapeuten, die Psychotherapie als Möglichkeit der Entwick-

lung begreifen können, die sie aufgrund ihrer eigenen Fähigkeiten und Verhaltensmöglichkeiten offensichtlich nicht mehr
benötigen, werden diese Klienten (wie auch normalentwickelte
Kinder) sich aus der Therapiesituation lösen können und ihr
normales Umfeld als akzeptablen, weil durch sie nutzbaren
Lebensraum sehen.

- Überlegungen zum Alter der Klienten

Die dem vorliegenden Konzept der psychotherapeutischen Behandlung von Lernbehinderten und Heimkindern zugrundegelegte Form
der Spieltherapie impliziert, daß zunächst nur Kinder als Klientel in Betracht zu kommen scheinen. - Eine obere Altersgrenze läge somit bei etwa zwölf Jahren.

Bezieht man jedoch in seine Überlegungen ein, daß zwischen
einem zwölfjährigen Lernbehinderten oder Heimkind und einem
gleichaltrigen, normalentwickelten Kind große Unterschiede
des gesamten Entwicklungsstandes vorhanden sein werden, erscheint es durchaus möglich und sinnvoll, auch ältere Klienten zu behandeln. - Sicherlich ist aber in solchen Fällen besonders darauf zu achten, das Spielangebot so zu gestalten,
daß es genügend attraktiv ist und Beschäftigungs- und Lernmöglichkeiten beinhaltet, die dem höheren Entwicklungsniveau
älterer (im Vergleich zu dem jüngerer) Klienten angepaßt sind.

Die Einbeziehung auch älterer Klienten ist möglicherweise ein
Weg, diesen überhaupt eine psychotherapeutische Behandlung
anbieten zu können, da es ihnen sicherlich zunächst leichter
fallen wird, ihre Probleme anzusprechen, wann ihnen gleichzeitig Handlungsmöglichkeiten zur Verfügung stehen, als wenn
eine reine Gesprächssituation bestünde. - Gerade für diese
Klienten könnte zutreffen, was über ältere Klienten berichtet
wird, die nach üblichen kinderpsychotherapeutischen Verfahren
behandelt werden: im Verlauf der Therapie könnten sie dahin
gelangen, gelegentlich ausschließlich Gespräche mit dem Psychotherapeuten zu führen und damit wahrscheinlich den sehr
effizienten Einsatz von Akzentuierung, Reflexion und Deutung
als den wichtigsten, im engeren Sinne psychotherapeutischen
Techniken ermöglichen.

Eine derartige Entwicklung älterer Klienten zu erwarten
scheint möglich, da sie wahrscheinlich trotz ihrer Defizite
jüngeren Kindern in ihren sprachlichen und intellektuellen
Fähigkeiten überlegen sind. Innerhalb des angenommenen Be-
handlungszeitraumes könnten sie deshalb sowohl von daher als
von ihrer Bereitschaft, sich mit ihren Problemen auseinandersetzen, zumindest gelegentlich über die in der Handlung enthaltenen Ausdrucks- und Bearbeitungsmöglichkeiten hinausgehen.

Bezüglich der unteren Altersgrenze des Klientel ist zu sagen,
daß diese nicht zu niedrig angesetzt werden sollte, da das
Kind einen Entwicklungsstand erreicht haben muß, der das Verständnis einfach formulierter Therapeutenäußerungen in jedem
Falle erwarten läßt und darüber hinaus wahrscheinlich macht,
daß die erwähnten psychotherapeutischen Interventionstechniken, die unmittelbar zur Auflösung speziellen Problemverhaltens beitragen sollen, im Verlauf der Therapie sinnvoll einzusetzen sein werden. - Von daher sollte der Klient ein Alter
von mindestens sechs Jahren erreicht haben, da die genannten
Minimalanforderungen vor diesem Zeitpunkt mit einiger Sicherheit nicht erfüllt sind, vergegenwärtigt man sich die Aussagen über die Defizite von Lernbehinderten und Heimkindern.

Faßt man alle Ausführungen zum Alter der nach dem beschriebenen Therapiekonzept zu behandelnden Klienten zusammen, ergibt
sich, daß eine Anwendung des Verfahrens auf die Altersgruppe
der sechs- bis fünfzehnjährigen Lernbehinderten und Heimkinder vertretbar erscheint, wobei in jedem Falle besondere, aus
der Problematik des Kindes oder Jugendlichen resultierende
Gesichtspunkte in eine Entscheidung einzubeziehen sind.

6. Bedeutung der Einzelfallstudie in der Psychotherapieforschung

In den folgenden Abschnitten wird untersucht, inwieweit das
überwiegend theoretisch hergeleitete Konzept der psychotherapeutischen Behandlung von Lernbehinderten und Heimkindern
sich in der praktischen Anwendung als sinnvoll erweist.

Einige der Annahmen über Verhaltensmerkmale und Techniken
des Psychotherapeuten sowie über resultierende Veränderungen
im Verhalten des Klienten sollen nunmehr überprüft werden,
um erste, empirisch begründete Aussagen über die Wirksamkeit
der Behandlungsmethode machen zu können.

Dies impliziert ein problemorientiertes Vorgehen, das sowohl
die Belange des Klienten berücksichtigt als auch dem For-
schungsinteresse in Bezug auf die zu überprüfenden Annahmen
jener Theorie gerecht wird. Da es zunächst nur darum gehen
kann, irrelevante Variablen von wirksamen zu trennen, scheint
die Untersuchung eines Einzelfalles hinreichend: erweist sich
eine der betrachteten Variablen als unwesentlich, so können
bereits hieraus neue Fragestellungen und Vorgehensweisen entwickelt werden (vergl. DUKES, 1977, S. 62).

Berücksichtigt man, daß Aufzeichnungen der Daten umfassend
und exakt sein müssen, um für Praxis und Forschung sinnvolle
Aussagen machen zu können, hält die Untersuchung eines Einzelfalles den Einsatz von finanziellen Mitteln, sowie den
zeitlichen und personellen Aufwand in einem vertretbaren Rahmen. Weiter ist es gerade bei der Durchführung einer Einzelfallstudie am ehesten möglich, die Untersuchungsmethode so
offen zu gestalten, daß das zu prüfende Behandlungskonzept
zwar operationalisiert werden kann, die Dynamik des Behandlungsprozesses sich jedoch vorwiegend an den Bedürfnissen des
Klienten orientiert. Es ist also darauf zu achten, daß nicht
ausschließlich forschungstheoretische Gesichtspunkte den Verlauf der Behandlung und Untersuchung bestimmen, sondern vor
allem auch die Bedürfnisse des Klienten berücksichtigt werden. Beobachtungsschemata sollten somit möglichst viele, genau operationalisierte Variablen enthalten, um dem Therapeu-

ten ein Vorgehen zu ermöglichen, das Nutzen für den Klienten hat, und gleichzeitig auch eine inhaltliche Auswertung des Untersuchungsmaterials gestattet.

Die Durchführung einer Einzelfallstudie ermöglicht es, eine große Anzahl therapieinterner und -externer Variablen einzubeziehen und zu kontrollieren, so daß eine gezielte Information des Therapeuten im Hinblick auf sinnvolle Behandlungsstrategien möglich wird.

Der Klient kann von der Begleituntersuchung insofern profitieren, als nicht allein Kenntnisse und Erfahrungen des Therapeuten in die Behandlung eingehen, sondern auch die der teilnehmenden Beobachter sowie unmittelbar erhobene Daten. Es können unterschiedliche Gesichtspunkte zusammengetragen und gegeneinander abgewogen werden sowie Informationen in einem Maße einbezogen werden, wie es dem Therapeuten allein gar nicht möglich wäre. Damit erhält dieser Entscheidungshilfen für das weitere Vorgehen sowie zusätzliche Sicherheit hinsichtlich der Abschätzung von langfristigen Konsequenzen der Behandlung. Für den Klienten wird also eine so gestaltete Therapie keine negativen Auswirkungen haben, da seine persönlichen Interessen nicht im Widerspruch zu denen des Untersuchers stehen.

6.1 Untersuchungsprobleme in der Psychotherapieforschung - Zur Bedeutung der Rolle des Therapeuten

Das Verhalten des Therapeuten wird im Konzept durch die Annahme besonderer Verhaltensmerkmale und Verbaltechniken beschrieben. - Beide stehen in einem engen Zusammenhang: realisiert der Therapeut das geforderte Verhalten nicht in ausreichendem Maße, so wird dadurch der klientenzentrierte Charakter der Therapie und dessen Effekt für das Kind in Frage gestellt; setzt er die Verbaltechniken nicht in der dargestellten Weise ein, verstößt er in der Regel gleichzeitig gegen seine Verhaltensgrundsätze und verhindert auf diesem Wege Fortschritte des Klienten in der Therapie beziehungsweise verfestigt eher dessen Problematik.

BAUMGÄRTEL (1976, S. 154 f) fordert, ausgehend von GINOTT,
(1972, S. 144 ff) den Kindertherapeuten in Ausbildung und
Praxis durch "intensive Supervision" zu unterstützen, die
durch einen ausgebildeten Therapeuten oder eine Gruppe gelei-
stet werden müsse. - Die Unterstützung soll es erleichtern,
in der therapeutischen Situation angemessenes Verhalten zu
realisieren, da gerade der wenig geübte Therapeut allein
durch theoretisches Wissen unzureichend gegen Irrtümer und
Fehler, die sich im Laufe der Zeit verfestigen, abgesichert
ist.

Schon diese Ausführungen weisen daraufhin, daß es nicht vertretbar ist, neue Elemente in der klientenzentrierten Kinderpsychotherapie zu erproben, ohne daß die Rückmeldung über
das Therapeutenverhalten sichergestellt ist. - Dies hat zunächst den Sinn, als Korrektiv zum Wohle des Klienten zu
wirken, das heißt etwaige Probleme des Therapeuten in der
Situation unmittelbar abzubauen und damit den Fortschritt
der Therapie zu gewährleisten. Gleichzeitig jedoch läßt die
Supervision während der Erprobung neuer Behandlungsstrategien
auch Aussagen über ihre Realisierbarkeit zu.

Da die Verbaltechniken als Spezifizierung der Verhaltensmerkmale des Therapeuten anzusehen sind, bedeutet die angemessene
Realisierung dieser Merkmale gleichzeitig, daß die theoretisch hergeleiteten Verbaltechniken nicht im Widerspruch zur
klientenzentrierten Methode stehen.

Die Supervision durch einen erfahrenen Therapeuten oder eine
Gruppe von Beobachtern wird folglich eine Doppelfunktion haben: einerseits stellt sie ein angemessenes Verhalten des
Therapeuten auf der Grundlage erprobter Verhaltensmerkmale
sicher, andererseits läßt sie Schlüsse auf die Anwendbarkeit
theoretisch gewonnener Verbaltechniken zu. Dies setzt jedoch
voraus, daß der Einsatz der einzelnen Verbaltechniken in der
Therapie genau festgehalten wird; darüber hinaus sind eine
Reihe weiterer Gesichtspunkte für die Beurteilung des Therapeutenverhaltens in der Therapie bedeutsam. - Diese Beurteilungsgesichtspunkte sind unmittelbare und überdauernde Effekte, das heißt Veränderungen im Verhalten des Klienten im Verlauf und nach Beendigung der Therapie.

- Effekte der Psychotherapie auf das Verhalten des
  Klienten

Veränderungen des Klienten im Verlauf einer Therapie müssen,
wird das Therapeutenverhalten als unabhängig betrachtet, als
abhängige Variablen gesehen werden. - Dabei gibt es generell
zwei Formen der Überprüfung dieser Veränderungen: eine ist
die Zwei-Punkt-Messung vor Beginn und nach Beendigung der
Behandlung (sogenannte Erfolgsforschung), die andere die Untersuchung des Verlaufs (Prozeßforschung).

Die Beschreibung der Verhaltensmerkmale und Verbaltechniken
des Therapeuten enthält mehr oder weniger exakte Annahmen
über angestrebte Veränderungen des Klientenverhaltens. Von
daher ist einsichtig, daß die Qualität eines psychotherapeutischen Konzepts sich am Erreichen dieser postulierten Veränderungen bemißt. - Nur wenn jedoch gesichert ist, daß der
Therapeut das Konzept hinreichend realisiert, ist es aber
sinnvoll, das Verhalten des Klienten auf Veränderungen zu
untersuchen und diese auf die Therapie zurückzuführen. Eine
sinnvolle Untersuchung muß also sowohl Therpeuten- als auch
Klientenverhalten umfassen. Während jedoch bei der Erfor-
schung des Therapeutenverhaltens Prozeßstudien wesentliche
Bedeutung beigemessen wird, werden Veränderungen des Klientenverhaltens eher in Erfolgsstudien zu sichern versucht.
Veränderungen innerhalb des Therapieprozesses werden häufig
nicht als genügend bedeutsam erachtet (vergl. KIESLER, 1977).

Da jedoch in der Vorher-Nachher-Messung nur zwei Zeitpunkte
betrachtet werden, können Ergebnisse verzerrt oder ungültig
sein (vergl. KIESLER, 1977, S. 37 ff): so werden kurviline-
are Verläufe nicht erfaßt, das heißt Effekte der Therapie
möglicherweise überdeckt. Weiter müssen Meßinstrumente hoch-
reliabel sein, um auch minimale Veränderungen erfassen zu können. Schließlich ist es möglich, daß zufällige Schwankungen
als systematische Änderungen interpretiert werden. CHASSAN
(1962, zit. nach KIESLER, 1977) fordert deshalb zumindest wie-
derholte Messungen nach Beendigung der therapeutischen Behandlung.

Ein anderes methodisches Vorgehen, das die Fehler der Zwei-Punkt-Messung herabsetzt, ist die Kombination von Erfolgs- und Prozeßstudien. Auf diese Weise ist abzuschätzen, welche echten Veränderungen sich schon im Laufe des Therapieprozes-ses anbahnten und von daher in der Nachher-Messung als echt interpretierbar sind.

Ferner sollten für die inhaltliche Interpretation solche Variablen erfaßt werden, die nicht zu den definierten Pro-zeßvariablen gehören, zum Beispiel einschneidende Veränderun-gen im Umfeld des Klienten oder auch situative Bedingungen, die unter Umständen bedeutsam sein könnten. Weiter sollten stabile oder zeitlich veränderliche Eigenschaften und Merk-male des Klienten einbezogen werden, die in die Messung der definierten Variablen eingehen und damit die eindeutige In-terpretation von Ergebnissen erschweren.

- Störvariablen im therapeutischen Prozeß

Störvariablen sind solche Einflußgrößen, die nicht in die Definition der abhängigen oder unabhängigen Variablen ein-gehen, aber für die Interpretation der Ergebnisse bedeutsam sind. Dabei sind Störvariablen, die generell in der Therapie auftreten können, zu unterscheiden von denjenigen, die durch die wissenschaftliche Untersuchung hineingetragen werden.

Zu den allgemein möglichen Störvariablen zählen zeitliche Un-terbrechungen des Therapieprozesses, insbesondere in der An-fangsphase, Änderungen des äußeren Rahmens (Raum, Zeitpunkt) und ein Therapeutenwechsel. Sie erfordern in jedem Fall eine Neuorientierung des Klienten in der Therapie, die unter Um-ständen zu Verzögerungen des Behandlungsprozesses führt. Solche Störungen sind nicht von vornherein auszuschließen, da kurzfristige Erfordernisse sie unumgänglich machen können. Auf jeden Fall sollte dann der nicht unerhebliche Einfluß auf den Fortschritt des Klienten in der Therapie berücksichtigt werden.

Anders ist die Situation, wenn es um die Berücksichtigung von Störvariablen geht, die durch die wissenschaftliche Un-

tersuchung des Therapieprozesses auf diesen einwirken. Die
Aufzeichnungen von Daten durch technische Apparaturen (Film,
Video, Tonband) sowie die teilnehmende Beobachtung hinter
der Einwegscheibe sind in ihren Auswirkungen überschaubare
Größen. Für eine Untersuchung sollten deshalb diejenigen
ausgewählt werden, die das Therapiegeschehen am wenigsten
beeinträchtigen und dennoch eine möglichst genaue Erfassung
des Prozesses erlauben.

7. Forschungsmethoden und Fragestellungen für eine Untersuchung

Will man durch die Untersuchung von Therapieverläufen etwas
über Anwendbarkeit und Qualität eines Therapiekonzeptes aussagen, muß dabei berücksichtigt werden, daß individuelle Unterschiede bei der Ableitung eines derartigen Verfahrens aus
theoretischen und empirisch gewonnenen Materialien nur bedingt Eingang finden. - Umgekehrt heißt das, daß die durch
Untersuchung einzelner Therapien gewonnenen Daten nicht allein auf das zugrundegelegte Therapiekonzept bezogen werden
dürfen, sondern daß in sie auch individuelle Abweichungen des
Klienten von der Norm eingehen.

Weiter ist zu berücksichtigen, daß alle Fragestellungen, die
man zu einem zunächst nur theoretisch erstellten Therapiekonzept entwickelt, nicht enger gefaßt sein können als die in
ihm enthaltenen Annahmen und Hypothesen. - Da die Psychotherapieforschung bisher kaum genaue Aussagen über die Indikation eines bestimmten Vorgehens bei einem bestimmten Problem
eines Klienten mit ganz bestimmten Merkmalen ermöglicht, ist
es durchaus folgerichtig, eine Behandlungsmethode auf einen
besonderen Problemkreis einer besonderen Gruppe von Klienten
auszurichten und dem Therapeuten beim Einsatz bestimmter Techniken einigen Spielraum zu lassen, um die angemessene Behandlung des einzelnen Klienten zu gewährleisten.

Aus diesen Überlegungen ergibt sich hinsichtlich der Auswahl
sinnvoller Fragestellungen zur Überprüfung des Konzepts der
psychotherapeutischen Behandlung von Lernbehinderten und Heimkindern, daß Fragen so zu stellen sind, daß sie zunächst allgemeine Aussagen über die Angemessenheit der Methode erlauben.
Sie sollten also so formuliert werden, daß individuelle Abweichungen in gewissem Umfang berücksichtigt werden können
und aus den Ergebnissen neue speziellere Fragestellungen abzuleiten sind. - Nur so ist es langfristig möglich, die Bedeutung einzelner Elemente des Behandlungsmodells zu ermessen
im Hinblick auf spezielle Problemstellungen und besondere
Eigenschaftes der Klienten, die über die im Konzept berück-
sichtigten hinausgehen.

In den folgenden Abschnitten soll versucht werden, diesen
Forderungen Rechnung zu tragen, indem Forschungsmethoden und
Fragestellungen zusammengetragen werden, die den anstehenden
Untersuchungsproblemen angemessen erscheinen.

7.1 Die Erfassung therapeutischer Verhaltensmerkmale und Verbaltechniken

Neben persönlichen Merkmalen des Therapeuten sind es vor allem die im Therapiekonzept explizierten Verhaltensmerkmale
und Verbaltechniken, die eine wichtige Wirkgröße in der psychotherapeutischen Behandlung darstellen. Gerade die Erprobung neuer Elemente neben bereits bekannten macht es erforderlich, das Verhalten des Therapeuten im Prozeß zu erfassen.
Dies hat zum einen unter dem Aspekt der Prüfung der Realisierbarkeit jener Bestandteile zu geschehen, zum anderen aber auch
unter der Fragestellung, ob und wie der Therapeut das Konzept
insgesamt in der Einzelbehandlung umsetzt. - Nur wenn Informationen über das Auftauchen dieser Wirkgrößen im therapeutischen Prozeß vorliegen, ist es weiter möglich, inhaltliche
Aussagen über Zusammenhänge zwischen jenen Variablen der Behandlung und Veränderungen im Verhalten des Klienten zu machen. Beschränken sich Aussagen über das Therapeutenverhalten
darauf, daß nach der klientenzentrierten Methode gearbeitet
worden sei, wie dies in vielen Forschungsarbeiten der Fall
ist (vergl. GOETZE & JAEDE, 1975), so ist es kaum möglich,
Zusammenhänge zwischen explizierten Verhaltensanweisungen und
konstatierten Effekten herzustellen.

Es stellt sich somit die Frage, wie man das Therapeutenverhalten erfassen kann. - Eine der wenigen bisher vorliegenden
Untersuchungen zum Verhalten des Therapeuten in der klientenzentrierten Spieltherapie stammt von SCHMIDTCHEN (1976). Dort
wurden in der zweiten Hälfte der beobachteten Therapien, das
heißt den letzten 5 - 8 Stunden, sechs Verhaltensmerkmale auf
sieben Stufen umfassenden Skalen unmittelbar eingeschätzt.
Die Skalen bezogen sich auf das Gesamtverhalten, sie unterschieden nicht nach verbalen und nicht-verbalen Anteilen
(SCHMIDTCHEN, 1976, S. 267). Obgleich die unmittelbare Ein-

schätzung des Verhaltens durch teilnehmende Beobachter sicherlich ein angemessenes Vorgehen darstellt, erscheint es
zweifelhaft, ob das gezeigte Verhalten durch die Skalen hinreichend repräsentiert wurde.

Vor allem non-verbales Verhalten ist so vielschichtig und
damit mehrdeutig, daß es kaum möglich scheint, durch Einordnung in so wenige Beobachtungskategorien zu sinnvoll inter-
pretierbaren Daten zu gelangen. Hingegen scheint es möglich,
verbales Verhalten so genau zu beschreiben, daß eine Einschätzung und eindeutige Zuordnung vorgenommen werden kann.
So entwickelte FINKE-BORKE Skalen, die es ermöglichen sollen,
das Verbalverhalten des Klienten in der Therapie vollständig
einzuordnen (vergl. GOETZE & JAEDE, 1975). Analog hierzu ließen sich sicherlich auch Skalen für das Verbalverhalten des
Therapeuten erarbeiten, die dieses hinreichend repräsentieren
könnten. Damit würde sichergestellt, einen Verhaltensbereich,
den verbalen, in seiner Gesamtheit zu erfassen.

Das Konzept der Psychotherapie mit Lernbehinderten und Heimkindern enthält bereits zehn recht genau beschriebene Verbaltechniken des Therapeuten, die den Gedanken nahelegen, sie
als Repräsentanten des gesamten Verbalverhaltens des Therapeuten anzusehen. - Vergegenwärtigt man sich, daß ihm mit
diesen Techniken ein breites Spektrum von Reaktionsmöglichkeiten auf Äußerungen des Klienten zur Verfügung steht, so
ist anzunehmen, daß er nur selten in Situationen kommen wird,
in denen er anders als auf eine der beschriebenen Arten reagieren muß.

Es liegt auf der Hand, daß die Zuordnung von Therapeutenäußerungen zu Kategorien, die aus der Beschreibung der Verbaltechniken abgeleitet sind, nur durch eine Ratingmethode
erfolgen kann. - Um absichern zu können, ob die Beschreibung
der Verbaltechniken ein hinreichendes Erhebungsinstrument für
verbales Geschehen darstellt, sind zwei Voraussetzungen zu
beachten: es muß eine Beobachtungskategorie zur Verfügung
stehen, die ansonsten nicht zuzuordnende Äußerungen aufnehmen kann; es muß gewährleistet sein, daß Rater die unterschiedlichen Verbaltechniken zu diskriminieren gelernt haben. Eine

Voruntersuchung kann Aufschluß darüber geben, inwieweit Beobachtungskategorien und das zu entwickelnde Ratertraining ausreichend für eine Begleituntersuchung sind.

Wenn die Verbaltechniken, wie zunächst anzunehmen ist, ein hinreichendes Erhebungsinstrument für das gesamte Verbalgeschehen auf Seiten des Therapeuten darstellen, scheint folgende Aussage über die Beurteilung des Therapeutenverhaltens insgesamt möglich: da die Verbaltechniken als eine Spezifizierung der therapeutischen Verhaltensmerkmale betrachtet werden, kann durch ihre Erfassung auf das gesamte Therapeutenverhalten geschlossen werden. - Werden die Verbaltechniken realisiert, die in Übereinstimmung mit den Verhaltensmerkmalen stehen, müssen auch diese realisiert sein.

Dennoch scheint es sinnvoll, eine über das indirekte Schließen hinausgehende Kontrolle der Verhaltensmerkmale anzustreben. Wie bereits angesprochen wurde, ist gerade bei der Erprobung neuer therapeutischer Vorgehensweisen nicht auf die Supervision durch einen erfahrenen Therapeuten zu verzichten. - Dieser könnte eine Einschätzung über die Realisierung der Therapeutenmerkmale abgeben.

Umfassende und von ihrem Aufbau eher auf beobachtbares Verhalten ausgelegte Beurteilungsskalen als die von SCHMIDTCHEN (1976) vorgelegten finden sich bei BAUMGÄRTEL (1976). Diese sind so angelegt, daß die idealen Verhaltensweisen nicht jeweils den gleichen Extrempunkt haben, was Beurteilungsfehlern vorbeugt. Allerdings sind auch in diesen Skalen (HASEV - E) verbale und nicht-verbale Verhaltensweisen des Therapeuten enthalten. Außerdem scheinen nicht alle geeignet zu sein, die veränderte Beschreibung des Verhaltensmerkmals "Lenkung" gegenüber der im Konzept der Integrierten Kinderpsychotherapie (BAUMGÄRTEL et al., 1975) enthaltenen zu berücksichtigen.

Aus diesem Grunde bleibt zur Beurteilung des Therapeutenverhaltens zunächst die Alternative der unmittelbaren Rückmeldung durch einen erfahrenen Therapeuten.

7.2 Untersuchungsmöglichkeiten der Klientenvariablen

Die angestrebten Veränderungen im Verhaltens- und Gesamtbild
des Klienten beziehen sich vor allem auf den psychischen und
den intellektuellen Bereich. Die durch diese Abgrenzung angesprochenen relevanten Variablen wie Selbstsicherheit, Selbständigkeit, Unabhängigkeit von Fremdbestimmung, Sozialverhalten, Ausdauer, Leistungsvermögen, sprachliche Fähigkeiten können nicht durch ein einzelnes Erhebungsinstrument erfaßt werden. Dadurch wird es notwendig, jeweils adäquate Meßinstrumente auszuwählen oder zu entwickeln. Dabei ist zu berücksichtigen, daß einige der relevanten Variablen nur innerhalb des therapeutischen Prozesses, andere nur außerhalb beobachtbar sind.

- Die therapie-externe Erfassung von Merkmalen und
  Verhaltensweisen des Klienten

Das vorliegende Konzept macht Annahmen über relevante Merkmale
des Klienten, die unbedingt zu berücksichtigen sind. Dabei handelt es sich zum Teil um Sozialdaten, die notwendig sind, um
Lerngeschichte und Erfahrungshintergrund des Kindes einschätzen
zu können. Daneben sind aber vor allem Merkmale wesentlich, die
veränderbar sind und bei denen eine Veränderung unmittelbar angestrebt wird. - Über diese veränderbaren Variablen, also die
abhängigen Variablen des Forschungsprozesses, sollten, so GOETZE
& JAEDE (1975, S. 95) aus möglichst vielen Quellen Daten gesammelt
werden. Sie fordern, für eine Veränderungsmessung (in der Regel
Vorher-Nachher-Messung) entsprechende L-, Q- und T-Daten auszuwählen. - Die L-Daten, die hauptsächlich das Individuum in seiner "Alltagssituation" beschreiben, umfassen sowohl die bereits
erwähnten Sozialdaten beziehungsweise objektiven Lebensdaten als
auch Daten, die über die Fremdbeurteilung durch Erzieher, Lehrer
etc. erhoben werden. - Diese Daten können durch systematische
Beobachtung anhand vorgegebener Verhaltenskategorien gewonnen
werden sowie durch Zufallsbeobachtungen, wobei letztere eher der
Hypothesenbildung dienen, während die zuerst genannte Form sinnvoll ist, um solche Hypothesen zu prüfen.

Q-Daten, die durch Exploration und Selbstbeurteilung des
Klienten erhoben werden, bringen die Schwierigkeit mit sich,
daß es Kindern häufig schwer fällt, Aussagen über sich
selbst zu machen. - Je jünger das Kind, desto schwieriger
wird die Erhebung solcher Daten. Selbstbeurteilungen anhand von Persönlichkeitsfragebögen setzen neben dieser Fähigkeit auch Lesefertigkeit und Fragenverständnis voraus.
Außerdem bestehen recht starke Verfälschungsmöglichkeiten
durch Antworttendenzen, die in "sozialer Erwünschtheit",
Neigung zum "Ja-Sagen" etc. begründet sind. Daneben ist anzumerken, daß die wenigen vorhandenen Verfahren auch in sich
nicht unproblematisch sind.

Auch ein Explorationsgespräch stellt in der Regel besonders
für jüngere oder sprachlich nicht sehr gewandte Kinder eine
schwierige Situation dar, so daß man sich hiervon nur wenige
relevante Informationen erhoffen kann. Aus diesen Gründen
kann es oft sinnvoll sein, Vorgehensweisen auszuwählen, die
den Ausdrucksmöglichkeiten von Kindern eher angemessen sind.
Hier sind zum Beispiel projektive Verfahren zu nennen, durch
die unmittelbar Q-Daten erhoben werden können, die andererseits aber auch unter bestimmten Aspekten als Quelle von T-
Daten betrachtet werden können.

Daten aus objektiven Testverfahren (T-Daten) gelten allgemein
als zuverlässige Informationen. Während GOETZE & JAEDE (1975,
S. 98) jedoch die Auffassung vertreten, daß Ergebnisse aus
Leistungs- und Intelligenztests, die die Mehrzahl der objektiven Testverfahren darstellen, für die Psychotherapieforschung von untergeordneter Bedeutung seien, sind sie wahrscheinlich für die Erfassung von Veränderungen lernbehinderter Kinder wesentlich.

Eine bessere Beurteilungsgrundlage als die alleinige Erhöhung
der Anzahl verwendeter Meßinstrumente für Veränderungen extern gemessener Variablen bildet jedoch die Erfassung intern,
im Therapieprozeß beobachtbarer Variablen, die mit den extern
gemessenen in einem inhaltlichen Zusammenhang stehen. Damit
können Fehler der reinen Zwei-Punkte-Messung vermindert werden.

- Die therapie-interne Erfassung von Verhaltensweisen
  des Klienten

Will man Veränderungen des Klienten im Verlauf einer Psychotherapie erfassen, so sind solche Variablen auszuwählen, die
der direkten Beobachtung zugänglich sind, sich vom Beobachtungsraum aus aufzeichnen lassen, und zu anderen relevanten
Variablen in einem explizierten Zusammenhang stehen. - Weiter muß das zu beobachtende Verhalten eindeutig von allen anderen beobachtbaren Verhaltensweisen abgrenzbar sein und über
den gesamten Therapieprozeß auftreten, da sonst keine klaren
inhaltlichen Aussagen über Veränderungsprozesse möglich sind.
Aus diesem Grunde ist ein Verhalten auch daraufhin zu überprüfen, ob allgemeingültige Konventionen über seine inhaltliche Bedeutung vorhanden sind.

Beobachtbare Variablen auf Seiten des Klienten können nur die
Verhaltensweisen sein, die dem Kind als Ausdrucksmöglichkeit
zur Verfügung stehen. Dies sind die bereits von BAUMGÄRTEL
et al. (1975) beschriebenen Ausdrucksmittel des Spiels, der
Sprache und des nicht-verbalen Verhaltens, worunter Mimik,
Gestik etc. verstanden werden. Den obengenannten Anforderungen werden Spiel und nicht-verbales Verhalten des Kindes jedoch nur unzureichend gerecht.

So bleiben schließlich die sprachlichen Äußerungen des Kindes in der Therapie daraufhin zu betrachten, ob sie als Ob-
jekt einer Untersuchung genügen können. - Sprachliche Äußerungen als beobachtbare Variable auf Seiten des Klienten
sind eindeutig von anderen Variablen unterscheidbar und treten während des gesamten Therapieprozesses auf. Eine Aufzeichnung der sprachlichen Äußerungen ist mit Tonbändern,
also geringem technischen Aufwand, zu gewährleisten. Durch
die Beobachtung der Aktivsprache des Kindes kann auf andere,
wichtige Variablen geschlossen werden. Einerseits drücken
sich sein Erleben, seine Interessen, seine Befindlichkeit
etc. in sprachlichen Inhalten aus; andererseits spiegelt sich
in der äußeren Form sprachlicher Äußerungen zum Beispiel die
Denkfähigkeit des Klienten wieder (vergl. dazu auch WYGOTSKI,
1977).

Die Beobachtung der Sprache bietet gegenüber der des Spiels
den Vorteil, daß Sprache ein Zeichensystem ist, über deren
Anwendung umfassende Konventionen bestehen. So ist die Interpretation eines Wortes, das in einem bestimmten Zusammenhang steht, weitgehend allgemeingültig geregelt (semantische
Funktion der Sprache). Über diese allgemeine Regelung hinaus
gibt es genaue Kriterien für die Erschließung des Inhaltes
der individuellen Äußerung.

BAUMGÄRTEL et al. (1975) beschreiben diese Interpretations-
gesichtspunkte als Sachgehalt, Darstellungsform, Appell und
Ursache. Weiter werden der jeweilige Kontext, in dem eine
Äußerung getan wird, sowie die Gesamtsituation des Sprechers
als wesentlich beschrieben.

Will man folglich sprachliche Äußerungen des Klienten im Therapieprozeß untersuchen, weil sie den eingangs genannten Forderungen am ehesten entsprechen, bleibt zu berücksichtigen,
daß trotz bestehender Konventionen und vorhandener "Analyse-
gesichtspunkte" Kenntnisse des Beobachters über das jeweilige
Kind in bestimmtem Umfang notwendig sind. Weiter muß sichergestellt sein, daß er auch die unmittelbare Situation, in der
eine Äußerung erfolgt, hinreichend kennt. - Werden diese zu-
sätzlichen Bedingungen erfüllt, kann man davon ausgehen, durch
die Beobachtung und Erfassung sprachlicher Äußerungen des Kindes ein recht gutes Abbild seiner Gesamtsituation im Therapieverlauf zu erhalten.

7.3 Entwicklung eines Beobachtungsschemas des kindlichen
    Verbalverhaltens

Es stellt sich das Problem, Kategorien zur Erfassung des Verbalverhaltens des Klienten zu entwickeln, die dies möglichst
vollständig erfassen und qualitative Unterschiede zwischen
Äußerungen hinreichend zu repräsentieren vermögen.

Die zu entwickelnden Beobachtungskategorien sollen den Veränderungsprozeß in der Psychotherapie erfassen. Die angestrebten Veränderungen werden in Vorgehensweise und Zielen,
die das Behandlungskonzept beschreibt, deutlich: zunächst

soll der Klient vor allem Möglichkeiten erhalten, Defizite
durch eigenes Handeln und Sprach-Angebote, die ihm als Modell
dienen, partiell auszugleichen. Wesentlich ist in diesem Zusammenhang die Annahme, daß durch sprachliche Prozesse Denkprozesse angeregt werden, das heißt Verbesserungen der Sprachbeherrschung mit zunehmenden intellektuellen Fähigkeiten zusammenhängen.

Da die formale Qualität gesprochener Sprache und ihre Verbesserung schon durch exakte Protokollierung erfaßt werden
können, scheint es für das weitere Vorgehen sinnvoll, sich zu
vergegenwärtigen, worin sich Veränderungsprozesse der Umwelt-
und Selbstwahrnehmung in sprachlichen Äußerungen zeigen könnten.

Die Selbstwahrnehmung von Lernbehinderten und Heimkindern
hängt stark mit ihrem Mangel an Kenntnissen und Erfahrungen
zusammen, der Minderwertigkeitsgefühle gegenüber anderen her-
vorruft. Das selbständige Ausgleichen derartiger Defizite,
das dem Kind in der Therapiesituation ermöglicht wird, wird
zur Verbesserung seiner Selbst- und Umweltwahrnehmung beitragen und ihm die Auseinandersetzung mit sich selbst und anderen erleichtern.

Solche Veränderungsprozesse werden sich im Bedarf des Kindes
an Informationen und Hilfen widerspiegeln, darin, ob es eigenständige Entscheidungen zu treffen, sich über Geschehnisse zu
äußern und sie zu bewerten vermag und schließlich auch darin,
ob es sich direkt über sich selbst äußert und in welcher Weise es dies tut.

Die Annahme, daß das Kind in der Therapie dahin kommt, sich
über sich selbst zu äußern, ist aus Vorgehen und Zielen der
Psychotherapie begründet. Es ist jedoch aufgrund einer empirischen Untersuchung von BAUMGÄRTEL (1978) zu vermuten, daß
"Selbstreferenzen" des Kindes nur in sehr geringem Umfang
auftreten werden. Stellt man in Rechnung, daß die zu unter-
suchende Klientel nicht über die gleichen verbalen Ausdrucksmöglichkeiten verfügt wie die von BAUMGÄRTEL (1978) betrachtete, so ist für diese Kinder eine noch geringere Auftretenshäufigkeit von "Selbstreferenzen" anzunehmen. - Aus diesem Grun-

de sollte nach anderen verbalen Darstellungsformen gesucht
werden, die die Auseinandersetzung des Kindes mit sich selbst
widerspiegeln.

Eine solche Darstellungsform sind die verbalen Äußerungen des
Kindes während des Rollenspiels; gerade diese Form des Spiels
bietet dem Klienten hervorragende Möglichkeiten, sein Selbst-
und Umwelterleben darzustellen.

Äußerungen eines Kindes über sich selbst, die zum Beispiel
eine eigene Beurteilung verlangen und komplexere Geschehnisse wiedergeben, erfordern die Fähigkeit zur gedanklichen Erfassung der geäußerten Inhalte sowie hinreichende sprachliche
Kompetenz.

Um das Kind hierin zu fördern, bietet der Therapeut gezielt
ein sprachliches Modell. Dessen Wirksamkeit sollte überprüft
werden, um die Richtigkeit der im Therapiekonzept enthaltenen
Annahmen abschätzen zu können. - Gleichzeitig erhielte man
hierdurch auch Hinweise auf Lernprozesse des Kindes, die für
den Fortschritt der Therapie bedeutsam sind.

Da der Therapeut dem Kind die Auseinandersetzung mit sich
selbst, seiner Umwelt und seinen speziellen Problemen ermöglicht und es beim Ausgleich von Defiziten unterstützt, ist
anzunehmen, daß sich verbale Äußerungen des Kindes speziell
auch an den Therapeuten als Person richten, die in einer besonderen Beziehung zu ihm steht. Äußerungen, die den Kontakt
zum Therapeuten beinhalten, sollten deshalb erfaßt werden,
da sie eine wichtige Rolle für die angestrebten Veränderungsprozesse spielen.

Aufgrund der vorangegangenen Überlegungen werden im folgenden
insgesamt elf Kategorien zur Beobachtung des kindlichen Verbalverhaltens in der Psychotherapie beschrieben. Dabei wird
zunächst eine Kategorie vorgestellt, die nicht auf Inhalte
der verbalen Äußerungen ausgerichtet ist, sondern der Erfassung solcher Äußerungen dient, die nicht den übrigen zehn Kategorien zugeordnet werden können. Diese zehn Beobachtungskategorien sollen eine inhaltliche Einschätzung der Klientenäußerungen ermöglichen, so wie sie aufgrund der Vorüberlegun-

gen und der im Behandlungkonzept enthaltenen Annahmen auftreten könnten.

   - Inhaltlich unverständliche und nicht klassifizier-
     bare Äußerungen

Erfahrungsgemäß treten in jeder Psychotherapie verbale Äußerungen des Klienten auf, die akustisch nicht verständlich
sind oder deren Inhalt nicht identifizierbar ist. - Akustisch
nicht verständliche Äußerungen sind dann zu erwarten, wenn
das Spielgeschehen starke Geräusche mit sich bringt, die das
Gesprochene übertönen, zum Beispiel Wasser laufen lassen,
hämmern, sägen, raspeln, "Musik machen". - Außerdem bietet
selbst ein gut geräusch-isoliertes Therapiezimmer nicht in
allen Fällen hinreichenden Schutz gegen Störgeräusche von
außen.

Sprachliche Äußerungen können gelegentlich auch inhaltlich
nicht verständlich sein. Gerade bei lernbehinderten Kindern,
die Schwierigkeiten im sprachlichen Ausdruck haben, wird dies
häufiger der Fall sein.

Weiter wird zu beobachten sein, daß zur Begleitung von Spiel-
handlungen Geräusche produziert werden, die keine inhaltliche
Bedeutung haben, aber dennoch zum Verbalverhalten zu zählen
sind.

Schließlich sind dieser Beobachtungskategorie solche Äußerungen des Klienten hinzuzurechnen, die keiner der übrigen noch
zu beschreibenden zuordbar sind.

Diese erste Beobachtungskategorie hat vor allem zum Ziel, den
Anteil des kindlichen Verbalverhaltens zu erfassen, das aus
einem der genannten Gründe keiner der anderen, inhaltlich be-
deutsamen Kategorien zuzuordnen ist. - Sie stellt also vor
allem ein Kontrollinstrument dar, das abzuschätzen ermöglicht,
inwieweit alle anderen Kategorien das Verbalverhalten des
Klienten insgesamt erfassen.

Wünschenswert wäre ein möglichst geringer Anteil von Äußerungen, die in diese Kategorie fallen; so sollte aus diesem
Grunde auf eine möglichst gute Qualität der Tonübertragung

und -aufzeichnung geachtet werden, das heißt Störgeräusche
sollten so weit wie möglich ausgeschaltet werden. Außerdem
sollten die inhaltlich spezifizierten Beobachtungskategorien
darauf ausgerichtet sein, eine möglichst genaue und umfassende Zuordnung zu gestatten. Geräusche und unverständliche
Äußerungen des Klienten hingegen können in ihrem Auftreten
nur teilweise beeinflußt werden: anzunehmen ist, daß sich
die Qualität der kindlichen Äußerungen im Verlauf der Therapie verbessert und dadurch ihre Verständlichkeit erhöht
wird.

Anzunehmen ist jedoch, daß der Anteil der Äußerungen, die
dieser Kategorie zugeordnet werden, über die gesamte Therapie hinweg etwa gleich bleiben wird.

- Kommentare und Feststellungen zum Spiel und Spielzimmer

Unter Kommentaren und Feststellungen zum Spiel und Spielzimmer sollten Äußerungen verstanden werden, die ausschließlich einen bestimmten Sachverhalt beinhalten. - Solche Äußerungen verlangen vom Klienten keine Stellungnahme und beziehen sich oft auf unmittelbar einsichtige Dinge, so daß anzunehmen ist, daß diese Art der Äußerung dem Kind wenig Schwierigkeiten bereitet. Einen Sachverhalt kurz zu kommentieren
oder etwas festzustellen, erfordert weder umfangreiche Vorüberlegungen noch umfassendere sprachliche Fähigkeiten.

Zu Beginn der Therapie wird das Kind die neue Situation explo-
rieren und damit Sicherheit zu gewinnen versuchen; die sprachliche Benennung von Gegenständen und Sachverhalten erleichtert
ihm dabei die Orientierung und das Behalten gemachter Erfahrungen (vergl. FOPPA, 1972). - Mit zunehmender Sicherheit in
der Therapiesituation wird der Klient weitergehende Äußerungen machen, die über die Feststellung einfachster Sachverhalte hinausgehen. Kommentare werden aus diesem Grunde weniger
häufig auftreten; der Klient wird diese Form der Äußerung
wahrscheinlich dann wählen, wenn ihm neue Aspekte von Spiel
oder Spielzimmer bewußt werden.

Aufgrund der Tatsache, daß diese Kategorie Verbalverhalten des Kindes erfaßt, das geringe Anforderungen an intellektuelle und sprachliche Fähigkeiten stellt, da es von konkreten Gegebenheiten ausgeht, wird ein relativ hoher Anteil der Klientenäußerungen auf sie entfallen.

An Beispielen sollen Äußerungen, die dieser Kategorie zuzuordnen sind, veranschaulicht werden:

Die Therapie muß in ein neu eingerichtetes Spielzimmer verlegt werden. In der ersten Stunde im neuen Zimmer sagt der Klient: "Das sind ja die gleichen Sachen wie im andern Zimmer."

Das Kind holt einen Karton aus dem Schrank, öffnet ihn und sagt: "Das ist ja ein Puzzlespiel."

- Informationsfragen

Als Informationsfragen sind solche Äußerungen des Klienten zu bezeichnen, die echte Wissenslücken erkennen lassen. - Bei ihnen steht das Informationsbedürfnis im Vordergrund, der Kontakt zum Therapeuten, der durch eine Frage immer auch hergestellt wird, ist in diesem Zusammenhang von untergeordneter Bedeutung. - Tritt er in den Vordergrund, das heißt wird aus dem Kontext deutlich, daß der Klient indirekt den Kontakt zum Therapeuten sucht, handelt es sich nicht um eine Informationsfrage. Für diese Unterscheidung ist besonders auf den Appellcharakter der Frage zu achten.

Diese Beobachtungskategorie soll dem Rechnung tragen, daß Lernbehinderte und Heimkinder über einen geringeren Erfahrungshintergrund verfügen als normalentwickelte Kinder des gleichen Alters. Dies ist zum Teil darauf zurückzuführen, daß sie gleiche Lernangebote nicht in gleichem Umfang nutzen konnten, zum Teil auch darauf, daß ihnen in ihrer engeren Umgebung keine entsprechenden Angebote gemacht wurden.

Aufgrund des reduzierten Erfahrungshintergrundes dieser Kinder und ihrer besonderen Situation der Heimunterbringung sind Informationsfragen in der Psychotherapie häufig zu erwarten.

Aus dem gleichen Grunde ist weiter anzunehmen, daß Lernbehinderte und Heimkinder über die gesamte Dauer der Therapie hinweg immer neue Fragestellungen zu Spielmaterialien, -handlungen und übergreifende Fragestellungen entwickeln, so daß Informationsfragen in etwa gleichem Ausmaß auftreten werden. - Kommt ein Kind mit relativ guten Ausgangsbedingungen (im Vergleich zur Gesamtgruppe der Lernbehinderten und Heimkinder) in die Therapie, ist zu vermuten, daß Informationsfragen leicht zurückgehen. Diese Kinder werden eher in der Lage sein, Wissenslücken durch bereits gegebene Informationen und eigene Überlegungen zu füllen.

Beispiele:

Der Klient sieht eine Packung im Schrank, deren Beschriftung er nicht lesen kann und fragt: "Was ist denn das?"

K e i n e   Informationsfragen:

- Kontakt zum Therapeuten
  Der Klient weiß, daß der Therapeut auf seiner Station angerufen hat, um einen Termin abzusprechen. Er fragt: "Hast Du vorhin auf der Station angerufen?" (möglicher Appell: Hast Du meinetwegen angerufen? Was hast Du da besprochen? Hast Du nur den Termin abgesprochen oder/und hast Du etwas über mich erzählt?)
- Der Klient kennt die Antwort (Rhetorische Frage)
  Der Klient sieht ein Auto auf dem Tisch stehen, mit dem er schon oft gespielt hat und sagt: "He, was ist denn das?"

   - Kontakt zum Therapeuten

In diese Kategorie fallen alle Äußerungen des Klienten, mit denen er den Kontakt zum Therapeuten sucht. Dabei kann er ihn sowohl indirekt als auch direkt ansprechen. Will man indirekte Formen des Kontaktes von anderen Äußerungen unterscheiden, so ist, vergleichbar der Identifizierung von Informationsfragen, besonders auf den Appellcharakter der Äußerung zu achten, das heißt auf Hinweise dafür, welches Ziel der Klient im Grunde anstrebt. Dies ist gerade für die Unterscheidung zu Informationsfragen besonders bedeutsam.

123

Wie beschrieben wurde, ist die besondere Beziehung zwischen
Klient und Therapeut ein wesentliches Element der Kinderpsychotherapie. Das Ausmaß des Kontakts, den das Kind von sich
aus sucht, ist daher wesentlich für die Beurteilung des Therapieprozesses, wobei das Verbalverhalten zumindest ein un-
gefähres Abbild des gesamten Verhaltensbereichs geben kann.

Nach einer ersten Eingewöhnung des Kindes in die Therapiesituation stellt die Klärung der Beziehung zwischen ihm und dem
Therapeuten eine wichtige Phase im Therapieprozeß dar; der
Klient wird von sich aus den Kontakt vermehrt suchen, um sich
Klarheit über die Rolle des Therapeuten und seine Person zu
verschaffen. - Ist diese Phase abgeschlossen, werden andere
Themen größere Bedeutung erlangen; Äußerungen, die vorwiegend
die Beziehung zum Therapeuten zum Inhalt haben, werden von
diesem Zeitpunkt an abnehmen.

Die Form der Klärung des Verhältnisses des Kindes zum Therapeuten wird von dessen Vorerfahrung mit Erwachsenen bestimmt
sein. Eingangs wurden unterschiedliche Formen des Sozialverhaltens von Kindern als Folge langdauernder Heimunterbringung
beschrieben. Diese könnten sich im Kontaktverhalten von Heimkindern in der Psychotherapie widerspiegeln: danach wäre entweder ein abwartendes, distanziertes Verhalten oder ein in der
Distanz gemindertes Verhalten zu erwarten. Je nachdem, welches
dieser Verhaltensmuster auf den jeweiligen Klienten eher zutrifft, ist ein unterschiedliches Kontaktverhalten zu erwarten, das durch die Beobachtung des Verbalverhaltens sichtbar
wird.

Bei einem sehr distanzierten Kind ist zu erwarten, daß der
Kontakt zum Therapeuten zunächst verhältnismäßig gering sein
wird, dann aber ansteigt. Solche Kinder werden jedoch längere
Zeit benötigen, um ihre Beziehung zum Therapeuten zu klären.
Aus diesem Grunde werden sie auch in der zweiten Hälfte der
Therapie noch häufiger als andere Kinder Kontakt zum Therapeuten suchen. Dagegen werden bei einem wenig distanzierten Klienten zunächst viele an den Therapeuten gerichtete Äußerungen
zu beobachten sein. Im Verlauf der Therapie werden sie jedoch in
ähnlichem Ausmaß Kontakt zum Therapeuten suchen wie Kinder mit
normalem Distanzverhalten.

Beispiele sollen veranschaulichen, welche Art der Äußerungen
hier einzuordnen sind:

Klient schneidet aus Papier eine Girlande und hängt sie ins
Spielzimmer. Dazu sagt er: "Das soll hier auch schön sein für
Dich!"

Klient kommt ins Spielzimmer und sagt: "Hallo, da bin ich."

- Handlungsbegleitendes Erzählen

In diese Beobachtungskategorie fallen alle Äußerungen des Klienten, mit denen er sein Tun begleitet und es sprachlich symbolisiert. - Im Gegensatz zu den Kommentaren und Feststellungen, die auf einfache Sachverhalte bezogen sind, sind im handlungsbegleitenden Erzählen zum Beispiel auch Aussagen über Ur-
sache- Wirkungs-Zusammenhänge enthalten.

Gerade Lernbehinderte, die Defizite im sprachlichen Bereich
aufweisen, haben damit verbunden auch Schwierigkeiten, komplexere gedankliche Operationen durchzuführen. - Verbesserungen
der Sprachbeherrschung können folglich dazu beitragen, den
Vollzug auch komplizierterer gedanklicher Prozesse zu ermöglichen. Der Therapeut bietet dem Kind in der Psychotherapie
ein sprachliches Modell, welches er auch einsetzt, um ihm das
Erkennen von Handlungsstrukturen zu erleichtern, indem er das
Tun des Kindes sprachlich symbolisiert. - Übernimmt das Kind
dieses sprachliche Modell, so können ihm selbst durch den
sprachlichen Mitvollzug seines Tuns die diesem zugrundeliegen-
den Strukturen bewußt werden.

Diese an konkreten Fällen erworbenen Kenntnisse sind Voraussetzungen, um Handlungen planmäßig ausführen zu können, da
hierfür die gedankliche Vorwegnahme notwendig ist. Solche gedanklichen Vollzüge wiederum sind in der Regel an Sprache gebunden, die zunächst beobachtbar ist und mit zunehmender Übung
in ein "inneres Sprechen" übergeht (vergl. WYGOTSKI, 1977). -
Ist also handlungsbegleitendes Erzählen des Klienten zu beobachten, kann man davon ausgehen, daß er Strukturen zu erkennen lernt und sie später in gedanklichen Abläufen umzusetzen
vermag.

Aus diesen Überlegungen ist zu folgern, daß handlungsbegleitendes Erzählen des Kindes besonders in der Anfangsphase der Therapie zu beobachten sein wird, dann nämlich, wenn das entsprechende sprachliche Modell des Therapeuten wirksam wird. - Später wird das verbale Mitvollziehen von Handlungen seltener auftreten; es wird dann beobachtbar sein, wenn sich für das Kind Schwierigkeiten im Vollzug einer Handlung ergeben, die es ohne aktiv-sprachliche Strukturierung nicht aufzulösen vermag.

Beispiele:

Der Klient sitzt auf einem Holzauto und fährt rückwärts zwischen zwei Stühle: "Ich setz mich auf mein Auto und fahr' rückwärts in die Garage."

Der Klient schneidet eine Papiergirlande und sagt: "Jetzt schneid' ich das noch ein und dann ist sie fertig."

- Nicht-wertende Äußerungen über Familie, Wohngruppe,
  Schule, Freunde und die eigene Person

In diese Beobachtungskategorie sollen Äußerungen des Klienten fallen, durch die er auch externe Geschehnisse in die Therapiesituation einbringt. Dabei berichtet er von Vorfällen oder Ereignissen, ohne sie zu bewerten. Bevor der Klient in der psychotherapeutischen Situation über solche externen Ereignisse sprechen wird, wird er die Therapiesituation selbst sowie seine Beziehung zum Therapeuten zu klären versuchen. Erst nach der Anfangsphase wird er auch über Dinge sprechen, die nicht unmittelbar mit der Therapie zusammenhängen. Das Auftreten solcher Äußerungen hängt wahrscheinlich mit der zunehmenden Sicherheit des Klienten zusammen, die jedoch eine Bewertung der berichteten Ereignisse nicht in jedem Falle zuläßt. Je weiter das Kind jedoch in die Lage versetzt wird, Geschehnisse zu bewerten, umso seltener wird es über Externes berichten, ohne Stellung zu beziehen.

Dies bedeutet, daß nach der Anfangsphase der Therapie nicht-wertende Äußerungen des Klienten häufiger auftreten werden, ihr Anteil jedoch im weiteren Verlauf wieder geringer sein wird.

Beispiele:

Der Klient erzählt: "Neulich sind alle auf den Jahrmarkt gegangen."

Der Klient berichtet: "Heute Abend wollen wir grillen."

Der Klient sagt: "Nachher ist noch Fußball."

- Wertende Äußerungen über Familie, Wohngruppe, Schule, Freunde und die eigene Person

Äußerungen des Klienten, in denen er auch externe Geschehnisse einbezieht und zu ihnen Stellung nimmt, sind dieser Beobachtungskategorie zuzuordnen. - Der Klient kann dabei sowohl positive als auch negative Bewertungen abgeben.

Auf diese Weise über Geschehnisse zu berichten, erfordert vom Klienten ein recht hohes Maß an Sicherheit in der Therapiesituation sowie die Fähigkeit, Ereignisse zu analysieren und in ihrer Bedeutung abzuwägen. Hierzu wiederum sind Beurteilungskriterien notwendig, nach denen der Klient seine Bewertung ausrichten kann. - Im Gegensatz zu nicht-wertenden Äußerungen erfordern wertende Äußerungen also weitergehende Fähigkeiten des Klienten sowohl im kognitiven Bereich als auch in der Wahrnehmung emotionaler Komponenten eines Geschehens, die für eine Beurteilung bedeutsam sind.

Wertende Äußerungen werden im Verlauf der Therapie zunehmend häufiger auftreten, ihren wesentlichsten Anteil am verbalen Therapiegeschehen werden sie jedoch nicht vor der zweiten Hälfte der Therapie haben.

Beispiele sollen wiederum veranschaulichen, welche Äußerungen dieser Kategorie zuzuordnen sind.

Der Klient erzählt: "Sybille hat Jörn einfach die Schokolade aufgefressen, die ist ganz schön gemein."

Der Klient berichtet: "Michael hat die Fensterscheibe wieder mal eingeschmissen, der ist aber auch zu blöd!"

Der Klient erzählt: "Ich fahr am Wochenende nach Hause, toll, was?"

- Treffen von Entscheidungen

Äußerungen, aus denen hervorgeht, daß der Klient sich für eine
bestimmte Handlungsweise oder eine bestimmte Haltung einer Sache gegenüber entschieden hat, sind dieser Beobachtungskategorie zuzuordnen.

Wichtige Ziele der Kinderpsychotherapie sind zunehmende Selbständigkeit und Eigenverantwortlichkeit des Klienten. Dieser
Entscheidungsprozeß geht wahrscheinlich einher mit der Bewertung eigener Einstellungen und Handlungsweisen und denen anderer. - Entwickelt der Klient auf diese Weise Bewertungsmaßstäbe für sich und sein Tun, wird sich dies darin zeigen, daß er
in zunehmendem Maße Entscheidungen für sich selbst trifft.
Diese geben damit Hinweise auf die wachsende Unabhängigkeit
des Kindes vom Urteil anderer und damit das Ausmaß seiner
Selbstsicherheit. Da Lernbehinderte und Heimkinder oft in besonders hohem Maße von der Beurteilung durch Dritte abhängig
sind, wird der Prozeß der Entwicklung von Selbständigkeit und
Eigenverantwortlichkeit entsprechend erschwert sein. Aus diesem Grunde ist anzunehmen, daß Entscheidungen des Klienten zunächst recht selten zu beobachten sein und erst im weiteren
Verlauf der Therapie häufiger auftreten werden.

Analog zum handlungsbegleitenden Erzählen kann angenommen werden, daß der Klient gegen Ende der Therapie Entscheidungen
nicht mehr in gleichem Ausmaß verbal äußern wird. Diese werden
folglich entsprechend seltener beobachtbar sein.

Beispiele:

"Ich räum jetzt wieder ein!" "Ich hör' jetzt damit auf." "Ich
laß' das so, so ist es am besten!"

- Rollenspielbegleitendes Erzählen

In diese Kategorie fallen alle Äußerungen, die im Zusammenhang mit Rollenspielen des Kindes auftreten. Sie tauchen immer dann auf, wenn der Klient fiktive Personen miteinander
agieren läßt und den Ablauf des Geschehens beschreibt, ohne
direkt die Rolle einer bestimmten Person zu übernehmen und für
sie zu sprechen.

Im Rollenspiel bieten sich dem Kind Möglichkeiten, Konflikte nicht direkt anzusprechen, sondern sie gleichsam "spielerisch" darzustellen und Lösungen zu suchen. - Es ist allerdings anzunehmen, daß das Kind sich zunächst noch nocht direkt in einzelne Personen hineinversetzt und in direkter Rede den Spielverlauf begleitet, sondern ihn erzählend strukturiert. Mit dieser Form der Verbalisierung hat das Kind eher die Möglichkeit, sich selbst als Person noch nicht unmittelbar in das Spiel einzubringen, aber dennoch die Möglichkeiten des Rollenspiels zur Konfliktbearbeitung zu nutzen.

Das rollenspielbegleitende Erzählen ist vom handlungsbegleitenden Erzählen insofern abzugrenzen, als es sich auf ganz bestimmte Spielinhalte bezieht, die für die Therapie als besonders bedeutsam anzusehen sind. - Wie das handlungsbegleitende Erzählen bietet jedoch auch diese Form der Äußerung die Möglichkeit, eine Situation in ihrem Ablauf zu strukturieren und sie damit gedanklich besser faßbar zu machen.

Rollenspielbegleitendes Erzählen wird somit nach der Anfangsphase der Therapie vermehrt zu beobachten sein, in der zweiten Hälfte der psychotherapeutischen Behandlung jedoch wieder zurückgehen und direkteren Formen der Auseinandersetzung des Klienten mit sich und seiner Umwelt Raum lassen.

Beispiel:

Der Klient spielt mit dem Puppenhaus und erzählt dabei: "Der Vater steigt aus dem Bett. Er hört, daß es so laut ist in der Küche. Da sitzen die Kinder und trinken Kakao, und er schmeißt sie alle aus dem Haus."

- Direkte Übernahme von Rollen

Dieser Kategorie sind alle Äußerungen zuzuordnen, in denen der Klient direkt für eine oder mehrere vorgestellte Personen spricht (oft auch in veränderter Stimmlage), das heißt sich in die betreffende Person hineinversetzt.

Indem das Kind dies tut, bietet sich ihm die Möglichkeit, Konfliktsituationen unmittelbar darzustellen, sie unter verschiedenen Aspekten nachzuerleben, Handlungsweisen selbst zu erproben und damit das eigene Verhaltensrepertoire zu erweitern.

Es ist anzunehmen, daß der Klient das Rollenspiel als Darstellungsform wählen wird, wenn er sich in der Therapiesituation hinreichend sicher fühlt, sich mit seiner Umwelt auseinanderzusetzen, aber noch nicht in der Lage ist, dies unmittelbar im Gespräch zu tun. - Das Rollenspiel kann als kindgemäße Form der Auseinandersetzung mit Konflikten und Problemsituationen betrachtet werden, da dem Kind durch die Handlungsmöglichkeiten des Spiels das Hineinversetzen in andere Personen sehr erleichtert wird: es ist nicht gezwungen, sich rein gedanklich mit den unterschiedlichen Aspekten zum Beispiel einer sozialen Situation zu beschäftigen, die zu deren Verständnis notwendig sind, sondern kann sie "spielerisch" erfassen.

Für lernbehinderte Kinder ist diese Form der Konfliktbearbeitung in der psychotherapeutischen Behandlung von noch größerer Bedeutung als für normalintelligente, da die gedankliche Erfassung von Problemen und ihre sprachliche Wiedergabe ein recht hohes Maß an kognitiven und verbalen Fähigkeiten fordert. Von daher ist zu erwarten, daß Äußerungen dieser Kinder über sich selbst und ihre Beziehung zu anderen vorwiegend in der Form der direkten Rollenübernahme stattfinden werden und weniger in Gesprächen mit dem Therapeuten.

Eine Unterscheidung zwischen rollenspielbegleitendem Erzählen des Klienten und der direkten Übernahme von Rollen kann jedoch nicht nur unter dem Aspekt der stärkeren Beschäftigung mit den unterschiedlichen Denk- und Handlungsweisen der einzelnen Personen gesehen werden, sondern auch darin, daß das Kind durch die direkte Übernahme von Rollen sich und sein persönliches Erleben dem Therapeuten gegenüber offener darstellt. Von daher könnte angenommen werden, daß das direkte Übernehmen von Rollen ein Kriterium für die Intensität der Auseinandersetzung des Klienten mit sich und seiner Umgebung darstellt.

Rollenspiele ansich werden folglich aufgrund der in ihnen enthaltenen Möglichkeiten für den Klienten schon bald auftreten. Die direkte Übernahme von Rollen wird jedoch erst um die Mitte der Therapie zu beobachten sein; gegen Ende wird sie wieder

seltener auftreten, da dem Klienten dann andere Äußerungs-
möglichkeiten zur Verfügung stehen werden.

Beispiele zur Veranschaulichung:

Klient spielt mit einem kleinen Auto und Campinganhänger. Er
übernimmt die Rolle der Mutter: "Du paßt jetzt auf den Wohn-
wagen auf, Papa und ich fahrn mal weg."

Rollenspiel mit dem Puppenhaus, der Klient äußert in der Rolle der Mutter: "Kleines Kindchen, komm her."

- Selbstreferenzen

Als Selbstreferenzen werden alle Äußerungen des Klienten bezeichnet, in denen er eine Selbsteinschätzung oder Beurteilung
abgibt. - Solche Aussagen können sich auf das eigene Tun, auf
Einstellungen, Werthaltungen und Gefühle beziehen. - Sie können sowohl positiven als auch negativen Charakter haben.

Äußerungen des Klienten, die sich unmittelbar auf ihn selbst
beziehen, könnten als letzte Stufe einer Hierarchie gesehen
werden, die im Therapieprozeß durchlaufen werden sollte. Als
erste Stufe wären dann Kommentare und Feststellungen zu sehen,
die folgenden bildeten nicht-wertende Äußerungen sowie wertende Äußerungen und Entscheidungen. - Weiter könnten Selbstreferenzen des Klienten als andere Form der Äußerung über sich
selbst neben der der direkten Übernahme von Rollen gesehen
werden.

Anzunehmen ist, daß Selbstreferenzen insgesamt nur einen geringen Anteil der verbalen Äußerungen des Klienten ausmachen werden, wenngleich sie mit fortschreitendem Therapieprozeß häufiger auftreten sollten.

Beispiele zur Veranschaulichung:

- positive Selbstreferenzen
  "Jetzt kann ich das!"
  "Fußball spiel' ich schon ganz gut."
- negative Selbstreferenzen
  "Ich krieg' das heute überhaupt nicht hin!"
  "Ich bin doof, bin ich doch!"
  "Ich schaff' das doch nie!"

131

7.4 Rahmenbedingungen der empirischen Untersuchung

Die im folgenden dargestellte Einzelfallstudie, in die die
vorangegangenen Überlegungen zur Durchführung empirischer
Untersuchungen eingingen, fand in der Zeit von Mai 1978 bis
Juli 1979 in den Rotenburger Anstalten der Inneren Misson
(Rotenburg/Wümme) statt. - Bei der dargestellten Therapie handelt es sich um diejenige von mehreren annähernd parallel
durchgeführten psychotherapeutischen Behandlungen, die so dokumentiert werden konnte, daß eine statistische Auswertung
möglich war.

Bei dem Klienten handelte es sich um einen zehnjährigen Jungen, der an einer schweren Stoffwechselstörung (Mucoviscidose)
litt und deshalb der ständigen pflegerischen Betreuung bedurf-
te (vergl. auch "Ergebnisse des Vortests").

Die psychotherapeutische Behandlung wurde durchgeführt von
einer der Autorinnen, die neben der an der Universität Hamburg erworbenen Qualifikation als Kinderpsychotherapeutin auch
mehrjährige Erfahrung als Erzieherin in Vollheimen mitbrachte. -
Die Co-Therapeutin, die die Therapiestunden als teilnehmende
Beobachterin hinter der Einwegscheibe des Spielzimmers ver-
folgte, war ebenfalls an der Universität Hamburg als Kinderpsychotherapeutin ausgebildet worden.

Neben dieser teilnehmenden Beobachtung erfolgte eine Supervision durch eine in der therapeutischen Arbeit erfahrene Dipl.-
Psychologin, die zum Zeitpunkt der Untersuchung bereits seit
mehreren Jahren in den Rotenburger Anstalten tätig war.

Die gesamte Psychotherapie wurde auf Tonband aufgezeichnet;
mit einem eigens hierfür konstruierten Gerät wurden Zeitinter-
valle von zweiminütiger Dauer durch einen Piepton schon während der Aufnahme gekennzeichnet. - Parallel hierzu wurde ein
Handlungsprotokoll für den Klienten geführt sowie dessen Bewegungen im Spielzimmer auf einer Grundrißzeichnung des Raumes skizziert.

Das so gewonnene Datenmaterial wurde im Anschluß an die Psychotherapie für eine statistische Auswertung aufbereitet
(vergl. auch "Untersuchung des Therapieverlaufs").

Teil 2:

Empirische Untersuchung

8. Vergleich von Vor- und Nachtest

Der Vergleich von Vor- und Nachtest des Klienten soll der Be-
antwortung folgender Fragen dienen:

- Ist es möglich, Verhaltensauffälligkeiten und psychische
  Beeinträchtigungen des Klienten durch die psychotherapeutische Behandlung zu vermindern?
- Verbessern sich die intellektuellen Leistungsmöglichkeiten
  sowie die Qualität die Sprache des Klienten durch die psychotherapeutische Behandlung?

8.1 Methoden der Datenerhebung

Die Methoden zur Erhebung der Daten über den Klienten, die
eine differenzierte Einschätzung seiner sozialen Situation
und psychischen Befindlichkeit, seiner Vorgeschichte sowie
seiner intellektuellen Fähigkeiten ermöglichen sollten, sind
grob danach zu unterscheiden, ob sie L-, Q- oder T-Daten lie-
fern.

Sozialdaten, d. h. L-Daten, die die Lebenssituation des Kindes widerspiegeln, wurden in Form von Anamnesedaten aus der
Heimakte, Berichten der Erzieher sowie eines Gutachten des
Heimpsychologen erhoben. - Daneben wurden vor allem Daten aus
der Verhaltensbeobachtung während der psychologischen Untersuchung des Klienten einbezogen.

Selbstbeurteilungen des Kindes wurden nicht direkt durch ein
Explorationsgespräch zu gewinnen versucht, sondern durch den
Einsatz des MPT, eines Satzergänzungstests sowie des Sceno-
Tests. - Als nicht-standardisiertes Verfahren wurde das freie
Erzählen eines Tagesablaufs hinzugenommen.

Vom MPT wurden drei Bildtafeln ausgewählt, wobei besonders
die Heimsituation des Kindes berücksichtigt wurde. - Tafel
Eins zeigte Kinder am Tisch beim Brettspiel, Tafel Zwei Kinder auf einem Feldweg und Tafel Drei eine Schulklasse mit Leh-
rerin. - Bei diesem Test kam es vor allem auf die sprachliche
Projektion eigenen Erlebens auf die Bildinhalte an. Der Satzergänzungstest schließlich sollte die Projektion emotionaler
Inhalte auf einen verbalen Inhalt ermöglichen.

Der Sceno-Test wurde anstelle eines Explorationsgesprächs mit dem Klienten eingesetzt, da angenommen wurde, auf diese Weise wesentlich mehr Informationen zu gewinnen als es durch ein Gespräch möglich gewesen wäre.

Als objektive Testverfahren zur Überprüfung von Leistungsmöglichkeiten des Kindes wurden aus der Testbatterie für geistig behinderte Kinder (TBGB) die Untertests CMM, PPVT und BM+CM herangezogen. Weiter wurden der Snijders-Oomen-Test (SON) und der Psycholinguistische Entwicklungstest (PET) eingesetzt.

Zur Abschätzung der intellektuellen Leistungsfähigkeit des Klienten wurden somit zum einen Tests ausgewählt, die für geistig behinderte und lernbehinderte Kinder entwickelt worden waren, zum andern ein weitgehend sprachfreier Test, der an normalintelligenten Kindern standardisiert wurde (SON-P-Reihe). Der SON wurde dem HAWIK vorgezogen, weil er auf Aktivsprache verzichtet und nicht auf Schulwissen ausgerichtet ist. Dies schien sinnvoll, da intellektuelle Fähigkeiten abgeschätzt werden sollten, die nicht notwendigerweise an sprachliche Fähigkeiten gebunden sind.

Der sprachliche Entwicklungsstand sollte gesondert mit dem PET erfaßt werden. - Diese Trennung sollte es ermöglichen, das intellektuelle Leistungsvermögen beurteilen zu können, ohne daß Verfälschungen aufgrund mangelnder Aktivsprache, wie sie bei Lernbehinderten und Heimkindern erwartet werden konnte, auftreten würden.

Zur Beurteilung der Sprache des Klienten unter formalen Aspekten, d. h. als Information über die Sprachqualität, wurden die Äußerungen des Kindes zum MPT sowie zum Tagesablauf auf Tonband aufgenommen und später wörtlich protokolliert. Anhand dieser Protokolle wurden die durchschnittliche Satzlänge, die Vollständigkeit der Äußerungen, ihre Verständlichkeit, grammatische Richtigkeit und der Gebrauch von Nebensätzen festgehalten, um statistisch auswertbare Rohdaten zu gewinnen. - Diese recht einfachen Kriterien wurden gewählt, da bereits aus ihnen gute Rückschlüsse auf den sprachlichen Entwicklungsstand eines Kindes möglich sind (vergl. LAWTON, 197o, S. 41 ff).

Mit Hilfe der beschriebenen Erhebungsmethoden wurden vor Beginn und nach Abschluß der Psychotherapie Daten erhoben, die entweder deskriptiv (L- und Q-Daten) oder statistisch (T-Daten, Daten über die Sprachqualität) paarweise miteinander vergleichbar waren. - Die Daten des Vortests wurden schon unmittelbar nach ihrer Erhebung zur Formulierung konkreter Therapieziele verwendet, an denen im weiteren Behandlungsstrategien für das Kind entwickelt wurden.

8.2 Durchführung und Ergebnisse des Vortests - Klient

Die Durchführung des Vortests, der von der späteren Co-Therapeutin vorgenommen wurde, erstreckte sich über einen Zeitraum von insgesamt fünf Wochen (Mai/Juni 1978). Es fanden vier Testsitzungen mit dem Klienten statt, sowie drei Gespräche mit Erziehern und dem zuständigen Heimpsychologen. Vorab waren Anamnesedaten aus der Heimakte entnommen worden.

In den Testsitzungen stand nicht ausschließlich die Gewinnung von Daten aufgrund der beschriebenen Verfahren im Vordergrund; es wurde auch großer Wert auf die Beobachtung und Erfassung des kindlichen Verhaltens in dieser Situation gelegt. Aus allen Informationen wurde versucht, eine vorläufige Einschätzung des Kindes zu gewinnen, sein Problemverhalten zu beschreiben und daraus Behandlungsvorschläge und -ziele abzuleiten.

Analog zum Vorgehen im Vortest wurde der Nachtest durchgeführt (nach Beendigung der Therapie im Juli 1979), um vergleichbare Daten zu gewinnen.

Der Klient Marcus G., geboren   1968, zum Zeitpunkt der Untersuchung 9;11 Jahre alt, wurde vom Heimpsychologen aus folgenden Gründen für eine Therapie vorgeschlagen: er zeige überangepaßtes Verhalten, wenn es um die Erfüllung eigener Wünsche gehe, versuche aber auch, diese durch "taktierendes" Vorgehen durchzusetzen. Marcus habe weiter Schwierigkeiten, mit sozial erwünschten Verhaltensweisen Kontakte aufzubauen. Er verpetze Kinder und lüge gelegentlich.

Zur Anamnese lagen nur wenige Daten vor. - Marcus wurde als fünftes, eheliches Kind geboren; über Schwangerschaft und Ge-

burt lagen keine Informationen vor. - In der frühen Kindheit
litt Marcus an Ernährungsstörungen, was zunächst der Mutter
angelastet wurde. Während eines Klinikaufenthaltes wurde dann
jedoch das Vorliegen einer Mucoviscidose (Stoffwechselkrank-
heit) festgestellt; der genaue Zeitpunkt der Entdeckung konnte nicht mehr ermittelt werden. - Da man den Eltern, insbesondere der Mutter, von Seiten des zuständigen Jugendamtes die
Versorgung des Kindes weiterhin nicht mehr zutraute, wurde
Marcus zunächst in einem Säuglingsheim untergebracht. Als er
1;11 Jahre alt war (Mai 197o) und damit die Altersgrenze für
die Unterbringung im Säuglingsheim erreicht war, wurde er in
die Rotenburger Anstalten verlegt. Zu diesem Zeitpunkt hatte
er den Entwicklungsstand eines 9 - 12 Monate alten Kindes (bestimmt nach der VSMS).

In den Rotenburger Anstalten wurde Marcus auf einer Schwerstbehinderten-Station untergebracht, da nur dort die notwendige
medizinische Versorgung sichergestellt war. Hier genoß Marcus
als ein im Verhältnis zu den anderen nur leicht Behinderter
eine Sonderstellung. Er blieb auf dieser Station etwa 6;6 Jahre. Während dieser Zeit entwickelte sich ein intensiver Kontakt zu einer der dort tätigen Schwestern. Die Verbindung
blieb auch nach der Verlegung auf eine Lernbehinderten-Stati-
on bestehen.

Diese Verlegung wurde als sinnvoll erachtet, um Marcus, der
nach einer testpsychologischen Untersuchung im März 1976 das
Bild eines Lernbehinderten bot, eine Unterbringung zu bieten,
die sich an seinen Fähigkeiten und Leistungsmöglichkeiten ori-
entierte. - Als die vom medizinischen Standpunkt her notwendigen Bedingungen geschaffen waren (Einzelzimmer mit Nebelzelt;
Behandlung mit Klopfmassagen), wurde er in einer Gruppe lernbehinderter Jungen untergebracht.

Zum Zeitpunkt des Vortests, nachdem Marcus also seit ca. 1;6
Jahren in der Gruppe lebte, berichteten Mitarbeiter, daß er
große Schwierigkeiten gehabt habe, sich in die Gruppe einzu-
leben. Es sei ihm schwer gefallen, einer unter gleichen zu
sein und keine Sonderstellung mehr einzunehmen, was die Erfüllung seiner eigenen Wünsche beziehungsweise die Übernahme von
Pflichten betraf.

Immer wieder wurde berichtet, daß Marcus andere Kinder verpetze und damit sein Verhältnis zu ihnen erheblich belastet werde. - Auch seitdem er auf die Unterbringung in einem Einzelzimmer mit Nebelzelt verzichten könne, sei keines der anderen Kinder bereit, ein Zimmer mit Marcus zu teilen. Generell suche er in der Wohngruppe und in der Schule eher den Kontakt zu Kindern, die ihm unterlegen seien. - Zu seinen Erziehern habe Marcus ein recht gutes Verhältnis, er versichere sich jedoch immer wieder ihrer positiven Rückmeldung, was zeitweilig als Belastung empfunden werde. Außerdem fanden sich Hinweise, daß Marcus zu einzelenen Erziehern gelegentlich sehr "frech" sei. Auch gelegentliches Lügen wurde von den Erziehern berichtet.

Zum Elternhaus bestand zum Zeitpunkt der Untersuchung Kontakt; die Mutter schrieb etwa alle zwei Monate und besuchte den Jungen vier- bis fünfmal jährlich. Seinen Vater und seine Geschwister kannte Marcus nicht.

Über das Verhalten auf der Station wurde weiter berichtet, daß Marcus sich ausdauernd auch allein beschäftigen könne und Vorlieben für das Ansehen von Büchern, Gesellschaftsspielen und Fußballspielen hätte. - Zum Leistungsbereich wurde ausgesagt, daß er seine Hausaufgaben (er besucht die Heimsonderschule für Lernbehinderte) und mittlerweile auch seine Pflichten in der Gruppe ohne Aufforderung und mit recht guten Resultaten erledige. Das Lesen allerdings bereite ihm Schwierigkeiten. Insgesamt sei er durch soziale Verstärkung jedoch sehr leicht anzuspornen.

Seine Erkrankung machte es notwendig, Marcus immer wieder auf bestimmte Verhaltensmaßregeln hinzuweisen, z. B. nicht mit nassen Haaren nach draußen zu gehen, um Erkältungskrankheiten vorzubeugen. Seine körperliche Belastbarkeit wurde in den letzten eineinhalb Jahren durch regelmäßiges Schwimmen, Reiten und orthopädisches Turnen zu erhöhen versucht. So erwarb er in dem vergangenen Jahr Frei- und Fahrtenschwimmerzeugnis. - Da er durch das körperliche Training besser belastbar wurde, verzichtete man weitgehend darauf, ihn in dem Maße zu schonen, wie es zuvor der Fall gewesen war. So durfte er beispielsweise jetzt allein nach draußen zum Spielen gehen.

Zum Zeitpunkt des Vortests war Marcus körperlich normal entwickelt und zeigte in dieser Hinsicht keinerlei Auffälligkeiten. - Er schien mit ambivalenten Gefühlen zu den Testsitzungen zu kommen: einerseits empfand er die Einzelsituation offensichtlich als nicht unangenehm; er interessierte sich für
Testmaterial, Aufzeichnungsgeräte und dafür, welchen Eindruck
die Testleiterin von ihm gewann. Andererseits wirkte er nach
einiger Zeit jeweils sehr unruhig, fahrig und abgelenkt und
äußerte des öfteren, er müsse noch an anderen Aktivitäten teil-
nehmen, die allerdings keine Verpflichtung für ihn darstellten.

Marcus war immer bemüht, Verhaltensweisen zu zeigen oder Dinge
zu erzählen, die ihn in der Regel positiv gegenüber anderen
Kindern abhoben, z. B. stellte er heraus, daß er ein anderes
Kind dazu veranlaßt hätte, einer Vereinbarung nachzukommen,
wozu jenes selbständig nicht bereit gewesen wäre. - Weiter
versuchte er festzustellen, welche Verhaltensweisen hingenom-
men wurden beziehungsweise auf Ablehnung stießen, indem er die
Reaktionen der Testleiterin provozierte. So führte er zunächst
sein Radio vor und stellte es auf Zimmerlautstärke; erst nach
mehreren Aufforderungen, das Gerät auszuschalten, um mit einer
Testung beginnen zu können, kam er dieser nach. Er bot jeweils
an, das Gerät etwas leiser zu stellen und schaltete es erst
aus, als ihm deutlich wurde, daß dies nicht zu umgehen sein
würde.

Marcus' Mitarbeitsbereitschaft war, wenngleich zwischen den
einzelnen Testverfahren Unterschiede bestanden, generell zu
Beginn der Testungen gut, er arbeitete konzentriert mit. -
Dies wich jedoch im weiteren Verlauf einer zunehmenden Unruhe.
Er drängte auf ein schnelleres Vorgehen und schien immer weniger an guten Ergebnissen unmittelbar interessiert. - Während
er bei den standardisierten Verfahren zunächst ständig positive Rückmeldung forderte, war er mit zunehmender Testdauer
immer stärker daran interessiert zu erfahren, wann er gehen
könne, da er noch andere Dinge tun wolle. - Er stand des öfteren auf, lief im Zimmer umher und mußte häufiger darauf hin-
gewiesen werden, daß er weiter mitarbeiten müsse. - Diesen
Aufforderungen kam er jeweils für gewisse Zeit nach, um dann
wieder das gleiche Verhalten zu zeigen. Es entstand aber dennoch nicht der Eindruck, daß er widerwillig blieb.

Abschließend sind nunmehr die Ergebnisse zusammenzufassen, um das Bild des Kindes zu vervollständigen: Die Schilderung des Tagesablaufs enthielt vorwiegend sachliche Beschreibungen dessen, was Marcus von morgens bis abends zu tun hatte beziehungsweise, aus eigenem Interesse tat. Letztere machten jedoch nur einen geringen Anteil seiner Gesamtäußerungen aus.

Der Satzergänzungstest war zu mehr als drei Vierteln von emotional geprägten Aussagen bestimmt; dabei handelte es sich vorwiegend um Feststellungen, seltener um Wünsche. - Aussagen, die Marcus über sich selbst machte, waren von dem Wissen um seine unter Umständen lebensbedrohende Krankheit bestimmt und spiegelten deutliche Ängste wider, beispielsweise Angst vor Regen. - Weiter spielten Äußerungen über die Beziehung zu seiner Familie, insbesondere zu seiner Mutter eine Rolle, die recht ambivalenten Inhalts waren.

Zu den Bildkarten des MPT äußerte Marcus trotz des hohen Aufforderungscharakters verhältnismäßig wenig emotionale Inhalte (etwa ein Viertel). Seine Erzählungen waren einerseits von Krankheit, ihrer Unvorhersehbarkeit (Kinder werden auf einem Waldweg vom Auto überfahren) und ihren Folgen (Krankenhausaufenthalt) bestimmt; andererseits enthielten sie Wünsche, einmal in der vertrauten Umgebung etwas Verbotenes zu tun.

Das Material des Sceno-Tests verwendete Marcus nicht allein zum Aufbau einer Scene, sondern stellte eine lebhafte Handlung dar. - Dabei verschloß er die Spielszene gegen den Testleiter, indem er Bäume aufstellte; die Handlung ließ er jedoch zeitweilig eher diesem als sich selbst zugewandt ablaufen. - Die zentrale Figur der Spielszenen war die Kuh, die in zwei unvereinbaren Rollen agierte. Sie stellte einerseits eine Retterin und Beschützerin dar, andererseits verhielt sie sich unberechenbar und zerstörerisch. - Daneben waren Fuchs und Krokodil sowie ein Bauer und ein Hund wesentlich am Spiel beteiligt. Während Fuchs und Krokodil die Kuh bedrohten, letztlich aber unterlagen, verhielten sich Bauer und Hund völlig passiv. Sie versteckten sich hinter einem Gebäude, das weder Türen noch Fenster besaß.

In den Leistungstests erreichte Marcus Werte, mit denen er

mindestens dem Durchschnitt lernbehinderter Jungen seiner Altersgruppe entsprach. - Sein Sprachverständnis sowie seine
allgemeinen Intelligenzleistungen, wie sie in den durchgeführten Untertests der TBGB erfaßt werden, entsprachen dem, was
von gleichaltrigen lernbehinderten Jungen erreicht wird.

Im SON, der weitgehend auf Aktivsprache verzichtet, lag Marcus mit einem Intelligenzquotienten von 89 noch in der unteren
Schwankungsbreite der Normalintelligenz; ebenso lagen die in
den einzelnen Untertests erreichten Standardwerte im unteren
Schwankungsbereich um den Mittelwert (M = 25; s = 5).

Dagegen wiesen die Ergebnisse des PET deutlich auf Schwächen
im sprachlichen Bereich hin, die umso größer wurden, je komplexer die geforderten Fähigkeiten waren. Der PET - Gesamtwert
lag bei 36,32[1] (M = 5o; s = 1o), damit lag Marcus mit seinen
sprachlichen Fähigkeiten unterhalb des von normalentwickelten Kindern erreichten Niveaus. - In zwei Untertests wichen
die Ergebnisse signifikant von Marcus' durchschnittlichem Wert
ab: in der Aufnahme und Wiedergabe akustisch-sprachlicher
Symbole ohne hohen Assoziationswert (Zahlenfolgen) hatte er
große Schwierigkeiten. Hingegen gelang es ihm besonders gut,
gedankliche Prozesse in Gesten auszudrücken.

Die Auswertung der sprachlichen Äußerungen des Kindes, die
seiner Tageslaufschilderung sowie seinen Erzählungen zum MPT
entnommen wurden, ergab folgendes:
Beim Erzählen des Tagesablaufes hatte Marcus erhebliche
Schwierigkeiten. Über die Hälfte der Sätze waren unvollstän-
dig, nur zwei Drittel inhaltlich verständlich. Er verwendete
zwar Nebensätze (13%, hauptsächlich Aufzählungen), so daß die
durchschnittliche Satzlänge 8,5 Wörter betrug, nur 39% waren
jedoch grammatisch einwandfrei.

Ein etwas günstigeres Bild ergab sich für den MPT. Bei einer
durchschnittlichen Satzlänge von 7,2 Wörtern waren zwar nur
45,8% der Sätze vollständig, die Verständlichkeit des Inhalts
lag jedoch erheblich höher, sie betrug 83,3%. Marcus verwendete sehr viel häufiger Nebensätze (ein Viertel), und die
Hälfte seiner Äußerungen waren grammatisch richtig.

8.3 Interpretation der erhobenen Daten und Behandlungs-
ziele

Zur Leistungsfähigkeit des Klienten ist festzustellen, daß
sie trotz unterschiedlicher Ergebnisse in den einzelnen Tests
der eines lernbehinderten Kindes entsprach. Im SON erreichte
Marcus Werte, die deutlich über seinen Ergebnissen in den
übrigen Leistungstests lagen. - Dies hängt mit dem Testverfahren zusammen, das weitgehend auf Aktivsprache verzichtet
und damit diese sonst in Intelligenztests mit eingehende Grö-
ße ausklammert. - Betrachtet man nämlich in diesem Zusammenhang die Werte, die er im PET erzielte, so wird deutlich,
daß er im sprachlichen Bereich nicht mehr der Norm gleichaltriger Kinder entsprach, so daß er in einem sprachgebundenen IQ-
Test wahrscheinlich ein schlechteres Ergebnis erzielt hätte.
In den sprachliche Fähigkeiten erfordernden Untertests der
TBGB schließlich ergab sich eindeutig das Bild einer Lernbehinderung. - Aufgrund dieser Überlegungen wurde gefolgert,
daß Marcus zu den lernbehinderten Kindern zu rechnen war, die
vor allem durch eine Schwäche im sprachlichen Bereich auffallen, während sie bei sprachfreien Aufgaben leistungsfähiger
sind.

Die sprachlichen Schwächen bezogen sich vorwiegend auf die Erfassung und Wiedergabe abstrakterer sprachlicher Sequenzen,
während die grundlegenden Fähigkeiten, wie sie im PET erfaßt
werden, vorhanden waren. So verfügte Marcus zwar nicht über
kompliziertere grammatische Strukturen, war aber in der Lage,
sich in einfachen Sätzen mitzuteilen. - Auffällig waren sowohl
im PET als auch im Satzergänzungstest Verständnisschwierigkei-
ten in Bezug auf Wörter oder Begriffe, die sich eindeutig dem
Erfahrungsbereich des Kindes entzogen oder wenig gebräuchlich
sind.

Da die Entwicklung sprachlicher und damit auch intellektueller
Fähigkeiten wesentlich von der Umgebung des Kindes abhängt,
wurden hier die Ursachen für den vorgefundenen Entwicklungs-

rückstand gesucht. - Marcus wuchs in den ersten beiden Lebens-
jahren unter denkbar ungünstigen Bedingungen auf. Zu der ihn
sicherlich belastenden Krankheit kamen mehrere Wechsel der Unterbringung und der damit verbundene Verlust von Bezugspersonen. Dies hatte bereits zum Zeitpunkt der Verlegung in die Rotenburger Anstalten zu erheblichen Entwicklungsrückständen geführt.

Vermutlich konnten diese vor allem durch die überdauernde Zuwendung einer Krankenschwester zumindest partiell ausgeglichen
werden. Die äußeren Bedingungen der Unterbringung auf einer
Schwerstbehinderten-Station brachten es jedoch mit sich, daß
Marcus keine oder nur unzureichende Erfahrungen im Umgang mit
gleichaltrigen, in ihrem Entwicklungsstand ihm entsprechenden
Kindern machen konnte. Dadurch fehlten ihm Möglichkeiten, sich
im Umgang mit anderen zu üben, altersgemäßes Kontaktverhalten
aufzubauen und sich nicht ständig als anderen Kindern überlegen zu erfahren. Neben den sozialen Lernmöglichkeiten fehlten
ihm aber auch solche, die die Entwicklung kognitiver Fähigkeiten unterstützten. Eine altersentsprechende pädagogische Förderung des Kindes, das den anderen in seinen Fähigkeiten immer
überlegen war, ist bei der Struktur der Station und der Ar-
beitsbelastung der Mitarbeiter (Pflege und Versorgung) sicherlich nur in eingeschränktem Umfang möglich gewesen. Hinzu kam
der Ausfall der für die kognitive Entwicklung ebenfalls be-
deutsamen informellen Lernfelder. Vergegenwärtigt man sich,
daß Marcus bis zum Zeitpunkt des Stationswechsels 1977 nur
in Begleitung Erwachsener und dann meist in der Gruppe das
Haus beziehungsweise das Gelände der Anstalt verlassen konnte,
wird deutlich, wie begrenzt der Erfahrungsbereich des Kindes
blieb.

Durch die Situation auf der Schwerstbehinderten-Station, so
ist anzunehmen, lernte Marcus früh für andere, schwächere Kinder Verantwortung zu übernehmen und Anerkennung von Seiten
der Mitarbeiter zu erhalten. Er, ein im Vergleich zu den anderen "Leichtbehinderter", erwarb einen Sonderstatus, der
sein Selbstwertgefühl sicherlich stützte. Dieser Status erstreckte sich auch auf den Leistungsbereich, er war den anderen Kindern immer überlegen. Selbst wenn man unterstellt, daß

ihm realistische Maßstäbe geboten wurden, so ist zu vermuten, daß der ständige Vergleich mit den anderen Kindern für ihn bedeutsamer und damit ursächlich für seine unangemessene Selbsteinschätzung war.

Mit dem Wechsel in die Gruppe gleichaltriger, lernbehinderter Jungen büßte Marcus seinen Sonderstatus ein. Hier erlebte er, daß andere Kinder ähnliche Leistungsmöglichkeiten wie er hatten und ihm möglicherweise sogar überlegen waren. Dies bedeutete neben der Belastung durch die Eingewöhnung in eine neue Gruppe und einen neuen Bezugspersonenkreis eine starke Verunsicherung.

Maßstäbe, die bislang durch die Bezugspersonen gesetzt wurden und fehlende Vergleichsmöglichkeiten hatten ihn daran gehindert, eine realitätsbezogene Selbsteinschätzung zu erwerben. Aus diesen Gründen, so könnte vermutet werden, wandte Marcus sich vorwiegend an seine Erzieher, um sich bei ihnen rückzuversichern und so seiner Verunsicherung entgegen zu wirken. Dies ständig auf positive Rückmeldung ausgerichtete Verhalten wurde von den Erziehern als problematisch angesehen und als beeinträchtigend empfunden. Sein Verhältnis zu den neuen Mitarbeitern wurde dadurch wahrscheinlich belastet.

Da Marcus auf der Schwerstbehinderten-Station mit großer Wahrscheinlichkeit gelernt hatte, daß das "Bericht erstatten" über andere positiv bewertet wurde, weil es vom Pflegepersonal als Hilfe angesehen wurde, setzte er dies Verhalten fort, was jetzt zu Konflikten mit anderen Kindern führte. Auch die vorwiegende Kontaktaufnahme zu ihm unterlegenen Kindern muß auf dem Hintergrund seiner Vorerfahrungen gesehen werden. Auch hierin kann das Bemühen, der nun erfahrenen Verunsicherung entgegenzuwirken, gesehen werden.

Neben diesen besonderen Erfahrungen erlebte Marcus ständig seine Abhängigkeit von den Mitarbeitern, die wahrscheinlich durch seine Krankheit noch verstärkt wurde. Aus der Befürchtung heraus, seine Situation zu verschlechtern, wagte er es nicht, seine Bedürfnisse direkt zu äußern und zu vertreten. Vielmehr hatte er gelernt, kleinste Hinweisreize im Verhalten der Erwachsenen wahrzunehmen, die auf die Möglichkeit hindeuteten, Wünsche durchzusetzen, Forderungen zu umgehen oder

Grenzen zu überschreiten, ohne Sanktionen befürchten zu müssen.

Dies Verhalten, nämlich das Abtesten von Grenzen und das Bemühen, ein positives Bild von sich durch Überanpassung zu zeichnen, wurde auch in den Testsitzungen deutlich. Daneben fiel jedoch seine Angst auf, etwas zu verpassen. Sowohl diese Unruhe als auch seine vorwiegende Orientierung an Erwachsenen verhinderten, daß Marcus lernte, selbst zu beurteilen, was ihm wichtig und bedeutsam war. Diese Verhaltensweisen begünstigten, daß er auf alle Angebote nur reagierte, jedoch selten selbst aktiv wurde. Diese Form der Außenlenkung ersetzte sicherlich teilweise auch eigene Maßstäbe, ohne die Marcus verunsichert gewesen wäre.

Das subjektive Erleben von Unsicherheit und Passivität zeigte sich in den projektiven Verfahren. - Alle Tests enthielten Aspekte, die die Nichtbeeinflußbarkeit von Geschehnissen zum Inhalt hatten. Personen, mit denen er sich offensichtlich identifizierte, betrachteten Bedrohliches aus sicherer Distanz oder erlitten bei solchen Geschehnissen Verletzungen.

Auch im Sceno-Test fiel die ambivalente Haltung des Kindes auf, die es gegenüber Erwachsenen einnahm. Einerseits bestand deutlich der Wunsch, sich zu verschließen und Dinge für sich zu behalten, andererseits ließ Marcus die Szenen mit Richtung auf den Testleiter ablaufen. - Möglicherweise symbolisierte jedoch auch das verschlossene Gebäude den Wunsch, dem Beobachter etwas vorzuenthalten.

Als bedrohlich schien Marcus seine Krankheit zu erleben; er hatte offensichtlich Angst vor allen Dingen, die seinen Gesundheitszustand verschlechtern könnten, was sicherlich dadurch verstärkt wurde, daß die Erzieher ihn ständig auf entsprechende Verhaltensmaßregeln hinwiesen.

Insgesamt machte Marcus den Eindruck eines in Bezug auf seine Gesundheit sehr ängstlichen Kindes, das in seiner Selbsteinschätzung stark verunsichert war und dies durch Verhaltensweisen aufzufangen suchte, die Konflikte mit Erwachsenen und Kindern in seiner Umgebung mit sich brachten. Darüberhinaus führten seine Abhängigkeit von Außenlenkung und seine verminderte Leistungsfähigkeit, insbesondere die Schwierigkeiten, sich verbal auszudrücken, zu einer Verschärfung der beschriebenen Konflikte.

Marcus verhinderte durch seine generelle Haltung, die sich ihm in seiner neuen Umgebung bietenden Möglichkeiten zu nutzen. - Durch seine Verunsicherung und die daraus resultierende Abhängigkeit von Außenlenkung gelang es ihm nicht, Handlungs- und Lernmöglichkeiten auszuschöpfen und seine Erfahrungsmängel im sozialen und kognitiven Bereich, soweit es möglich gewesen wäre, auszugleichen.

Vielmehr verschlechterten sich seine soziale Situation und psychische Befindlichkeit durch die aus seinen früher erworbenen Verhaltensweisen resultierenden Konflikte. Dabei geriet er aber zugleich in immer stärkere Abhängigkeit von Fremdbestimmung, da er sein Verhältnis insbesondere zu den Erwachsenen nicht noch weiter belasten wollte.

Ein zentrales Anliegen schien es somit, Marcus' Bedürfnis nach Außenlenkung abzubauen und ihm stattdessen Möglichkeiten anzubieten, eigene Maßstäbe und damit wieder ein stabileres Selbstbewußtsein zu entwickeln. In einer akzeptierenden Atmosphäre sollte jedes Handeln unterstützt und bewußt gemacht werden, das ohne den gleichzeitigen Wunsch nach Rückmeldung ablief. Auf diese Weise könnte Marcus seine eigenen Fähigkeiten und Möglichkeiten einschätzen lernen und möglicherweise auch verbessern. Das Abschätzen seiner Fähigkeiten sollte es ihm ermöglichen, Maßstäbe für sich zu finden, die er zunächst benötigte, um die Möglichkeiten, die ihm im Heim geboten werden, besser nutzen zu können.

Mit einem stabiler werdenden Selbstbewußtsein, so wurde vermutet, würde Marcus auch ein angemesseneres Sozialverhalten zeigen können. - Kindern gegenüber würde er nicht mehr der "Überlegene" sein müssen und Erwachsenen gegenüber würde er nicht mehr durch "petzen" ein positives Bild von sich zu zeichnen versuchen müssen.

8.4 Hypothesen und Methoden zum Vergleich von Vor- und
     Nachtest

Die Hypothesen zu Veränderungen des Klienten sind grob zu unterscheiden in solche, die sich auf Verbesserungen der sozialen
Situation und emotionalen Befindlichkeit sowie den Abbau von
Verhaltensauffälligkeiten beziehen und solche, die Veränderungen der intellektuellen Leistungsfähigkeit sowie der sprachlichen Ausdrucksmöglichkeiten zum Inhalt haben. - Diese Unterscheidung ist notwendig, da nicht alle entsprechenden Informationen und Daten auf die gleiche Weise auswertbar sind. -
Während für T-Daten statistische Auswertungsmethoden zur Verfügung stehen, sind Q- und L-Daten aufgrund der verwendeten
Erhebungsmethoden nur deskriptiv miteinander vergleichbar.

       - Statistische Methoden

Für alle Ergebnisse aus Vor- und Nachtest wurden paarweise Vergleiche vorgenommen. Diese wurden für die Testverfahren SON,
PET und TBGB nach der Formel zur Berechnung kritischer Differenzen nach WEISE (1975, S. 208) durchgeführt. - Da generell
Verbesserungen des Klienten im Leistungsbereich erwartet wurden, wurde einseitig geprüft; das Signifikanzniveau wurde auf
α= .05 festgesetzt, da es sich lediglich um eine erste Überprüfung möglicher Behandlungseffekte handelte. Als Reliabilitätskoeffizienten r_{tt} liegen bei allen Verfahren Split-Half-
Koeffizienten nach SPEARMAN - BROWN vor, die allgemein die
Zuverlässigkeit der verwendeten Verfahren eher überschätzen
(vergl. auch WEISE, 1975, S. 224). Dies wird bei der Betrachtung und Interpretation der Ergebnisse zu berücksichtigen sein.

Die Prüfung von Veränderungen der Sprachqualität wurde für
das Kriterium "Satzlänge" mit Hilfe des T-Tests für unabhän-
gige Stichproben vorgenommen (vergl. CLAUSS & EBNER, 1972,
Formel 4.14). Der Test wurde wiederum für die einseitige Fragestellung durchgeführt, das Signifikanzniveau mit α = .05
festgelegt. - Die Prüfung der übrigen Kriterien (Grammatik,
Nebensätze, Verständlichkeit, Vollständigkeit) erfolgte anhand des Binomialmodells nach KLAUER (1972).

- Deskriptives Vorgehen

Die Beobachtungsdaten, die deskriptiv miteinander zu vergleichen waren, stammten von unterschiedlichen Personen, die den
Klienten in verschiedenen Situationen erlebten, so daß sich
die Aussagen ergänzen konnten. Der Fehler, der in jeder psy-
chodiagnostischen Untersuchung in die Beobachtungsdaten mit
eingeht, war im vorliegenden Fall wahrscheinlich eher geringer als üblicherweise angenommen werden muß. Dafür sprechen
zwei Gründe: zum einen besitzen alle befragten Personen eine
pädagogische oder psychologische Vorbildung und können damit
als objektivere Beobachter als unmittelbare Angehörige eines
Kindes gelten. Zum anderen stellten mehrere Personen unabhängig voneinander ihre Beobachtungen zu den gleichen Fragestellungen dar.

Obgleich die Ergebnisse trotzdem in noch größerem Umfang als
solche aus objektiven Testverfahren fehlerbehaftet sind, geben
sie dennoch wichtige Hinweise für die Beurteilung der Therapieeffekte.

8.5 Ergebnisse des Vergleichs von Vor- und Nachtest -
Darstellung und Interpretation

Im folgenden werden einige Ergebnisse näher dargestellt; zur
Betrachtung des Leistungsbereichs wurden ausgewählt der sprachfreie Test, SON, sowie der speziell die Sprachentwicklung er-
fassende PET, weiter die Prüfung der Sprache unter formalem
Aspekt. - Veränderungen im Verhalten des Klienten werden deskriptiv anhand einiger Beispiele aufgezeigt.

- Ergebnisse zum Leistungsbereich

Die Prüfung der allgemeinen Intelligenz des Klienten anhand
des SON ergab folgende Werte (vergl. nächste Seite, Tab. 8.1):

Tab. 8.1: Ergebnisse der Intelligenzprüfung mit dem SON,
IQ und T-Werte, Vergleich von Vor- und Nachtest

| Untertest | Standardwert | | | | | Signifi-kanz-prüfung |
	r_{tt}	t_1	t_2	$d_{beob.}$	$d_{crit.}$	
Mosaik	.88	24	27	3.0	4.0	n.s.
Gedächtnis für Karten	.43	21	30	9.0	8.8	s.
Kombination	.78	23	26	3.0	5.5	n.s.
Analogien	.67	23	29	6.0	6.7	n.s.
Gesamttest	.9o	IQ 89	IQ 114	25	11	s.

t_1 Vortest
t_2 Nachtest
r_{tt} Reliabilitätskoeffizienten siehe SNIJDERS - OOMEN, (1958, S. 14)
Standardmittelwert der Untertests 25, Standardabweichung 5
IQ Mittelwert 100, Standardabweichung 15
Mittelwerte und Standardabweichungen entnommen SNIJDERS - OOMEN, (1958, S. 93 u. 31).

Aus Tab. 8.1 ist ersichtlich, daß der IQ des Klienten im Nachtest deutlich über dem des Vortests lag. - Während das Vortestergebnis in der unteren Schwankungsbreite der Normalintelligenz lag, befindet sich das Nachtestergebnis in der oberen
Schwankungsbreite. Stellt man den eher überschätzenden Split-
Half-Koeffizienten in Rechnung, der sich dahingehend auswirkt,
daß bei der Berechnung der kritischen Differenz nur ein gerin-
gerer Betrag überschritten werden muß, um signifikante Abweichungen feststellen zu können, so ist in diesem Fall das weit
über dem kritischen Wert liegende beobachtete Ergebnis als
Zeichen einer tatsächlichen Veränderung zu werten. Das heißt,
selbst bei einer wesentlich schlechteren Reliabilität des
Tests, ergibt sich noch eine signifikante Abweichung von Vor-

und Nachtestergebnis.

In allen Untertests findet sich, daß die Vortestergebnisse im
unteren Schwankungsbereich, die Nachtestergebnisse im oberen
Schwankungsbereich um den Mittelwert liegen. Ein signifikantes
Ergebnis liegt aber nur im Untertest "Gedächtnis für Karten"
vor. Dies Ergebnis ist möglicherweise darauf zurückzuführen,
daß der Klient im Vergleich zum Vortest die Sprache im Prob-
lemlösungsprozeß einsetzte und damit sein Vorgehen strukturier-
te. Er bemühte sich im Untertest "Gedächtnis für Karten", "Na-
men" für die gezeigten Objekte zu finden, die er sich zu mer-
ken hatte. Auch im Untertest "Mosaik" setzte er Sprache ein,
er begleitete verbal sein Vorgehen. - Die Hypothese, daß Lei-
stungssteigerungen in IQ-Tests mit dem Gebrauch von Sprache
einhergehen, wird bestätigt durch Ergebnisse von FRANZEN &
MERZ (1975), die den Einfluß des Verbalisierens auf Leistungen in Intelligenztests untersuchten. - Auch ein Einfluß der
möglicherweise verbesserten Konzentrationsfähigkeit des Klienten, die allerdings nicht gesondert überprüft wurde, könnte
für das Ergebnis mitverantwortlich sein.

In Tab. 8.2 (vergl. folgende Seite) finden sich die Ergebnisse der Untersuchungen mit dem PET:

Tab. 8.2: Ergebnisse der Überprüfung sprachlicher Fähigkeiten des Klienten mit der Kurzform des PET, Vergleich von Vor- und Nachtest

Untertest	T-Werte					Signifikanzprüfung
	r_{tt}	t_1	t_2	$d_{beob.}$	d_{crit}[2]	
Sätze Ergänzen	.85	40	40	0.0	9.0	n.s.
Zahlenfolge Gedächtnis	.92	20	33	13.0	6.6	s.
Bilder Zuordnen	.84	42	51	9.0	9.3	n.s.
Grammatik Test	.68	37	35	-2.0	13.2	n.s.
Gegenstände Handhaben	.93	53	60	7.0	6.2	s.
Wörter Ergänzen	.66	44	53	9.0	13.6	n.s.
PET Gesamtwert[1]	.93	36,3	44,2	7.9	6.2	s.

r_{tt} vergl. ANGERMAIER, (1974, Tab. 11)
PET Mittelwert 50, Standardabweichung 10, vergl. ANGERMAIER (1974, S. 21o)
[1] Schätzung des PET-Gesamtwertes aus der Kurzform mit 6 Untertests, vergl. ANGERMAIER, (1974, S. 205)
[2] Werte entnommen aus WEISE, (1975, Tab. 2)

Zu den Werten des Nachtests ist anzumerken, daß für 11-jährige keine Normen vorliegen, da der Testautor davon ausgeht, daß die Sprachentwicklung im wesentlichen bis zum Ende des 1o. Lebensjahres abgeschlossen sei und danach keine wichtigen Veränderungen mehr auftreten: Bei einer Betrachtung der Normtabellen zum PET (vergl. ANGERMAIER, 1974) wird deutlich, daß spätestens im Alter von 9;7 Jahren ein normalentwickeltes Kind die mit diesem Test erfaßten Fähigkeiten erworben haben sollte. Von daher scheint es gerechtfertigt, für die Bewertung der Nachtest-Daten die Normtabellen für 9;11-jährige Jungen anzuwenden.

Da jedoch der Klient im Vortest Leistungen erbrachte, die unterhalb der Schwankungsbreite um den Mittelwert lagen, muß offen bleiben, ob erzielte Verbesserungen nicht möglicherweise mit dem Alterszuwachs zusammenhängen, das heißt damit, daß Verbesserungen trotz Überschreiten der Altersgrenze noch möglich waren, da der Klient im sprachlichen Bereich entwicklungsverzögert war.

Eine Interpretationshilfe könnte es in diesem Zusammenhang sein, die Alterszuordnung der Vortestergebnisse mit der der Nachtestwerte zu vergleichen (wobei dann der normale Entwicklungsstand, T-Wert 50, zugrunde gelegt wird).

Zum Gesamtwert des PET ist zu sagen, daß der Klient sich im sprachlichen Bereich deutlich verbessert hat. Allerdings muß auch hier wieder der Split-Half-Reliabilitätskoeffizient berücksichtigt werden; da die beobachtete Differenz nur knapp über der kritischen liegt, muß in Betracht gezogen werden, daß das Ergebnis nicht so eindeutig wie im Falle des SON ist.

Das Vortestergebnis lag eindeutig unterhalb der Schwankungsbreite um den Mittelwert, daß des Nachtests innerhalb der Schwankungsbreite. Anders ausgedrückt: der Prozentrang stieg von 8 (Vortest) auf 27 (Nachtest) an.

Die Überprüfung der Sprachqualität wurde anhand der Erzählungen des Klienten zum Tagesablauf und zum MPT vorgenommen. Die Auswertung erfolgte getrennt, da vermutet wurde, daß aufgrund der unterschiedlichen "Aufgaben" die Äußerungen qualitativ unterschiedlich ausfallen könnten. - Während die Schilderung eines Tagesablaufs die sprachliche Wiedergabe bekannter Inhalte erfordert, sind zum MPT eigene Ideen zu entwickeln und in Sprache umzusetzen.

Die gefundenen Zahlenwerte finden sich auf der folgenden Seite (Tab. 8.3):

Tab. 8.3: Prüfung des Kriteriums Satzlänge, Vergleich von
Vor- und Nachtest

	Vortest			Nachtest					
	$\bar{x}$	s^2	N	$\bar{x}$	s^2	N	$t_{.05eins.}$	df	sign.
Tagesablauf	7.2	13.22	24	7.8	13.74	24	-.57	46	n.s.
MPT	8.5	43.62	23	8.1	11.05	18	.23	39	n.s.

Aus Tabelle 8.3 geht hervor, daß sich offensichtlich die Satzlänge zwischen Vor- und Nachtest nicht deutlich voneinander unterscheidet.

Vor diesem Hintergrund sind auch die weiteren Ergebnisse der
übrigen Kriterien zur Sprachqualität zu sehen.

Tab. 8.4: Prüfung von Verbesserungen der Sprachqualität anhand
der Klientenäußerungen zum MPT

Kriterium	Vortest (N24)			Nachtest (N24)		
	$+/x_{i1}$	$100p_{i1}$	Vertrauensgrenzen[1]	$+/x_{i2}$	$100p_{i2}$	Signifikanz-prüfung
Grammatik	13	54,17	32,82 - 74,45	24	100,0	s.
Nebensätze	6	25,0	9,77 - 46,71	9	37,5	n.s.
Verständ-lichkeit	20	83,33	62,62 - 95,26	24	100,0	s.
Vollstän-digkeit	11	45,83	25,55 - 67,18	24	100,0	s.

$$100p_i = 100 \frac{x_i}{N}$$

[1] nach FRICKE, 1974, S. 105 ff

Tab. 8.5: Prüfung von Verbesserungen der Sprachqualität anhand der Klientenäußerungen zum Tagesablauf

Kriterium	Vortest (N23)			Nachtest (N18)		
	$+/x_{i1}$	$100p_{i1}$	Vertrauensgrenzen[1]	$+/x_{i2}$	$100p_{i2}$	Signifikanz-prüfung
Grammatik	9	39,13	19,71 - 61,46	14	77,78	s.
Nebensätze	3	13,04	2,78 - 33,59	5	27,78	n.s.
Verständlichkeit	15	65,22	42,73 - 83,62	18	100,00	s.
Vollständigkeit	11	47,83	26,82 - 69,41	17	94,44	s.

In den Kriterien Grammatik, Verständlichkeit und Vollständigkeit ergaben sich in beiden Fällen deutliche Verbesserungen. Offensichtlich wurden hier Fortschritte erzielt, während der Gebrauch von Nebensätzen nicht deutlich zunahm. Der Klient übte sich wahrscheinlich im "richtigeren" Gebrauch der Sprache, gelangte aber nicht dahin, längere Sätze zu bilden. Wahrscheinlich veränderte sich aus diesem Grunde die Auftretenshäufigkeit von Nebensätzen nicht, da Nebensatzkonstruktionen in der Regel zu längeren Sätzen führen. Insgesamt konnten also die Erwartungen bezüglich der Sprachqualität nur teilweise bestätigt werden. Es handelt sich aber gerade um die Fähigkeiten, die wesentlich für die Kommunikation mit anderen sind.

- Ergebnisse zum Verhaltensbild

- K o n t a k t   z u   a n d e r e n   K i n d e r n

Zum Zeitpunkt des Nachtests wurde berichtet, daß Markus kein Außenseiter in seiner Wohngruppe mehr sei und die Kinder ihn trotz des durch seine Krankheit bedingten Körpergeruchs akzeptierten. - Auf einer Ferienfahrt fand sich zum Beispiel erstmals ohne Schwierigkeiten ein zweites Kind, das bereit war,

[1] nach FRICKE, 1974, S. 105ff

mit ihm das Zimmer zu teilen. Weiter wurde berichtet, daß
Marcus auch Kontakte zu gleichaltrigen Kindern und zu Jugendlichen außerhalb seiner Wohngruppe aufgebaut habe. Offenbar
scheinen sich in diesem Bereich positive Veränderungen ergeben zu haben, die wahrscheinlich mit Veränderungen im Kontaktverhalten des Klienten zu erklären sind. Diese Tendenz,
mit anderen gemeinsam etwas zu unternehmen, wurde auch in
einer Schilderung zum MPT deutlich, in der Marcus zur Szene
der Kinder auf dem Waldweg sagte, diese seien unterwegs, um
sich eine Höhle zu bauen. Außerdem berichtete Marcus im Gespräch mit der Testleiterin begeistert von einer Ferienfahrt
und den gemeinsamen Unternehmungen.

- Fordern von Rückmeldung

Zu diesem Verhaltensbereich wurde gesagt, daß unterschiedliche Beobachtungen gemacht worden seien: so fordere Marcus
kaum Rückmeldung über sein Verhalten außerhalb der Gruppe,
das heißt er berichte über externe Geschehnisse nicht mehr,
um positive Rückmeldung zu bekommen. Auch in Einzelsituationen mit Erwachsenen fordere er keine ständige Rückmeldung
mehr. So erledige er seine Hausaufgaben selbständig und ohne
Aufforderung und zeige weitgehende Unabhängigkeit von Beurteilungen durch die Erzieher, wenn er sich in seiner Freizeit
allein beschäftige. - In Gruppensituationen dagegen wende er
sich noch häufig an die Erwachsenen, um eine Bewertung seines
Tuns und Verhaltens zu erfahren.

Die Einzelsituation der Therapie, in der u. a. vermehrte
Selbständigkeit des Klienten angestrebt wurde, trug diesem
Ergebnis zufolge möglicherweise unmittelbar zum Abbau des in
Frage stehenden Problemverhaltens in Einzelsituationen innerhalb der Wohngruppe bei. Offensichtlich ist Marcus in Einzelsituationen durchaus in der Lage, sein Verhalten und Tun ein-
zuschätzen und auch zu beurteilen. Stehen ihm keine Erwachsenen unmittelbar zur Verfügung, so scheint er auf deren spätere Beurteilung verzichten zu können; sind die Erzieher hingegen unmittelbar als Ansprechpartner vorhanden und finden Grup-
penaktivitäten statt, so scheint er sich in seiner Eigenbeur-
teilung anderen Kindern gegenüber unsicherer und fordert noch

immer Rückmeldung.

- S p r e c h e n   ü b e r   P r o b l e m e

Zu dieser Annahme ist zu sagen, daß Marcus nach Aussagen der
Erzieher Probleme mit anderen häufiger von sich aus anspricht,
das heißt, daß er vermehrt die Bereitschaft zeigt, Konflikte
in der Kommunikation mit anderen zu lösen. - Es sei weiter
aufgefallen, daß er eher in der Lage sei, Sachverhalte sprachlich darzustellen und dabei eine folgerichtige Schilderung ab-
zugeben. - Marcus habe darüber hinaus auch eigene Probleme angesprochen, und es sei der Eindruck entstanden, daß er mit
sich selbst besser zurecht komme.

Diese Verhaltensweisen könnten als Zeichen dafür gewertet werden, daß der Klient offener geworden ist darin, Konflikte unmittelbar anzusprechen und nur noch seltener versuchen muß,
seine Interessen durch überangepaßtes und damit "taktierendes"
Verhalten zu vertreten.

Beobachtungen aus den Testsitzungen können diese Annahmen
stützen: So äußerte Marcus zu Beginn einer Testsitzung im
Nachtest, daß er nur bis zu einem bestimmten Zeitpunkt bleiben wolle, da er dann noch etwas anderes vorhabe.

Nachdem er über die voraussichtliche Dauer der Testsitzung informiert war und damit einschätzen konnte, ob sich seine Plä-
ne realisieren ließen, arbeitete er konzentriert mit. Fahriges,
unaufmerksames Verhalten, Aufstehen, Herumgehen und ständiges
Nachfragen wurden nicht mehr beobachtet.

Zu den Ergebnissen des Vergleichs von Vor- und Nachtest ist
zusammenfassend festzustellen: die Leistungsmöglichkeiten des
Klienten scheinen sich vor allem im Bereich der sprachlichen
Fähigkeiten verbessert zu haben. - Hierauf weisen neben den
nur bedingt aussagefähigen Ergebnissen des PET vor allem die
Prüfungen der sprachlichen Leistungen anhand der Äußerungen
des Klienten zum Tagesablauf und zum MPT hin. - Auch im Bereich der allgemeinen Intelligenz scheinen sich positive Veränderungen zu zeigen, wenngleich in den durchgeführten Untertests der TBGB eher gleichbleibende Ergebnisse vorgefunden

wurden. - Es kann angenommen werden, daß die Verbesserungen
in den genannten Fähigkeitsbereichen miteinander korrespon-
dieren in der Hinsicht, daß die verbesserten Ergebnisse im
SON sicherlich mit dem Einsatz von Sprache als Hilfe zur
Problemlösung zusammenhängen.

Positive Veränderungen zeichnen sich offenbar auch in den Bereichen des Sozialverhaltens und der psychischen Befindlichkeit des Klienten ab: die vor Beginn der Psychotherapie beobachteten Verhaltensweisen des "Petzens" sowie der ständigen Forderung von Rückmeldung traten insgesamt seltener auf,
wenngleich beide unter bestimmten Bedingungen gelegentlich
noch beobachtet wurden. Das Verhalten des Klienten anderen
gegenüber kann als angemessener betrachtet werden: seine Sozialkontakte zu Kindern sind deutlich häufiger geworden; die
Beziehungen zu den Stationsmitarbeitern sind nach Beendigung
der Therapie offener und damit auch befriedigender für Marcus.

Sein subjektives Erleben seiner Situation scheint sich offenbar sehr verbessert zu haben, was wahrscheinlich in Beziehung
steht mit den verbesserten Sozialbeziehungen, einer realisti-
scheren Selbsteinschätzung sowie einer stärkeren Wahrnehmung
eigener Interessen und Handlungsspielräume. Vor allem scheinen
Marcus aber auch seine größere Offenheit und seine verbesserten sprachlichen Ausdrucksmöglichkeiten zugute zu kommen.

Zu fragen ist an dieser Stelle, inwieweit andere Faktoren als
die psychotherapeutische Behandlung zu den genannten Veränderungen beigetragen haben könnten.

Es wurde gefordert, für eine inhaltlich sinnvolle Interpretation von Untersuchungsergebnissen auch solche Variablen zu
erfassen, die nicht zu den definierten Prozeßvariablen gehören. Hierunter sind im vorliegenden Fall zu fassen: Bemühungen der Mitarbeiter, Problemverhalten des Klienten abzubauen,
der sich anbahnende Kontakt zum Elternhaus sowie die verbesserte körperliche Belastbarkeit des Klienten. - Ein Personal-
wechsel, der unter Umständen Einfluß gehabt haben könnte, hat
jedoch nicht stattgefunden.

Zum Einfluß pädagogisch ausgerichteter Maßnahmen ist zu vermuten, daß er allein nicht zu dem veränderten Verhalten des

Klienten geführt haben wird, da dieser bereits eineinhalb
Jahre in der Gruppe gelebt hatte und das Problemverhalten
in diesem Zeitraum nicht abgebaut war. - Der neu aufgenomme-
ne Kontakt zum Elternhaus hingegen könnte ebenso wie die erhöhte körperliche Leistungsfähigkeit des Klienten zu seinem
subjektiven Wohlbefinden beigetragen und damit seine psychischen Beeinträchtigungen mit abgebaut haben. - In welchem
Maße dies der Fall sein könnte, ist genauer jedoch erst nach
der Betrachtung der Verlaufsuntersuchung zur psychotherapeutischen Behandlung selbst zu ermessen.

9. Die Untersuchung des Therapieverlaufs

Die Untersuchung des Therapieverlaufs soll insgesamt über folgende Fragen Aufschluß geben:

- Ist es möglich, die theoretisch beschriebenen Verbaltechniken des Therapeuten zu realisieren?
- Sind diese Techniken entsprechend den im Konzept darüber enthaltenen Annahmen einzusetzen?
- Treten die angenommenen verbalen Äußerungen des Klienten im Verlauf der Therapie auf?
- Treten diese Äußerungen auf, wie es aufgrund theoretischer Überlegungen erwartet wird?
- Verändert sich die Sprachqualität des Klienten im Verlauf der Therapie?

9.1 Methoden der Datenerhebung

Die Daten der Verlaufsuntersuchung wurden für Klient und Therapeut weitgehend nach dem gleichen Schema erhoben, das aufgrund der Voruntersuchung entwickelt worden war. Im Rahmen jener Untersuchung waren auch die Rating-Skalen für das Verbalverhalten von Therapeut und Klient überprüft und festgestellt worden, daß sie den üblichen Gütekriterien konzeptorientierten Ratings durchaus genügten (vergl. LANGER & SCHULTZ v. THUN, 1974).

Das verbale Geschehen während der Therapiestunden wurde auf Tonträger (Kassette) aufgezeichnet, um das Datenmaterial überdauernd verfügbar zu halten. Aus den Erfahrungen der Voruntersuchung wurde der Schluß gezogen, bereits die Aufzeichnung durch ein deutlich hörbares Signal in Sequenzen zu zerlegen, die die Beurteilung des Verbalgeschehens einer Sequenz durch die Rater erleichtern sollte. Dieses akustische Signal wurde direkt auf den Tonträger mit aufgenommen. Die Sequenzen umfaßten jeweils zwei Minuten; zu jedem dieser Abschnitte wurde vom Co-Therapeuten ein Protokoll des nicht-verbalen Geschehens geschrieben. Es wurde sowohl ein freies Protokoll angefertigt als auch eine Skizze der Bewegungen von Therapeut und Klient im Spielzimmer. Jede Therapiestunde wurde somit durch Tonband-

und Schriftprotokoll von 22 Abschnitten zu je zwei Minuten dokumentiert.

Diese Form der Datengewinnung erforderte einen Co-Therapeuten, der das Protokoll führte und für den reibungslosen technischen Ablauf sorgte. Um eine unmittelbare Rückmeldung über die Realisierung der Verhaltensmerkmale des Therapeuten zu ermöglichen, war weiter die direkte Supervision, im Anschluß an jede Stunde, durch einen therapieerfahrenen Dipl.-Psychologen erforderlich.

Aus den nach dieser Methode gewonnenen Daten wurde durch Rating anhand der beschriebenen Skalen Rohwerte bestimmt. In diesen sollte das Verbalgeschehen jeder Therapiestunde hinreichend repräsentiert sein. Deshalb waren einerseits Ausschnitte zu beurteilen, die jeweils über die gesamte Stunde verteilt lagen; andererseits sollte der Kontext des Geschehens in Rechnung gestellt werden können, das heißt, daß eine Einschätzung mehrerer aufeinander folgender Sequenzen zu vermeiden war. - Aus diesem Grunde wurde die alternierende Beurteilung von jeweils zweiminütigen Sequenzen vorgesehen.

Jede identifizierte Äußerung wurde auf einem Beobachtungsbogen in der entsprechenden Kategorie und dem zugehörigen Zeitabschnitt signiert (vergl. Verbalprotokollbögen Anhang 1 und 2). - Um Beurteilungsfehler durch die überdauernde Einschätzung des Verbalverhaltens einer Person zu vermeiden, wurde vom gleichen Rater jeweils im Wechsel das Therapeuten- oder Klientenverhalten eingeschätzt.

Die Auswertung der erhaltenen Rohwerte mit statistischen Methoden fand nach Abschluß der Datengewinnung statt.

Anhand der Tonbandaufzeichnungen wurden im Abstand von sechs Therapiestunden jeweils dreißig Sätze des Klienten zufallsmäßig ausgewählt und protokolliert. Anhand dieser Protokolle wurden die durchschnittliche Satzlänge, die Vollständigkeit der Äußerungen, ihre Verständlichkeit, ihre grammatische Richtigkeit und der Gebrauch von Nebensätzen festgehalten, um statistisch auswertbare Rohdaten zu gewinnen.

9.2 Hypothesen der Verlaufsuntersuchung

Die Beschreibung der Verbaltechniken des Therapeuten sowie der
Beobachtungskategorien für das kindliche Verbalverhalten enthalten jeweils Annahmen über den Einsatz beziehungsweise das
Auftreten bestimmter Äußerungsarten; sie legen somit quantitative Hypothesen über deren Auftreten über die Dauer der Therapie nahe. Die Umsetzung in eine theoretische Verteilung findet sich in den Tabellen 9.2 und 9.6. - Weiter werden einige
Hypothesen über Länge, Vollständigkeit, Verständlichkeit und
grammatische Richtigkeit der Klientenäußerungen formuliert.
Sie lehnen sich an die theoretischen Überlegungen zur Sprache
von Lernbehinderten und Heimkindern an:

- Die durchschnittliche Satzlänge wird im Verlauf der Therapie
  näherungsweise linear ansteigen, wobei Anfangs- und End-
  niveau stark unterschieden sein werden.
- Im Verlauf der Therapie nimmt die Verständlichkeit der Klien-
  tenäußerungen zu.
- Mit fortschreitender Therapie wird der Anteil vollständiger
  Äußerungen zunehmen.
- Der Anteil grammatisch richtiger Sätze wird im Verlauf der
  Therapie zunehmen.
- Der Anteil von Nebensatzkonstruktionen wird im Verlauf der
  Therapie steigen.

9.3 Durchführung der Untersuchung

Die Untersuchung des Verlaufs der Therapie erstreckte sich
über einen Zeitraum von zehn Monaten (Sept. 1978 bis Juni 1979).
In dieser Zeitspanne wurden insgesamt dreißig Therapiestunden
mit wöchentlichem Abstand (jeweils am gleichen Wochentag) durchgeführt. - Der Beginn der Therapie wurde bewußt auf einen Zeitpunkt gelegt, von dem an keine größeren Unterbrechungen durch
Ferien des Klienten zu erwarten waren, da dies gerade für die
Anfangsphase der Therapie wichtig schien. Dennoch ließen sich
einige Unterbrechungen (max. drei Wochen) wegen Krankheit des
Klienten oder des Therapeuten sowie wegen Ferien nicht vermeiden.

Die Durchführung der Therapie erfolgte in den Rotenburger An-

stalten in einem für derartige Zwecke ausgestatteten Spiel-
Therapiezimmer mit Einwegscheibe und Beobachtungsraum. - Die
Übertragung des verbalen Geschehens in den Beobachtungsraum
wurde durch ein hochempfindliches Mikrofon, das der Therapeut
trug, sowie Sender und Empfänger zu optimieren versucht. -

Um Störgeräusche bei der Aufzeichnung des Tons zu minimieren,
wurde ein Kassettengerät mit der Möglichkeit, bestimmte Fre-
quenzen auszuschalten, verwendet (Vermeidung von Schritt-
und Rumpelgeräuschen). - Um exakte Sequenzen für die spätere
Einschätzung des Verbalverhaltens sicherzustellen, wurde mit
Hilfe eines speziell für derartige Zwecke konstruierten Ge-
räts ein deutlich hörbarer Ton im Abstand von zwei Minuten
über ein Mischpult auf das Tonband mit aufgenommen.

Zu jeder Therapiestunde waren zwei teilnehmende Beobachter an-
wesend. Einer von ihnen führte das Handlungsprotokoll und sorgte für den reibungslosen technischen Ablauf, der andere beobachtete das Geschehen, um dem Therapeuten nach jeder Stunde
unmittelbare Rückmeldung zu geben und das weitere Vorgehen
besprechen zu können.

Die in jeder Stunde aufgezeichneten Daten wurden von zwei der
trainierten Rater alternierend eingeschätzt und in der beschriebenen Art und Weise festgehalten. Aus jeder Stunde wurden elf
zweiminütige Sequenzen beurteilt. War durch nicht ausschaltbare
Störfaktoren die Aufzeichnung mangelhaft (Störungen durch nicht-
entstörte elektrische Geräte) oder wurde aufgrund von Grenz-
überschreitung die Therapiestunde vorzeitig beendet, so wurden
die Sequenzen nicht im Wechsel eingeschätzt beziehungsweise
nicht eingeschätzt, sondern elf Sequenzen aus der Aufzeichnung
zufällig ausgewählt. Auf diese Weise wurde sichergestellt,
daß die Rohdaten zeitlich gleichgroßen Stichproben entstamm-
ten. Diese Vorgehensweise mußte dreimal verwendet werden.

Das Vorgehen zur Gewinnung von Datenmaterial für die Untersuchung der Sprache des Klienten wurde bereits beschrieben. Die
Gewinnung von Meßwerten erfolgte durch die Beurteilung der
einzelnen Sätze anhand der vorgegebenen Kriterien. - Es wurde
jeweils die Satzlänge ausgezählt und für das Zutreffen der
übrigen Beurteilungsgesichtspunkte jeweils ein "+" für "vor-

handen" beziehungsweise ein "-" für "nicht vorhanden" er-
teilt.

9.4 Methoden der Auswertung

Zunächst wurden die Anteile der unterschiedlichen verbalen
Äußerungen an den jeweiligen Gesamtäußerungshäufigkeiten
festgestellt (Prozentwerte).

Will man weiter prüfen, ob in bestimmten Phasen der Psychotherapie eine Systematik im Auftreten der einzelnen Äußerungsarten zu beobachten ist, so sind mehrere Therapiestunden zusammenzufassen. - BAUMGÄRTEL (1976) schildert in Anlehnung an
MOUSTAKAS vier Phasen im Prozeß einer nicht-direktiven Kinderpsychotherapie. - Diese Annahmen sind sicherlich auch auf
die psychotherapeutische Behandlung von Lernbehinderten und
Heimkindern übertragbar, stellt man in Rechnung, daß diese
sich in der Regel über einen längeren als den üblichen Zeitraum erstrecken wird (3o Stunden und mehr).

Daher wurde nach Abschluß der Therapie die gesamte Stunden-
zahl gleichmäßig auf vier Abschnitte verteilt, da keine expli-
ziten Aussagen über unterschiedlich lange Phasen aufgefunden
wurden ; allerdings die ersten zwei Stunden ausgeklammert,
da sie erfahrungsgemäß durch "warming up"-Effekte ein inhaltlich stark verzerrtes Bild des Klienten- und Therapeutenverhaltens geben.

Um die Untersuchungshypothesen überprüfen zu können, sind sie
in eine theoretische Verteilung umzusetzen, die einen Vergleich
mit den beobachteten Werten (Meßdaten) erlaubt. - Ausgangspunkt dabei ist die Überlegung, daß die über die entsprechenden Stunden summierten Meßwerte jeder Beobachtungskategorie,
über alle Therapiephasen addiert, 1oo% ausmachen.-Diese 1oo%
wurden, den formulierten Annahmen entsprechend, jeweils auf
vier Therapieabschnitte verteilt. Durch Multiplikation der
prozentualen Anteile mit der Gesamthäufigkeit der entsprechenden Beobachtungskategorie waren dann Erwartungswerte für die
einzelnen Abschnitte zu berechnen. Die so gewonnene theoretische Verteilung wurde mit der empirischen verglichen. - Bestand zwischen letzterer und den Äußerungshäufigkeiten jeweils

anderer Kategorien unter Berücksichtigung des Zeitfaktors noch
ein signifikanter Zusammenhang, (Partialkorrelation nach GUIL-
FORD, 1965), so wurde folgendermaßen gewichtet: der Quotient
aus der Gesamtsumme der Kategorie und der Gesamtsumme aller
übrigen Äußerungen, multipliziert mit der Summe der übrigen
Äußerungen im jeweiligen Beobachtungsabschnitt, ergibt den
korrigierten Beobachtungswert.

Bevor die (gewichteten oder nicht gewichteten) empirischen
Verteilungen mit den jeweiligen theoretischen verglichen wur-
den, fand generell eine Prüfung der empirischen Werte auf
Gleichverteilung statt, um Artefakte auszuschließen.

Sämtliche Vergleiche der empirischen mit den theoretischen
Verteilungen wurden mit X^2-Test vorgenommen, wenn die Erwartungswerte ≥ 5 waren. Lagen sie darunter, wurde die Prüfung mit
dem in diesen Fällen genaueren $2\hat{1}$-Test von KULLBACK (vergl.
BLÖSCHL, 1966) vorgenommen, wobei die Prüfgröße ebenfalls nach
X^2 verteilt ist.

Da die Übereinstimmung von empirischen mit theoretischen Verteilungen geprüft wurde, sollte die Irrtumswahrscheinlichkeit
hierfür mindestens α = .05 betragen. Ein Herabsetzen des α-
Niveaus (Irrtumswahrscheinlichkeit) schien nicht sinnvoll, da
die Abweichungen dann noch größer sein dürften, was zur Folge
hätte, daß auch bei starken Abweichungen immer noch die Nullhypothese beibehalten werden müßte. Da ein Ziel der Untersuchung auch das Aufdecken möglicher Schwächen des Konzepts
war, hätte eine sehr geringe Irrtumswahrscheinlichkeit dies
verhindert. Konnte die Nullhypothese hingegen bei einer höheren Überschreitungswahrscheinlichkeit beibehalten werden, ist
dies ein Hinweis auf das Ausmaß der Anpassung. Da die Irrtumswahrscheinlichkeit unter der Nullhypothese nicht die Sicherheit für deren Beibehaltung ist, sondern diese sehr viel kleiner sein kann, wurden die jeweils gefundenen X^2-Werte in Anlehnung an LIENERT (1962) danach beurteilt, welche Güte der
Anpassung im jeweiligen Falle vorlag.

Aus den genannten Gründen wurde die Irrtumswahrscheinlichkeit
für die Überprüfung auf Gleichverteilung der Häufigkeiten und
der Prüfung der Häufigkeiten auf den erwarteten Trend auf
α = .05 festgelegt.

Die sprachlichen Äußerungen sollten sich in ihrer Qualität im Verlauf der Therapie zunehmend verbessern. Aus diesem Grunde waren auch hier Trends zu prüfen, das heißt empirische mit theoretisch erwarteten Werten zu vergleichen. Als empirische Werte wurden jeweils die Summen der Positivbeurteilungen (Vorhandensein des Kriteriums) betrachtet. Das bedeutet, daß für jeden Meßzeitpunkt und jedes Kriterium eine beobachtete Häufigkeit vorlag. Gruppierungsgesichtspunkt waren die Meßzeitpunkte in chronologischer Folge.

Zunächst wurden Erwartungswerte (theoretische Verteilungen) bestimmt, die einem gleichbleibenden Auftreten des Kriteriums über die Dauer der Therapie entsprachen, um bei der Überprüfung der angenommenen Trends Artefakte zu vermeiden. Diese Erwartungswerte ergaben sich für jede Kategorie aus der Summe der Beobachtungswerte, dividiert durch die Anzahl der Meßzeitpunkte. - Die Prüfung dieser theoretischen gegen die empirische Verteilung erfolgte, ebenso wie die noch zu beschreibende Prüfung der Trends, anhand des x^2-Tests, wenn die Erwartungswerte $\geqslant 5$ waren. Bei Nichterfüllung dieser Voraussetzung wurde der $2\hat{I}$-Test von KULLBACK (vergl. BLÖSCHL, 1966) verwendet.

Die Trendprüfung erfolgte nach folgendem Verfahren: die Differenzen zwischen den Werten aus der ersten und der letzten Messung wurden dividiert durch die Anzahl der Meßzeitpunkte minus eins. - Da von linearen Trends ausgegangen worden war, wurden die Erwartungswerte bestimmt, indem die berechneten Quotienten zunächst zu den Ausgangswerten addiert wurden; damit waren jeweils die Erwartungswerte des zweiten Meßzeitpunktes bestimmt. Die Erwartungswerte für die folgenden Meßzeitpunkte ergaben sich jeweils durch Addition der Quotienten zu den vorangegangenen Erwartungswerten. Die so gewonnenen theoretischen Verteilungen für jedes Kriterium wurden mit den jeweiligen empirischen Verteilungen durch x^2-Test verglichen (Voraussetzung wieder: Erwartungswerte $\geqslant 5$). War dies nicht der Fall, wurde zur Trendprüfung der $2\hat{I}$-Test von KULLBACK verwendet. Bei der Signifikanzprüfung war zu berücksichtigen, daß für die Prüfgröße jeweils nur n - 2 - 1 Freiheitsgrade zur Verfügung standen (n = Anzahl der Meßzeitpunkte) da die Erwartungswerte zweier Meßzeitpunkte unmittelbar aus der empirischen Verteilung stammten. - Die Irrtumswahrscheinlichkeit wurde auch in diesem Fall mit α = .05 festgelegt.

9.5 Ergebnisse der Verlaufsuntersuchung - Darstellung und Interpretation
- Ergebnisse zum Einsatz der Verbaltechniken des Therapeuten

In die Auswertung gingen die Meßdaten aus 28 Therapiestunden ein; insgesamt wurden 1569 Äußerungen des Therapeuten registriert, die sich folgendermaßen auf die verschiedenen Beobachtungskategorien verteilen:

Tab. 9.1: Prozentuale Anteile der einzelnen Verbaltechniken (gesamte Therapie)

Kategorie	T WSE	T INFO	T ERM	T HBV	T SPST	T ZFR
Anteil in %	o,6%	14,2%	2,9%	8,9%	5,2%	3,1%

Kategorie	T DEL	T AKZ	T REFL	T DEUT	T UNV
Anteil in %	15,7%	16,2%	29,6%	2,4%	1,3%

(T WSE Wortschatzerweiterung; T INFO Information; T ERM Ermutigung; T HBV Handlungsbegleitendes Verbalisieren; T SPST Spiel strukturieren; T ZFR Zurückgeben von Fragen; T DEL Delay; T AKZ Akzentuierung; T REFL Reflexion; T DEUT Deutung; T UNV = Unverständliche Äußerungen des Therapeuten; diese Beobachtungskategorie wurde aufgenommen, um den Anteil nicht einschätzbaren Verbalverhaltens beurteilen zu können.)

Da der Anteil des nicht eingeschätzten Verbalgeschehens minimal ist, können sich die folgenden Betrachtungen auf die inhaltlichen Aspekte beziehen.

167

Aus Tab. 9.1 geht hervor, daß die psychotherapeutischen Interventionstechniken im engeren Sinne (T AKZ, T REFL, T DEUT)
knapp die Hälfte der Therapeutenäußerungen ausmachen. - Fügt
man die Werte der psychotherapeutischen Interventionstechniken
im weiteren Sinne (T DEL, T ZFR) hinzu, steigt der Anteil auf
annähernd zwei Drittel. Diese Ergebnisse deuten darauf hin,
daß die unterstützenden Maßnahmen in einem Rahmen gehalten
werden können, der dem eigentlichen Charakter einer psychotherapeutischen Behandlung nicht widerspricht.

Andererseits zeigen die Ergebnisse jedoch, daß der Einsatz
eher "defizit-orientierter" Techniken in der Behandlung von
Lernbehinderten und Heimkindern offensichtlich notwendig ist,
unterstellt man zunächst, daß der Therapeut sein Verhalten in
der geforderten Weise an den Bedürfnissen des Klienten orien-
tierte.

Weiter zeigen die in Tab. 9.1 enthaltenen Werte, daß es offensichtlich möglich ist, die im Therapiekonzept enthaltenen
Verbaltechniken zu realisieren, wenngleich die Anteile an der
Gesamtäußerungshäufigkeit sich stark unterscheiden. Da bislang
keine Vergleichsuntersuchungen vorliegen, die Erklärungsmög-
lichkeiten für dieses Phänomen anbieten, muß zunächst unterstellt werden, daß trotz der unterschiedlichen Anteile am Verbalgeschehen die einzelnen Techniken als gleichwertig anzusehen
sind, da jede ihre Funktion im Gesamtgeschehen aufgrund ihrer
spezifischen Inhalte hat. Dabei scheint es durchaus denkbar,
daß die Anteile der einzelnen Verbaltechniken in Abhängigkeit
von Verhaltensweisen und Persönlichkeitseigenschaften des jeweiligen Klienten gesehen werden müssen, da sich der Einsatz
der Techniken an dessen Bedürfnissen ausrichtet.

Für die statistische Prüfung der Verlaufshypothesen wurden
die Werte aus 28 Therapiestunden in der Form zusammengefaßt,
daß jeweils die addierten Werte aus sieben Stunden einen neu-
en Beobachtungswert ergaben. Hieraus resultieren also für jede Beobachtungskategorie vier Meßwerte, Häufigkeiten, die mit
entsprechenden Erwartungswerten zu vergleichen sind.

Die folgende Tabelle gibt eine Übersicht über die zahlenmäßi-
ge Umsetzung der Verlaufshypothesen sowie die beobachteten

Anteile der jeweiligen Verbaltechnik des Therapeuten in den
einzelnen Therapieabschnitten.

Tab. 9.2: Erwartete und beobachtete prozentuale Anteile der
einzelnen Verbaltechniken des Therapeuten in den
vier Abschnitten der Therapie

Kategorie	Anteile in den einzelnen Abschnitten in %	
	erwartet	beobachtet
T WSE	20 - 40 - 30 - 10	10 - 10 - 80 - 00
T INFO	25 - 25 - 25 - 25	24,7 - 26,5 - 25,3 - 23,5[1]
T ERM	30 - 25 - 25 - 20	31,1 - 17,8 - 33,3 - 17,8
T HBV	50 - 30 - 10 - 10	59,3 - 32,8 - 3,6 - 4,3
T SPST	10 - 35 - 35 - 20	14,6 - 30,5 - 30,5 - 24,4
T ZFR	40 - 3o - 20 - 10	33,3 - 27,1 - 22,9 - 16,7
T DEL	25 - 25 - 25 - 25	24,3 - 25,8 - 25,8 - 24,1[1]
T AKZ	20 - 30 - 30 - 20	23,6 - 28,4 - 28,0 - 20,0
T REFL	10 - 20 - 30 - 40	14,7 - 21,3 - 31,2 - 32,8
T DEUT	10 - 10 - 30 - 50	8,1 - 2,7 - 29,7 - 59,5

Die nächste Tabelle faßt die Ergebnisse der statistischen Prüfungen zusammen, und zwar zunächst die angesprochene Prüfung
auf Gleichverteilung, dann die auf Zutreffen des angenommenen
Verlaufs .

[1]gewichtete Werte

Tab. 9.3: Ergebnisse der Prüfung auf Anpassung an eine Gleichverteilung und/oder die erwartete Verteilung (vergl.
Tab. 9.2) (df = 3, α = .05)

Kategorie	Prüfung auf Gleichverteilung		Prüfung auf angenommenen Verlauf	
	χ^2	sig.[1]	χ^2	sig.
T WSE	14.94^2	s.	11.53^2	s.
T INFO	.42	n.s.	--	-
T ERM	3.80	n.s.	2.32	n.s.
T HBV	119.03	s.	13.15	s.
T SPST	5.52	n.s.	3.51	n.s.
T ZFR	2.82	n.s.	2.94	n.s.
T DEL	.26	n.s.	--	-
T AKZ	4.68	n.s.	2.26	n.s.
T REFL	4o.77	s.	16.78	s.
T DEUT	$3o.72^2$	s.	3.52^2	n.s.

Aus der Tabelle geht hervor, daß die empirischen Werte in den
Kategorien T INFO, T DEL und T DEUT mit den erwarteten Ver-
läufen übereinstimmen. Im weiteren sollen nun Ergebnisse dargestellt werden, die die erwarteten Verläufe nicht eindeutig
bestätigten beziehungsweise sie zurückwiesen. Ausgewählt wurden je zwei Verbaltechniken aus dem unterstützenden beziehungsweise eher psychotherapeutisch ausgerichteten Bereich. Zur Interpretation der Ergebnisse wurde die Güte der Anpassung nach
LIENERT (1962) herangezogen.

[1] Signifikanzschranken nach LIENERT, 1975, Tab. III

2 Werte berechnet mit KULLBACKs 2 Î-Test (vergl. BLÖSCHL, 1966)

Tab. 9.4: Kritische Werte zur Güte der Anpassung
Zahlenwerte sind entsprechend den jeweiligen Frei-
heitsgraden der χ^2-Tabelle (LIENERT, 1975, III) zu
entnehmen.

Überschreitungs-wahrscheinlichkeit	.50	.50 - .20	.19 - .05
Güte der Anpassung	gut	mäßig	schwach

Z u m   E r g e b n i s :   H a n d l u n g s b e -
g l e i t e n d e s   V e r b a l i s i e r e n

Wenngleich die statistische Überprüfung der empirischen Verteilung gegen die theoretische keine Übereinstimmung ergab, ist
aus der Abbildung ersichtlich, daß die tatsächliche Verteilung
doch der erwarteten angenähert ist.

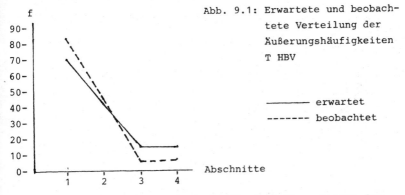

Abb. 9.1: Erwartete und beobach-
tete Verteilung der
Äußerungshäufigkeiten
T HBV

——————— erwartet
------- beobachtet

Offensichtlich war es erforderlich, die Technik zu Beginn der
Therapie in noch höherem Ausmaß einzusetzen als vermutet. Gegen
Ende dagegen wurde sie kaum noch verwendet. - Es scheint also
durchaus möglich, "Handlungsbegleitendes Verbalisieren" in der
im Konzept angenommenen Weise zu realisieren.

Z u m   E r g e b n i s :   S p i e l   s t r u k -
t u r i e r e n

Im vorliegenden Fall ist wiederum aufgrund des festgesetzten
α-Niveaus nicht eindeutig zu entscheiden, ob der angenommene

171

Trend oder eine Gleichverteilung ein besseres Abbild des tatsächlichen Geschehens gibt. - Als Entscheidungshilfe kann hier nur die Güte der Anpassung der beobachteten Werte an eine der Verteilungen herangezogen werden. Die Anpassung an den Trend ist als mäßig, die an die Gleichverteilung als schwach zu bezeichnen. Daraus ergibt sich, daß der erwartete Trend das Geschehen besser repräsentiert als die Gleichverteilung.

Betrachtet man die Abbildung, so fällt auf, daß in der ersten Hälfte der Therapie gleichsinnige Anstiege vorhanden sind. Auch das Plateau in der Mitte der Therapie wird vorgefunden, lediglich erfolgt der Rückgang im letzten Abschnitt langsamer.

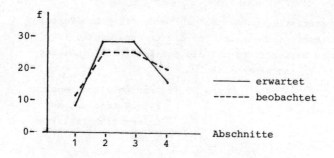

Abb. 9.2: Erwartete und beobachtete Verteilung der Äußerungshäufigkeiten T SPST

Zum Ergebnis: Akzentuierung

Die Auftretenshäufigkeiten von Akzentuierungen lassen sich sowohl an eine Gleichverteilung als auch an den angenommenen Trend anpassen. Dies ist sicherlich darauf zurückzuführen, daß die erwartete Verteilung selbst nur mäßig von der Gleichverteilung abweicht.

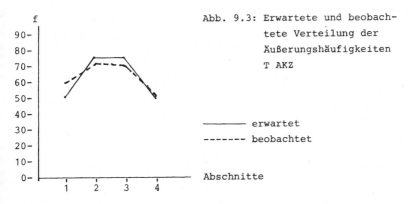

Abb. 9.3: Erwartete und beobach-
tete Verteilung der
Äußerungshäufigkeiten
T AKZ

——————— erwartet

------- beobachtet

Wie jedoch auch die Abbildung zeigt, ist die angenommene Verteilung den Beobachtungswerten gut angepaßt, während eine
Gleichverteilung nur schwache Anpassungsgüte besitzt.

Aus diesem Grund ist zu vermuten, daß die Verbaltechnik "Akzentuierung" über die Therapiedauer nicht in immer gleichem
Umfang einzusetzen ist. - Der behauptete Zusammenhang ihrer
Anwendung mit dem Fortschreiten der Therapie und damit mit
den vermuteten Verbesserungen der sprachlichen Ausdrucksmöglichkeiten des Klienten kann somit im vorliegenden Fall als
wahrscheinlich angesehen werden. - Dies scheint umso mehr gerechtfertigt, als die Ergebnisse zur Sprachqualität des Klienten aus Vor- und Nachtest eine deutliche Verbesserung zeigten.

Z u m   E r g e b n i s :   R e f l e x i o n

Die Verteilung der beobachteten Häufigkeiten weicht in diesem Fall signifikant sowohl von einer Gleichverteilung als
auch von der erwarteten, linear ansteigenden, ab. - Aus der
Abbildung ist zu ersehen, daß der ansteigende Trend durchaus
vorgefunden wird, jedoch ein höheres Ausgangsniveau und daß,
nach der Mitte der Therapie, nur ein geringfügiger weiterer
Zuwachs zu beobachten ist.

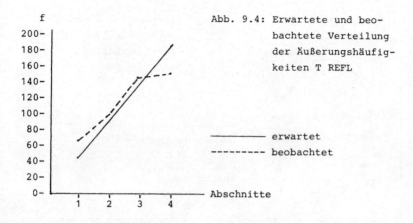

Abb. 9.4: Erwartete und beobachtete Verteilung
der Äußerungshäufig-
keiten T REFL

——————— erwartet

--------- beobachtet

Der vorgefundene Verlauf des Einsatzes von Reflexionen zu
Beginn der Therapie ist sicher in Abhängigkeit vom Klienten
zu sehen: die Technik war in diesem Fall bereits zu einem
früheren als dem vermuteten Zeitpunkt in größerem Umfang einzusetzen, da das Verständnis des Klienten auch für komplexere
Inhalte bereits recht früh vorhanden zu sein schien.

Zum geringfügigeren als dem erwarteten Anstieg der Äußerungshäufigkeiten gegen Ende der Behandlung ist zu vermuten, daß
zumindest im vorliegenden Fall bereits unmittelbar nach der
Mitte der Therapie der Einsatz von Reflexionen in einem Umfang möglich war, der keine weitere Steigerung mehr zuließ,
sollte der Einsatz der Technik sinnvoll bleiben. - Neben der
hierin zum Ausdruck kommenden Abhängigkeit des Einsatzes von
Reflexionen von den Bedürfnissen und Möglichkeiten des jeweiligen Klienten ist jedoch, wegen des bereits im dritten Beobachtungsabschnitt sehr hohen absoluten Anteils dieser Technik, auch eine rein quantitative "Grenze" als mitverantwortlich für das vorliegende Ergebnis in Betracht zu ziehen.

- Zusammenfassung: Verbaltechniken des Therapeuten

Im folgenden wird versucht, die Ergebnisse der Verlaufsuntersuchung auf die ihr übergeordneten Fragestellungen zu beziehen.
Wie bereits die Betrachtung der prozentualen Anteile der ein-

zelnen Verbaltechniken an den gesamten Äußerungen des Therapeuten ergab, ließen sich alle Verbaltechniken realisieren. - Dieses Resultat ist vor allem vor dem Hintergrund zu betrachten, daß der Therapeut die geforderten Verhaltensmerkmale hinreichend realisierte, was durch das Urteil des Supervisors abgesichert ist.

Nur in drei Fällen (T HBV, T REFL und T WSE) mußten die Trendhypothesen als nicht zutreffend zurückgewiesen werden, das heißt, daß die Verbaltechniken nicht in der vermuteten Weise eingesetzt werden konnten. - Dennoch legen die beobachteten Werte in zwei Fällen (T HBV und T REFL) einen dem angenommenen sehr ähnlichen Trend nahe. - Von daher sprechen die Ergebnisse dieser Studie nicht für eine generelle Änderung des Therapiekonzepts in diesen Punkten, sondern legen einen jeweils leicht modifizierten Einsatz der Techniken nahe.

Hinsichtlich der Verbaltechnik T WSE ist eine Einschätzung des vorgefundenen, die theoretische Annahme zurückweisenden Ergebnisses problematischer: aufgrund der wahrscheinlich starken Abhängigkeit der Einsatzmöglichkeiten dieser Verbaltechnik von den sprachlichen Fähigkeiten des Klienten ist es kaum möglich, anhand des gefundenen Ergebnisses eine Alternativhypothese zu formulieren. - Aus diesem Grunde können nur weitere Untersuchungen Aufschluß über generelle Einsatzmöglichkeiten sowie deren Art und Weise geben.

Die Hypothesen über den Einsatz der Verbaltechniken T ERM, T SPST, T ZFR und T AKZ konnten generell durch die erhobenen Daten bestätigt werden; allerdings liegt in allen Fällen, statistisch betrachtet, auch eine Gleichverteilung vor. Während im Fall der Technik T ZFR keinesfalls entschieden werden kann, welche Verteilungsform die gefundenen Daten besser repräsentiert, da beide mäßige Übereinstimmung aufweisen, ist in allen übrigen Fällen zu sagen, daß die Trendanpassung der der Gleichverteilung jeweils überlegen ist. Wünschenswert ist allerdings die weitere Überprüfung dieser Hypothesen, da nur auf diesem Wege Erkenntnisse darüber zu gewinnen sein werden, ob eine Entscheidung zugunsten einer der Verteilungsformen getroffen werden kann.

Eine eindeutige Entscheidung zugunsten der Annahme der Trendhypothesen ergibt sich für die Techniken T INFO, T DEL und
T DEUT. Dabei ist hervorzuheben, daß für die zuerst genannten
Fälle die Übereinstimmung gut ist. - Aus diesem Grunde besteht
im Rahmen dieser Untersuchung kein Anlaß, alternative Hypothesen zu den im Konzept enthaltenen zu formulieren.

- Ergebnisse zum Verbalverhalten des Klienten

Tab. 9.5: Prozentuale Anteile der Klientenäußerungen in den
einzelnen Beobachtungskategorien (gesamte Therapie)

Kategorie	K UNV	K FST	K INFO	K KON	K HBE	K NWAE
Anteil in %	10,9	26,3	8,2	7,0	9,2	1,8

Kategorie	K WAE	K ENT	K RBE	K UEVR	K SREF
Anteil in %	11,4	7,2	7,7	7,2	3,1

In den 28 Therapiestunden wurden 2468 Äußerungen des Klienten
registriert.

Aus Tab. 9.5 ist ersichtlich, daß fast 90% des Gesamt-Verbal-
geschehens einer der inhaltlichen Kategorien zuzuordnen war.
Den größten Anteil am Gesamtgeschehen machen Kommentare und
Feststellungen aus. Ähnliche Ergebnisse finden sich auch in
bereits vorgelegten Untersuchungen (vergl. dazu BAUMGÄRTEL,
1978), in denen ein noch größerer Anteil vorgefunden wurde.

Faßt man die eher der Orientierung und Sicherheit dienenden
verbalen Äußerungen (K FST, K INFO, K KON, K HBE und K NWAE)
zusammen, so ist festzustellen, daß sie über die Hälfte
(52,5%) des gesamten Verbalgeschehens bestimmen. Äußerungen
des Klienten, aus denen hervorgeht, daß er sich mit sich
selbst auseinandersetzt, Maßstäbe für sich und sein Handeln
entwickelt (K WAE, K ENT, K RBE, K UEVR, K SREF), bleiben hinter den erstgenannten um ein Drittel zurück, machen aber noch
über ein Drittel (36,5%) des Gesamtgeschehens aus.

Tab. 9.6: Erwartete und beobachtete prozentuale Anteile der
einzelnen verbalen Äußerungsarten des Klienten in
den vier Abschnitten der Therapie

Anteile in den einzelnen Abschnitten in %

Kategorie	erwartet	beobachtet
K UNV	25 - 25 - 25 - 25	23,5 - 32,2 - 26,6 - 17,7[1]
K FST	40 - 30 - 20 - 20	30,2 - 31,5 - 24,4 - 13,9
K INFO	35 - 30 - 20 - 15	31,7 - 33,7 - 15,5 - 16,1
K KON	20 - 35 - 25 - 20	23,8 - 31,9 - 26,1 - 18,2[1]
K HBE	50 - 20 - 20 - 10	51,8 - 21,7 - 19,9 - 6,6
K NWAE	30 - 40 - 20 - 10	26,7 - 46,7 - 20,0 - 6,6
K WAE	10 - 20 - 40 - 30	7,5 - 22,0 - 42,7 - 27,8
K ENT	10 - 30 - 40 - 20	5,1 - 29,9 - 44,1 - 2o,9
K RBE	20 - 40 - 30 - 10	9,5 - 62,1 - 15,3 - 13,1
K UEVR	10 - 30 - 40 - 20	22,0 - 35,0 - 19,2 - 23,7
K SREF	10 - 20 - 30 - 40	6,6 - 23,7 - 26,3 - 43,4

(K UNV unverständliche und nicht klassifizierbare Äußerungen - "Kontrollkategorie"; K FST Kommentare und Feststellungen; K INFO Informationsfragen; K KON Kontakt zum Therapeuten; K HBE Handlungsbegleitendes Erzählen; K NWAE nicht-
wertende Äußerungen...; K WAE wertende Äußerungen; K ENT
Entscheidungen; K RBE Rollenspielbegleitendes Erzählen;
K UEVR direkte Übernahme von Rollen; K SREF Selbstreferenzen)

[1] gewichtete Werte

Tab. 9.7: Ergebnisse der Prüfung auf Anpassung an eine
Gleichverteilung und/oder die erwartete Verteilung (vergl. Tab. 9.6) (df = 3, α = .05)

Kategorie	Prüfung auf Gleichverteilung		Prüfung auf ange-nommenen Verlauf	
	χ^2	sig.[1]	χ^2	sig.
K UNV	11.89	s.	--	-
K FST	50.13	s.	31.90	s.
K INFO	19.77	s.	1.93	n.s.
K KON	6.75	n.s.	2.07	n.s.
K HBE	98.60	s.	3.02	n.s.
K NWAE	15.81[2]	s.	1.21[2]	n.s.
K WAE	71.58	s.	3.37	n.s.
K ENT	56.74	s.	5.08	n.s.
K RBE	140.83	s.	49.39	s.
K UEVR	10.27	s.	47.48	s.
K SREF	20.90	s.	1.97	n.s.

Aus der letzten Tabelle ist zu ersehen, daß die empirischen
Werte der Beobachtungskategorien K INFO, K HBE, K NWAE,
K WAE, K ENT und K SREF gut mit den erwarteten übereinstim-
m en. - Es werden drei weitere Fälle näher betrachtet, in
denen die Beobachtungsdaten die erwarteten Verteilungen nicht
oder nicht eindeutig bestätigten. - Als Beurteilungskriterium
wird auch in diesem Falle neben den theoretischen Grundüber-
legungen zu den Verbalkategorien die Güte der Anpassung der

[1] Signifikanzschranken nach LIENERT, 1975, Tab. III

[2] Wert berechnet mit KULLBACKs 2 Î-Test (vergl. BLÖSCHL, 1966)

Verteilungen nach LIENERT (1962) herangezogen (vergl. dazu
auch Tab. 9.4).

Z u m   E r g e b n i s :   K o m m e n t a r e   u n d
                          F e s t s t e l l u n g e n
                          z u m   S p i e l   u n d
                          S p i e l z i m m e r

Die erwartete Verteilung der Äußerungshäufigkeiten wurde nicht
vorgefunden, wenngleich die Annahme, daß ein abnehmender Trend
auftreten müsse, durch die empirische Verteilung Bestätigung
findet.

Betrachtet man die Abbildung, so ist zu erkennen, daß der Rückgang der Äußerungshäufigkeiten erst in der zweiten Hälte der
Therapie erfolgte. - Dann jedoch sanken sie auf knapp die Hälfte des Ausgangsniveaus.

Die Annahme eines starken, linearen Rückgangs ist also aufgrund
der Beobachtungswerte nicht aufrecht zu erhalten. -

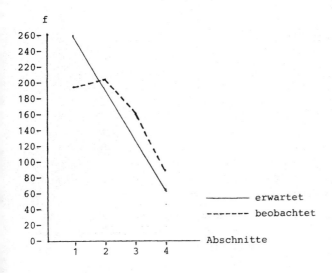

Abb. 9.5: Erwartete und beobachtete Verteilung der Äußerungs-
          häufigkeiten K FST

Zum Ergebnis: Rollenspielbegleitendes Erzählen

Die erwartete Verteilung konnte auch in diesem Fall durch die
Beobachtungsdaten nicht bestätigt werden. Eine Gleichverteilung der Daten liegt allerdings auch nicht vor. Betrachtet
man die Häufigkeitsverteilungen im Vergleich, ist ersichtlich,
daß real eine sehr viel extremere Verteilung vorgefunden wurde
als erwartet.

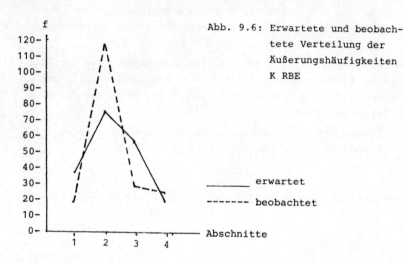

Abb. 9.6: Erwartete und beobach-
tete Verteilung der
Äußerungshäufigkeiten
K RBE

_____ erwartet

------- beobachtet

Offensichtlich ist also die Annahme nicht aufrecht zu erhalten,
daß diese Art der Äußerung in den mittleren Abschnitten der
Therapie in nur wenig unterschiedlichem Umfang auftritt. - Andererseits ist jedoch festzustellen, daß in diesen beiden Abschnitten insgesamt erwartete und beobachtete Anteile annähernd übereinstimmen (70% - 77,4%).

Aufgrund der nicht übereinstimmenden empirischen und theoretischen Verteilung ist jedoch nicht zu sagen, daß der Klient
im vorliegenden Fall das Rollenspiel in anderer Weise als Ausdrucksmittel benutzt als theoretisch angenommen wurde. - Das
Auftreten rollenspielbegleitenden Erzählens im dritten Beobachtungsabschnitt weist vielmehr darauf hin, daß in diesem
Zeitraum Rollenspiele ebenfalls auftraten, so daß zunächst zu

betrachten ist, welche Häufigkeitsverteilung sich für die direkte Übernahme von Rollen (K UEVR) findet, da sie die zweite Komponente verbaler Äußerungen im Rollenspiel darstellen.

Z u m   E r g e b n i s :   D i r e k t e   Ü b e r n a h m e
v o n   R o l l e n

Die beobachteten Häufigkeiten auch dieser Kategorie weichen von den erwarteten signifikant ab. Aus der Abbildung geht deutlich hervor, daß das Maximum der beobachteten Verteilung bereits im zweiten Abschnitt liegt, Anstieg und Rückgang der Äußerungshäufigkeiten jedoch die erwartete Gestalt haben. Auch das vermutete Endniveau wird, allerdings nach einem vorangegangenen, niedrigeren Wert, erreicht. Hieraus ist zu schließen, daß der Klient bereits zu einem früheren Zeitpunkt die direkte Übernahme von Rollen für die Darstellung eigener Probleme zu nutzen in der Lage war, offensichtlich aber auch auf sie als Ausdrucksmittel früher verzichten konnte.

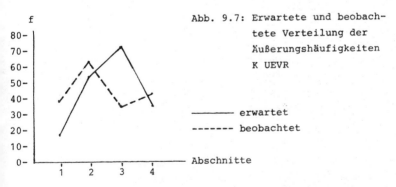

Abb. 9.7: Erwartete und beobachtete Verteilung der Äußerungshäufigkeiten K UEVR

——————— erwartet
------- beobachtet

Bezieht man diese Überlegungen auf diejenigen, die zum "Rollenspielbegleitenden Erzählen" angestellt wurden, kann gesagt werden, daß der Klient im vorliegenden Falle das Rollenspiel insgesamt zwar etwa in der angenommenen Weise als Ausdrucksmittel nutzte, dies jedoch zu einem sehr viel früheren als dem angenommenen Zeitpunkt tat. Ein Erklärungsansatz besteht darin, daß der Klient sich bereits recht früh in der Therapiesituation sicher genug fühlte, belastende Situationen in "verschlüsselter" Form darzustellen. Dann jedoch war er auch in der Lage, Probleme direkter zu äußern.

Insgesamt scheint es somit sinnvoll, Hypothesen über das Auftreten von Rollenübernahme (und Rollenspielbegleitendem Erzählen) von den individuellen Eigenschaften des Klienten abhängig zu machen, wobei aber ein Auftreten dieser Äußerungsarten in größerem Umfang nicht vor dem zweiten Abschnitt zu erwarten ist.

- Zusammenfassung: Verbalverhalten des Klienten

Es wurde angenommen, daß der größere Teil der eher der Orientierung und Sicherheit dienenden verbalen Äußerungen in der ersten Hälfte der Therapie auftreten würde , die Mehrzahl der Äußerungen, die die Auseinandersetzung des Klienten mit sich selber widerspiegeln, dagegen in der zweiten Hälfte zu beobachten wären.

Die beobachteten Häufigkeiten der zuerst genannten Äußerungsarten verteilen sich in der Form, daß etwa zwei Drittel der Äußerungen (63,2%) in den ersten beiden Abschnitten liegen, das heißt, daß diese Vermutung durchaus bestätigt werden konnte. Das gleiche kann über die Annahme zur Verteilung der übrigen Äußerungen gesagt werden: mehr als die Hälfte von ihnen (55,1%) finden sich in den Abschnitten drei und vier, wobei zu beachten ist, daß die Mehrzahl der Äußerungen zum Rollenspiel bereits im zweiten Abschnitt auftraten.

Betrachtet man nun nochmals die Ergebnisse der Verlaufsuntersuchung im einzelnen, ergibt sich folgendes Bild: Sechs der elf beobachteten Verteilungen passen sich der jeweils erwarteten Verteilung an. Die Güte der Anpassung ist dabei gut für K INFO, K NWAE und K SREF. Mäßig angepaßt sind K HBE und K WAE, während die Anpassung von K ENT nur schwach ist.

Zu den Beobachtungskategorien, deren Verlaufshypothesen nicht oder nicht eindeutig bestätigt wurden, ist zu sagen, daß beide Formen der Verbaläußerungen zum Rollenspiel in einem letztlich als günstiger zu beurteilenden Zeitraum der Therapie auf-

traten als angenommen wurde. - Benutzt der Klient bereits zu
einem sehr viel früheren Zeitpunkt das Rollenspiel als Ausdrucksmittel, so wird es ihm wahrscheinlich eher möglich sein,
sich noch direkter zu äußern und damit zu einer unmittelbaren
Klärung seiner Situation gelangen.

Wenngleich die erwartete Verteilung von Kommentaren und Feststellungen nicht bestätigt werden konnte, ist doch ein deut-
licher Rückgang dieser Äußerungen festzustellen, worin ein
wichtiges Anliegen der Therapie besteht, da dies u. a. als
ein Zeichen für die wachsende Sicherheit des Klienten zu betrachten ist.

Bezüglich der Beobachtungskategorie "Kontakt zum Therapeuten"
kann nur gesagt werden, daß der erwartete Trend das Geschehen
wesentlich besser abbildet als die ebenfalls vorgefundene
Gleichverteilung.

Interessanter noch als die Betrachtung der Häufigkeitsverteilungen in den einzelnen Beobachtungskategorien, die insgesamt
den Schluß zuläßt, daß die angestrebten Veränderungen im Verbalverhalten des Klienten in großem Umfang tatsächlich zu beobachten sind, ist die Betrachtung des Verhältnisses der jeweiligen Anteile der einzelnen Verteilungen zueinander (vergl.
Tab. 9.6). Da der unterschiedliche Anteil der einzelnen Äußerungsarten am Gesamtgeschehen nicht bedeutsam ist für die Be-
antwortung der Frage, ob die angenommenen Abfolgen in deren
Auftreten vorgefunden wurden, werden hier die prozentualen Anteile zugrundegelegt.

Im ersten Beobachtungsabschnitt erreichten die Anteile von
K HBE, K INFO und K FST sehr hohe Werte, im zweiten Abschnitt
spielten neben den letzten beiden vor allem der Kontakt zum
Therapeuten (K KON), Rollenspielbegleitendes Erzählen (K RBE),
die direkte Übernahme von Rollen (K UEVR) sowie nicht-wertende
Äußerungen (K NWAE) eine wichtige Rolle. Offensichtlich begann
der Klient bereits in diesem Abschnitt, sich über sich selbst
und seine Situation, wenngleich in verschlüsselter Form, zu
äußern und externes Geschehen ohne Bewertung in die Therapie
einzubringen. Außerdem war die Klärung der Beziehung zum Therapeuten in diesem Abschnitt von großer Bedeutung.

Im dritten Beobachtungsabschnitt gingen die bis zu diesem Zeitpunkt wichtigen verbalen Äußerungen deutlich zurück, während die Anteile von wertenden Äußerungen (K WAE) und Entscheidungen (K ENT) ihr Maximum erreichten. Bis zu diesem Zeitpunkt waren offenbar Bewertungsmaßstäbe entwickelt worden, die der Klient in besonders hohem Maße auch für sich selbst anwendete, indem er Entscheidungen traf und damit die Bereitschaft zeigte, eigenverantwortlich zu handeln.

Selbstreferenzen des Klienten (K SREF), die bis dahin zwar zunehmend häufiger, aber nicht in allzu großem Umfang auftraten, erreichten im vierten Abschnitt der Therapie ihren maximalen Anteil. Wertende Äußerungen und Entscheidungen gingen zwar zurück, hatten aber dennoch relativ hohe Anteile.

Diese Ergebnisse lassen den Schluß zu, daß der Klient im Verlauf der Therapie zunehmend selbstbewußter und sicherer und in die Lage versetzt wurde, sich mit sich selbst und seiner Situation immer unmittelbarer auseinanderzusetzen. Von daher ist aufgrund der Verlaufsuntersuchung zu sagen, daß der angestrebte Veränderungsprozeß initiiert wurde.

- Ergebnisse zur Sprachqualität des Klienten

Die folgende Tabelle enthält die Ergebnisse der statistischen Überprüfung der formulierten Hypothesen bezüglich der sprachlichen Qualität des Klienten unter formalen Aspekten. Dabei werden jeweils die Ergebnisse der Prüfung auf Gleichverteilung sowie auf Anpassung an den angenommenen Trend wiedergegeben.

Der Tabelle ist zu entnehmen, daß über die Annahme eines linear ansteigenden Trends bei drei der fünf Kriterien (Verständlichkeit, Vollständigkeit und Grammatik) nicht eindeutig zu entscheiden ist. Sowohl Gleichverteilung als auch ein leichter Anstieg treffen in gleichem Maße zu: die Güte der Anpassung ist in allen Fällen als gut zu bezeichnen. Der Gebrauch von Nebensätzen scheint hingegen zugenommen zu haben, obgleich auch hier eine schwache Anpassung an eine Gleichverteilung vorliegt. Die des Trends ist jedoch eindeutig besser, sie liegt nach LIENERT (1962) im Bereich guter Anpassung.

Tab. 9.8: Ergebnisse zur sprachlichen Qualität der Klientenäußerungen im Therapieverlauf (Signifikanzprüfung
nach LIENERT, 1975, Tab. III)

Kriterium	Gleichverteilung sign.			Trend		sign.
	χ^2	df		χ^2	df	
Satzlänge	33.61	5	s.	1.31	3	n.s.
Verständ-lichkeit	.50	5	n.s.	.70	3	n.s.
Vollstän-digkeit	1.22	5	n.s.	1.05	3	n.s.
Grammatik	1.76	5	n.s.	1.58	3	n.s.
Nebensätze	8.38	5	n.s.	2.06	3	n.s.

Eine eindeutige Verbesserung ist beim Kriterium "Satzlänge"
festzustellen. Auf diesem Hintergrund sind die übrigen Ergebnisse zu betrachten: mit dem Anwachsen der durchschnittlichen
Wortzahl, das heißt dem Gebrauch längerer Sätze, verwendete
der Klient offenbar auch vermehrt Nebensätze. Zu Beginn der
Therapie bemühte sich der Klient offensichtlich zunächst um
Verständlichkeit, Vollständigkeit und grammatische Richtigkeit seiner Äußerungen und verwendete selten längere Sätze
(vergl. Anhang 3 und 4). Im Verlauf der Therapie ging er dann
dazu über, längere und dennoch qualitativ gleichwertige Sätze
zu bilden. Erst zu diesem Zeitpunkt offenbar, als der Klient
komplexere Inhalte sprachlich formulierte, wurde der Einsatz
der Verbaltechnik "Wortschatzerweiterung" notwendig, wenngleich auch nur in geringem Umfang. Der sicherere Umgang des
Klienten mit der Sprache ist wahrscheinlich auf das in der Therapie gebotene sprachliche Modell des Therapeuten zurückzuführen. Diese Annahme scheint gerechtfertigt aufgrund der Beobachtung, daß auch das "Handlungsbegleitende Verbalisieren"
des Therapeuten vom Klienten "übernommen" wurde.

Zieht man die Ergebnisse des Vortests in die Betrachtungen
mit ein, ist zu erkennen, daß die durchschnittliche Satzlänge
gegen Ende der Therapie etwa der des Vortests entsprach. -

Der Klient scheint somit vorwiegend die sprachliche Qualität seiner Äußerungen im Verlauf der Therapie verbessert zu haben, wobei der Gebrauch kürzerer Sätze zunächst eine Hilfe darstellte.

Der beobachtete Zuwachs der durchschnittlichen Satzlänge im Verlauf der Therapie ist somit stark zu relativieren; dagegen sind die minimalen Verbesserungen in den übrigen Kriterien vor allem daran zu bemessen, daß die Qualität der Sprache insgesamt von Beginn der Therapie an deutlich über der des Vortests lag. Bei annähernd gleichbleibender Sprachqualität war es dem Klienten offenbar möglich, immer längere Sätze zu bilden.

9.6 Zusammenfassende Betrachtung aller Untersuchungsergebnisse und Diskussion

In die Interpretation der Ergebnisse zur Verlaufsuntersuchung wurden die Störvariablen des Therapieprozesses bereits einbezogen und ihr Einfluß auf die gefundenen Werte abgeschätzt. - Dagegen war es nicht möglich zu ermessen, ob die Ergebnisse des Vergleichs von Vor- und Nachtest eventuell durch andere Einflußgrößen als die psychotherapeutische Behandlung mitbestimmt sein könnten.

Da angestrebt wurde, solche Variablen in der Untersuchung zu erfassen, die in einem deutlichen Zusammenhang miteinander stehen, scheint nunmehr eine genauere Einschätzung der Therapieeffekte dadurch möglich, daß miteinander vergleichbare Variablen in Vor- und Nachtest sowie in der Verlaufsuntersuchung zueinander in Beziehung gesetzt werden.

Verbesserungen der sprachlichen Ausdrucksmöglichkeiten des Klienten, gemessen anhand formaler Kriterien, wurden zwar im Verlauf der Therapie nur in Bezug auf die Satzlänge sowie den anteiligen Gebrauch von Nebensätzen beobachtet, der den Ergebnissen am Ende der Therapie entspricht. - Es verbesserten sich jedoch dort gerade die Kriterien, die in der Verlaufsuntersuchung annähernd konstant geblieben waren. - Offenbar übte Marcus sich in der Therapie in der Formulierung vollständiger, verständlicher und grammatisch richtiger Äußerungen, begann damit aber, indem er deutlich kürzere Sätze bildete als im Vortest. Gegen Ende der Therapie erst erreichte er die bereits im Vortest beobachtete durchschnittliche Satzlänge. Im Nachtest wirkte sich die Übung offenbar in der Form aus, daß nunmehr die Satzkonstruktionen qualitativ deutlich verbessert waren. - Hinzuzufügen ist, daß sich die verbesserten sprachlichen Fähigkeiten unabhängig davon beobachten ließen, ob es sich um spontane oder "provozierte" Äußerungen (Therapiesituation beziehungsweise Testsituation) handelte.

Verbesserte sprachliche Fähigkeiten spielten auch beim Problemlöseverhalten im Nachtest mit dem SON eine wichtige Rolle. - Anzunehmen ist, daß Marcus dieses Verhalten, Situationen sprachlich mitzuvollziehen und damit zu strukturieren, durch das sprachliche Modell des Therapeuten: T HBV erlernte. - Daß dieses Verhalten über das generelle sprachliche Modell hinaus übernommen wurde, ist daran zu ersehen, daß der Klient im Verlauf der Therapie sowohl zunächst "Handlungsbegleitendes Erzählen" (K HBE) als auch später "Rollenspielbegleitendes Erzählen" (K RBE) zeigte.

Die sich in solchen Äußerungen widerspiegelnde Strukturierung von Handlungsabläufen, das heißt das Erfassen ihres inneren Zusammenhanges, scheint weiter dazu beigetragen zu haben, daß Marcus lernte, komplexere Sachverhalte folgerichtig sprachlich darzustellen. - Diese Fähigkeit wiederum wurde von seinen Erziehern im Zusammenhang damit festgestellt, daß er sich ihnen gegenüber vermehrt äußerte. Auch die Ergebnisse des PET sprechen für Fortschritte in der sprachlichen Gesamtentwicklung.

Insgesamt scheint es aufgrund der vorangegangenen Überlegungen gerechtfertigt, Veränderungen der Leistungsmöglichkeiten des Klienten als durch die psychotherapeutische Behandlung bedingt anzusehen. Die Verbesserung der sprachlichen Ausdrucksmöglichkeiten scheint damit in der angestrebten Weise zur Verbesserung der intellektuellen Leistungsfähigkeit beigetragen zu haben, was bei der Betrachtung der Ergebnisse zum SON bereits in Erwägung gezogen worden war.

Im Verlauf der Therapie scheinen somit auch die Voraussetzun-

gen erreicht worden zu sein, die einen Abbau von Verhaltensauffälligkeiten und psychischen Beeinträchtigungen ermöglichen sollten. - Von daher ist im weiteren zu untersuchen, ob
die im Vergleich von Vor- und Nachtest beobachteten Veränderungen im Verhaltensbild des Klienten mit Veränderungen in
seinen (sprachlichen) Äußerungen im Verlauf der Therapie zusammenhängen. Diese Äußerungen können als Anzeichen eines
veränderten Erlebens und verbesserter psychischer Befindlichkeit gesehen und deshalb als korrespondierende Variablen zum
Vor- und Nachtest betrachtet werden. Anders ausgedrückt, es
ist zu klären, ob sich das veränderte Verhaltensbild des
Klienten im Nachtest bereits im Verlauf der Therapie abzu-
zeichnen begann.

Im Verlauf der Therapie veränderte sich das Verbalverhalten
des Klienten dahingehend, daß Äußerungen, aus denen seine
Auseinandersetzung mit sich selbst hervorging, zunahmen. Die
in der Therapie deutlich gewordene Bereitschaft, eigenverant-
wortlicher zu handeln, und die größere Sicherheit des Klienten, die sich in Beurteilungen, Entscheidungen und verminderter Forderung von Rückmeldung niederschlug, konnten auch im
Nachtest beobachtet werden. So wurde Marcus deutlich unabhän-
giger von Bestätigung durch seine Erzieher, was damit als The-
rapieeffekt bezeichnet werden kann.

Das darin deutlich gewordene verbesserte und realistischere
Selbstbild des Klienten scheint sich somit im Verlauf der
Therapie aufgebaut und zu verbesserten Sozialkontakten beigetragen zu haben. - Die in der Therapie entwickelte Bereitschaft der verbalen Auseinandersetzung mit eigenen Problemen,
die an Rollenspielen und Selbstreferenzen sichtbar wurden,
übertrug der Klient offenbar auch auf therapie-externe Situationen, da die Erzieher über neu aufgetretenes, ähnliches
Verbalverhalten in der Gruppe berichteten.

Es scheint möglich zu folgern, daß andere Einflußgrößen als
die der psychotherapeutischen Behandlung nur bedingt zu den
beobachteten Verhaltensänderungen beigetragen haben werden,
da deutliche Verbindungen zum therapie-internen Geschehen
sichtbar wurden. - Offenbleiben muß allerdings, ob nicht die

verbesserte körperliche Leistungsfähigkeit des Klienten und
der sich anbahnende Kontakt zum Elternhaus bereits einen
Einfluß auf das Therapiegeschehen hatten.

Angemessene Reaktionen der Erzieher auf Veränderungen im
Verhalten des Kindes sollten wie in jeder Therapie als unter-
stützende Maßnahme gesehen werden, zumal sie allein offenbar
keine einschneidenden Veränderungen bewirkten.

Aus den Ergebnissen der vorliegenden Untersuchung wurde deutlich, daß das geforderte Therapeutenverhalten als realisierbar angesehen werden kann. Die angestrebten Veränderungen im
Verhalten und den Leistungsmöglichkeiten des Klienten wurden
ebenfalls weitgehend vorgefunden.

Da Verbesserungen der sprachlichen Ausdrucksfähigkeit des
Klienten als gesichert angesehen werden können, wird vorgeschlagen, in weiteren Untersuchungen differenziertere Kriterien zur Sprachanalyse heranzuziehen, um die aufgrund der
Therapie eintretenden Veränderungen noch exakter fassen zu
können. - Darüber hinaus sollte die Beobachtungskategorie
K UNV gegliedert werden in "Akustisch Unverständliches" und
"Inhaltlich Unverständliches", um auch hieran Verbesserungen
der sprachlichen Ausdrucksmöglichkeiten des Kindes feststellen zu können.

Zur weiteren Prüfung der Annahme, daß verbesserte sprachliche
Fähigkeiten zum Anstieg intellektueller Leistungsmöglichkeiten beitragen, sollten in Vor- und Nachtest generell Verfahren zur Intelligenzmessung verwendet werden, die deutlich danach zu unterscheiden sind, ob der Einsatz von Sprache die
Ergebnisse verbessern kann (vergl. auch FRANZEN & MERZ, 1975).

Da die erwarteten Veränderungen des Erlebens und der psychischen Befindlichkeit des Klienten ebenfalls in recht großem
Umfang auftraten, sollten in weiteren Untersuchungen Wirkungs-
zusammenhänge zwischen Therapeuten- und Klientenverhalten
festzustellen versucht werden.

Weiter scheint es wichtig zu prüfen, ob die beobachteten Abweichungen (zeitliche Verschiebungen) im Auftreten von T WSE,
K RBE und K UEVR wie vermutet mit dem verhältnismäßig guten

Leistungsvermögen des Klienten zusammenhängen oder ob andere
Größen dafür verantwortlich sein könnten. - Das würde bedeuten, in weiteren Untersuchungen auch Kinder einzubeziehen, deren Leistungsmöglichkeiten geringer sind.

Im vorliegenden Fall betrug die Dauer der Therapie bereits
3o Stunden, so daß zu vermuten ist, daß, wie im Konzept beschrieben und aufgrund bisheriger Erfahrungen wahrscheinlich,
die psychotherapeutischen Behandlungen noch bedeutend länger
dauern können. Damit stellt sich die Frage, ob diese, die
Gruppenarbeit ergänzende Interventionsmaßnahme, vom "Kosten-
Nutzen-Verhältnis" her noch zu akzeptieren ist.

Wie in den Vorüberlegungen zum Konzept der psychotherapeutischen Behandlung von Lernbehinderten und Heimkindern gezeigt
wurde, ist es kaum möglich, schwerwiegende Beeinträchtigungen dieser Kinder allein durch die pädagogische Betreuung
(Schule/Wohngruppe) abzubauen. Vielmehr wurde deutlich, daß
sich diese Probleme mit wachsendem Alter der Kinder potenzie-
ren und eine gesellschaftliche Eingliederung oft nur unter
erheblichen Schwierigkeiten möglich ist. - Schon aus diesem
Grunde scheint es gerechtfertigt, jede erfolgversprechende
Möglichkeit der Hilfe wahrzunehmen, die einerseits dem einzelnen Kind ein befriedigenderes Lebensgefühl innerhalb seiner momentanen sozialen Situation gestattet, andererseits
unter Umständen sogar eine Verkürzung der Heimunterbringung
und eine erleichterte gesellschaftliche Integration zur Folge haben kann. Es scheint möglich, sowohl kurzfristige als
auch langfristige positive Auswirkungen für Lernbehinderte
und Heimkinder durch eine Psychotherapie herbeizuführen.

Anhang 1 - 4

Literatur

Therapeut:　　　　Stunde:　　　　Datum:　　　　Rater:

Kategorie / Sequenz

T UNV														
T WSE														
T INFO														
T ERM														
T HBV														
T SPST														
T ZFR														
T DEL														
T AKZ														
T REFL														
T DEUT														

Anhang 1 Protokollbogen zur Erfassung des verbalen Verhaltens (Therapeut)

Klient: Stunde: Datum: Rater:

Kategorie / Sequenz												
K UNV												
K FST												
K INFO												
K KON												
K HBE												
K NWAE												
K WAE												
K ENT												
K RBE												
K UEVR												
K SREF												

Anhang 2 Protokollbogen zur Erfassung des verbalen Verhaltens (Klient)

N = 30

Stichproben aus den Stunden

	1 +	1 −	7 +	7 −	13 +	13 −	19 +	19 −	25 +	25 −	30 +	30 −
Grammatik	21	9	26	4	22	8	26	4	29	1	26	4
Nebensätze	5	25	4	26	8	22	11	19	9	21	14	16
vollständige Sätze	22	8	27	3	24	6	25	5	29	1	27	3
inhaltl. verständl. Sätze	26	4	29	1	29	1	26	4	30	0	28	2

+ vorhanden
− nicht vorhanden

Stichproben aus den Stunden

	1	7	13	19	25	30
durchschnittl. Satzlänge	5,37	5,60	6,77	7,47	7,97	8,40

Anhang 3 Rohdaten zur Sprache unter formalen Aspekten

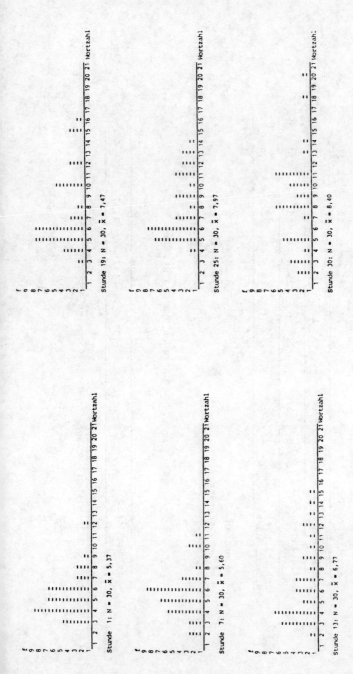

Anhang 4   Graphische Darstellungen der Häufigkeitsverteilungen: Satzlänge

Literatur

Angermaier, M.: Psycholinguistischer Entwicklungstest - Manual. Weinheim: Beltz, 1974.

Axline, Virginia: Kinder-Spieltherapie im nicht-direktiven Verfahren. 2.Aufl., München: Reinhardt, 1972 ([1]1971). Orig.: Play Therapy: The Inner Dynamics of Childhood. Boston: Houghton Mifflin, 1947.

Bach, H.: Unterrichtslehre L - Allgemeine Unterrichtslehre der Schule für Lernbehinderte. 2.Aufl., Berlin: Marhold, 1973 ([1]1971).

Bandura, A. & Walters, R.H.: Social Learning and Personality Development. New York: Holt, 1963.

Bartz, A., Bartz, C., Muth, H. & Sobisch, K.: Ergebnisse einer Meinungsbefragung von Schülern der Klassen 5 bis 9 einer Hamburger Schule für Lernbehinderte über einige Aspekte ihrer Situation als Sonderschüler. Unveröffentlichte Untersuchung, Hamburg, 1978.

Baumgärtel, F.: Theorie und Praxis der Kinderpsychotherapie.- Grundlagen, Konzepte, Vorschläge. München: Pfeiffer, 1976.

Baumgärtel, F.: Die verbale Kommunikation in der Kinderpsychotherapie. Unveröffentlichtes Manuskript, Hamburg, 1978.

Baumgärtel, F., Büker, Ursula & Steffen, Elisabeth: Training der Kinderpsychotherapie - Unterweisung und Verhaltensschulung programmiert. Teil I und II. München: Pfeiffer, 1975.

Begemann, E.: Die Bildungsfähigkeit des Hilfsschülers. 3. Aufl., Berlin: Marhold, 1975 ([1]1968).

Begemann, E.: Die Erziehung der soziokulturell benachteiligten Schüler - Zur erziehungswissenschaftlichen Grundlegung der Hilfsschulpädagogik. Hannover: Schroedel, 1970.

Begemann, E.: Behinderung - eine humane Chance unserer Gesellschaft. Berlin: Marhold, 1973.

Beier, E. G.: The Silent Language of Psychotherapy - Social Reinforcement of Unconscious Processes. Chicago: Aldine, 1966.

Bleidick, U.: "Zur Psychologie des Hilfsschulkindes, Teil I".
In: Schule und Psychologie, 1963 a, S. 161 - 175.

Bleidick, U.: "Zur Psychologie des Hilfsschulkindes, Teil II".
In: Schule und Psychologie, 1963 b, S. 203 - 208.

Bleidick, U. & Heckel, G.: Praktisches Lehrbuch des Unterrichts
in der Hilfsschule (Lernbehindertenschule). 2.Aufl., Berlin:
Marhold, 1970 ([1]1968).

Blöschl, Lilian: "Kullback's 2Î - Test als ökonomische Alternative zur χ^2 - Probe". In: Psychologische Beiträge, 9, 1966,
S. 379 - 401.

Bondy, C., Cohen, R., Eggert, D. & Lüer, G.: "Neue Testunter-
suchungen an minderbegabten Kindern". In: Lebenshilfe, 3,
1964.

Bondy, C., Cohen, R., Eggert, D. & Lüer, G.: Testbatterie für
geistig behinderte Kinder. Weinheim: Beltz, 1969.

Bühler, Charlotte: Kindheit und Jugend. Leipzig: Hirzel, 1928.

Bühler, K.: Die geistige Entwicklung des Kindes. 3.Aufl., Jena:
Fischer, 1922 ([1]1918).

Chateau, J.: Spiele des Kindes. Stuttgart: Klett, 1974. Orig.:
Jeux de l'enfant. Paris: Editions Gallimard, 1968.

Clauß, G. & Ebner, H.: Grundlagen der Statistik für Psychologen, Pädagogen und Soziologen. Frankfurt: Deutsch, 1972.

Dührssen, Annemarie: Psychogene Erkrankungen bei Kindern und
Jugendlichen. 6. Aufl., Göttingen: Verlag f. Med. Psychologie, 1967 ([1]1954).

Dührssen, Annemarie: Psychotherapie bei Kindern und Jugendlichen - Ein Lehrbuch zur Familien- und Kindertherapie.
4. Aufl., Göttingen: Verlag f. Med. Psychologie, 1971 ([1]1960).

Dukes, W. F.: "N = 1". In: Petermann, F. (Ed.): Methodische
Grundlagen klinischer Psychologie. Weinheim: Beltz, 1977,
S. 55 - 63.

Foppa, K.: Lernen, Gedächtnis, Verhalten. 8. Aufl., Köln: Kiepenheuer & Witsch, 1972 ([1]1965).

Franzen, U. & Merz, F.: Der Einfluß des Verbalisierens auf die Leistung bei Intelligenzprüfungen: Neue Untersuchungen. Marburg: FB Psychologie der Philipps - Universität, 1975.

Fricke, R.: Kriteriumsorientierte Leistungsmessung. Stuttgart: Kohlhammer, 1974.

Freud, Anna: Einführung in die Technik der Kinderanalyse. Nachdruck der 2., erw. Aufl. von 1929, München: Kindler, 1973.

Freud, Anna: Das Ich und die Abwehrmechanismen. München: Kindler, 1964.

Freud, S.: Abriß der Psychoanalyse - Das Unbehagen in der Kultur. 21. Aufl., Frankfurt: Fischer, 1972 ([1]1953).

Giesecke, H.: Einführung in die Pädagogik. 4. Aufl., München: Juventa, 1972 ([1]1969).

Ginott, G.: Gruppenpsychotherapie mit Kindern. 4. Aufl., Weinheim: Beltz, 1972 ([1]1966). Orig.: Group Psychotherapy with Children. New York: Mc Graw Hill, 1961.

Göbel, Sabine: "Spezielle Aspekte klientenzentrierter Spieltherapie bei verhaltensgestörten Kindern mit minimaler zerebraler Dysfunktion". In: Praxis der Kinderpsychologie und Kinderpsychotherapie, 25, 1976, S. 42 - 47.

Goetze, H. & Jaede, W.: Die nicht-direktive Spieltherapie - Eine wirksame Methode zur Behandlung kindlicher Verhaltensstörungen. 2.Aufl., München: Kindler, 1975 ([1]1974).

Gottschalch, W., Neumann-Schönwetter, Marina & Soukoup, G.: Sozialisationsforschung - Materialien, Probleme, Kritik. 7. Aufl., Frankfurt: Fischer, 1974 ([1]1971).

Guilford, J. P.: Fundamental Statistics in Psychology and Education. 4th Edit., New York: Mc Graw Hill, 1965.

Heckhausen, H.: "Entwurf einer Psychologie des Spielens". In: Graumann, C. F., Heckhausen, H.: Pädagogische Psychologie, Bd. I, Frankfurt: Fischer, 1973, S. 155 - 174.

Hetzer, Hildegard: Kind und Jugendlicher in der Entwicklung. 3. Aufl., Hannover: Schroedel, 1954 ([1]1952).

Jaeggi, U.: Kapital und Arbeit in der Bundesrepublik - Elemente einer gesamtgesellschaftlichen Analyse. 2.Aufl., Frankfurt: Fischer, 1973 ([1]1973).

Kasztantowicz, U.: Erziehen und Heilen. Donauwörth: Auer, 1966.

Kiesler, D. J.: "Die Mythen der Psychotherapieforschung und ein Ansatz für ein neues Forschungsparadigma". In: Petermann, F. (Ed.): Psychotherapieforschung. Weinheim: Beltz, 1977, S. 7 - 50.

Kirk, S. A.: Early Education of the Mentally Retarded. Urbana (Ill.): University of Illinois Press, 1958.

Klafki, W.: Das pädagogische Problem des Elementaren und die Theorie der kategorialen Bildung. 4. Aufl., Weinheim: Beltz, 1964 ([1]1959).

Klauer, K. J.: Lernbehindertenpädagogik. 4.Aufl., Berlin: Marhold, 1975 ([1]1966).

Klauer, K. J.: "Zur Theorie und Praxis des binomialen Modells lehrzielorientierter Tests". In: Klauer, K. J. et al.: Lehrzielorientierte Tests. Düsseldorf: Schwann, 1972.

Klein, Melanie: Die Psychoanalyse des Kindes. München: Kindler, 1973. Orig.: The Psychoanalysis of Children. London: Hogarth, 1932.

Kupffer, H. (Ed.): Einführung in Theorie und Praxis der Heimerziehung. Heidelberg: Quelle & Meyer, 1977.

Langer, I. & Schultz-von Thun, F.: Messung komplexer Merkmale in Psychologie und Pädagogik: Ratingverfahren. München: Reinhardt, 1974.

Lauer, I.: "Persönlichkeitsentwicklung im Vorschulalter bei Spiel und Arbeit". In: Autoren Kollektiv Schwerin: Pädagogische Studientexte zur Vorschulerziehung. Berlin: Volk und Wissen, 1971, S. 267 - 270.

Lawton, D.: Soziale Klasse, Sprache und Erziehung. Düsseldorf: Schwann, 1970. Orig.: Social Class, Language and Education. 2nd Edit., London: Routledge & Kegan, 1969 ([1]1968).

Lewis, M. M.: Sprache, Denken und Persönlichkeit im Kindes-
alter. Düsseldorf: Schwann, 1970. Orig.: Language, Thought
and Personality in Infancy and Childhood. London: Harrap,
1963.

Lienert, G.A.: Verteilungsfreie Methoden in der Biostatistik,
dargestellt an Beispielen aus der psychologischen, medizinischen und biologischen Forschung. Meisenheim: Hain, 1962.

Lienert, G.A.: Verteilungsfreie Methoden in der Biostatistik.
2., neubearb. Aufl., Meisenheim: Hain, 1973 ([1]1962).

Lienert, G.A.: Verteilungsfreie Methoden in der Biostatistik,
Tafelband. Meisenheim: Hain, 1975.

Ljublinskaja, Anna: Kinderpsychologie. Köln: Pahl - Rugenstein,
1971.

Lurija, A. R. & Judowitsch, F. Ja.: Die Funktion der Sprache
in der geistigen Entwicklung des Kindes. Düsseldorf:
Schwann, 1970.

Mc Carthy, D. M.: Language Development in the Pre - School
Child. Minneapolis (Minnesota): Courtesy University of Minnesota Press, 1930.

Matejcek, Z. & Langmeier, J.: Psychische Deprivation im Kindes-
alter - Kinder ohne Liebe. München: Urban & Schwarzenberg,
1977.

Nickel, H.:Entwicklungspsychologie des Kindes- und Jugendal-
ters, Bd. I u. II. 2.Aufl., Bern: Huber, 1974 ([1]1972).

Oerter, R.: Moderne Entwicklungspsychologie. 16. Aufl., Donauwörth: Auer, 1976 ([1]1967).

Oevermann, U.: "Schichtenspezifische Formen des Sprachverhal-
tens und ihr Einfluß auf die kognitiven Prozesse". In:
Roth, H. (Ed.): Begabung und Lernen. 6. Aufl., Stuttgart:
Klett, 1971 ([1]1968), S. 297 - 356.

Oléron, P.: Recherches sur le développement mental des sourds
-muets. Paris: Centre National de la Recherche Scientifique,
1957.

Pechstein, J.: "Deprivierte Kinder in Säuglingsheimen und Krippen - Eindrücke und Untersuchungen". In ; Pechstein, J., Siebenmorgen, Elisabeth & Weitsch, Dorothea: Verlorene Kinder? Massenpflege in Säuglingsheimen. München: Kösel, 1972, S. 61 - 77.

Peller, Lili E.: "Das Spiel im Zusammenhang der Trieb- und Ichentwicklung". In: Bittner, G. & Schmidt - Cordes, Edda (Ed.): Erziehung in früher Kindheit. München: Piper, 1968, S. 195 - 219.

Piaget, J.: Psychologie der Intelligenz. 2. Aufl., Zürich: Rascher, 1966 ([1]1948).

Piaget, J.: Das moralische Urteil beim Kinde. Zürich: Rascher, 1954.

Piaget, J.: Sprechen und Denken des Kindes. Düsseldorf: Schwann, 1972. Orig.: La langage et la pensée chez l'enfant. 7. Aufl., Nêuchâtel: Delachaux et Niestlé, 1968.

Rogers, C.: Counseling and Psychotherapy. Boston: Houghton Mifflin, 1942.

Rogers, C.: Client - Centered Therapy. Boston: Houghton Mifflin, 1951.

Rubinstein, S.L.: Grundlagen der Allgemeinen Psychologie. 8. Aufl. Berlin: Volk und Wissen, 1973 ([1]1958).

Rüssel, A.: Das Kinderspiel. München: Beck'sche Verlagsbuchhandlung, 1953.

Schmidtchen, S.: Klientenzentrierte Spieltherapie. Weinheim: Beltz, 1974.

Schmidtchen, S. (Ed.): Handbuch der klientenzentrierten Kindertherapie. 2. neubearb. u. erw. Aufl., Kiel: Universität Kiel, 1976.

Schmidtchen, S. & Erb, Anneliese: Analyse des Kinderspiels. Köln: Kiepenheuer & Witsch, 1976.

Selman, R. L.: "Taking Another's Perspective: Role Taking Development in Early Childhood". In: Child Development, 42, 1971, S. 1721 - 1734.

Snijders, J. Th. & Snijders - Oomen, N.: Sprachfreie Intelligenz-
untersuchung für Hörende und Taubstumme. Groningen: Wolters,
1958.

Spitz, R.: Die Entstehung der ersten Objektbeziehungen. 2. erw.
Aufl., Stuttgart: Klett, 1960 ([1]1957). Orig.: Genèse des
premières relations objectables. In: Révue Française de
Psychoanalyse, Presses Universitaires de France, 1954.

Szasz, Suzanne: Körpersprache der Kinder. Bergisch-Gladbach:
Lübbe, 1979.

Wegener, H.: "Der Sozialisationsprozeß bei intellektuell Minderbegabten". In: Wurzbacher: Der Mensch als soziales und
personales Wesen. Stuttgart: Enke, 1963, S. 164 - 183.

Wegener, H.: "Die Minderbegabten und ihre sonderpädagogische
Förderung". In: Roth, H.: Begabung und Lernen. 6. Aufl.,
Stuttgart: Klett, 1971 ([1]1968).

Weise, G.: Psychologische Leistungstests, Bd. I. Göttingen:
Hogrefe, 1975.

Werner, R.: Das verhaltensgestörte Kind. 4. Aufl., Berlin:
Deutscher Verlag der Wissenschaften, 1973 ([1]1973).

Wohlwill, J. F.: "Piaget's Theory of the Development of Intel-
ligence in the Concrete Operation Period". In: Monograph
Supplement to American Journal of Mental Deficiency, 70, 4,
1966, S. 57 - 78.

Wygotski, L. S.: Denken und Sprechen. Nachdruck der 5. Aufl.von
1974, Frankfurt: Fischer, 1977.

Zulliger, H.: Heilende Kräfte im kindlichen Spiel. Nachdruck der
1. Aufl. von 1952. 6. Aufl., Frankfurt: Fischer, 1975 ([1]1970).